Le procès de Hissein Habré

À PROPOS DE L'AUTEURE

Celeste Hicks est journaliste freelance, elle écrit depuis plus de dix ans au sujet du Tchad et du Sahel. Auparavant correspondante de la BBC au Tchad et au Mali, elle a travaillé pour BBC World Service à Londres avant de devenir journaliste indépendante en 2011. Elle écrit pour la BBC, *Guardian*, *World Politics Review*, *Jane's Intelligence Review*, *Africa Report*, Bloomberg et bien d'autres. Elle est également l'auteure de *Africa's New Oil* (Zed 2015).

Le procès de Hissein Habré

Comment les Tchadiens ont traduit un tyran en justice

Celeste Hicks

Traduit de l'anglais
par Youssoupha Féhé Sarr, Issa Sarr
& Marie Ndiaye

© Amalion 2020

Amalion
BP 5637 Dakar-Fann
Dakar CP 10700
Sénégal
http://www.amalion.net

ISBN 978-2-35926-098-4 (broché)
ISBN 978-2-35926-099-1 (ebook)

Traduit de l'anglais *The Trial of Hissène Habré: How the People of Chad Brought a Tyrant to Justice* publié pour la première fois en 2018 par Zed Books Ltd., en collaboration avec International African Institute, Royal African Society & World Peace Foundation. Copyright © Celeste Hicks 2018.

Photo de la couverture par Stephanie Hancock
Conception de la couverture par Anke Rosenlöcher

Tous droits de reproduction, de traduction, d'adaptation, de représentation réservés pour tous pays. Aucune partie de cet ouvrage ne peut être traduite, adaptée ou reproduite de quelque manière que ce soit sans l'autorisation d'Amalion.

SOMMAIRE

À propos de l'auteure 2

Introduction 7

1. Du palais présidentiel à Ouakam 21
2. Le long chemin vers Dakar 55
3. Les Chambres africaines extraordinaires 93
4. Guérison à domicile 135
5. Le contexte international 167

   Conclusion 203

   Bibliographie 219

   Entretiens 221

   Remerciements 223

À la mémoire de Gaëtan Mootoo, 1952–2018

INTRODUCTION

Pendant 90 jours, Hissein Habré[1] s'assit comme un mannequin sur un grand fauteuil de cuir noir à l'avant de l'étouffante salle d'audience principale du Palais de Justice de Dakar, Sénégal. Tous les jours, il était vêtu d'un boubou au blanc éclatant, vraisemblablement l'œuvre miraculeuse du détergent OMO et d'une femme de ménage dévouée cachée dans les entrailles de la prison du Cap Manuel où Habré est détenu depuis 2013. Le galbe de ses fines jambes se devinait sous les lignes de l'impeccable boubou ; il n'a jamais eu une stature imposante, et il est, après tout, septuagénaire au moment où commence ce procès. Il agrippait un chapelet de perles d'une main délicatement posée sur ses genoux. Sa tête était enveloppée dans un turban immaculé et plié à la perfection, avec des lunettes noires reposant sur son petit nez retroussé. Un regard plus attentif aurait deviné les petites rides sur son front, et les quelques cheveux gris de sa moustache. Hormis dans les courts petits moments où ses jambes croisées tressaillaient, pendant ces trois mois, il s'est assis du matin au soir, bougeant à peine. En dehors du premier jour de son procès, pas une seule fois il n'a parlé, demandé un verre d'eau ou pris des notes. Jour après jour, il a regardé droit devant lui, impassible, refusant le contact visuel avec juges, procureurs et témoins. Certains jours, il était même facile d'oublier qu'il était là ; une figure aérienne flottante, sans lien avec l'endroit où tout le procès se déroulait. Il semblait, d'une manière certaine, étranger au drame des histoires relatées dans le tribunal, récits des pires crimes imaginables : torture, crimes de guerre, viols et crimes contre l'humanité. Même lorsque la sentence fut prononcée une année après le début du procès, Hissein Habré a montré très peu d'émotion. Plus j'étudiais l'image du mannequin de Hissein Habré (en contraste avec son personnage plus connu de très redouté dictateur du Tchad des années 80), plus j'étais entraînée dans l'énigme de sa personnalité et de cette histoire extraordinaire.

Les preuves de violations de droits humains et de violences ayant eu lieu au Tchad dans les années 80 étaient accablantes. Le gouvernement de Habré était responsable d'un réseau de prisons secrètes, de disparitions nocturnes, de tortures d'opposants politiques, de massacres, et de destructions de villages entiers. En tant que chef d'État pendant cette terrible période, sa responsabilité ultime par rapport à ce qui se passait était indéniable, mais ce procès devant les Chambres africaines extraordinaires (CAE) en 2015–2016 a exhumé nombre de questions subtiles et complexes sur l'administration de la justice si longtemps après les faits. Que savait-il exactement sur les agissements quotidiens de sa police secrète ? A-t-il personnellement pu tout diriger ou la majorité des tortures étaient-elles le fait de ses subordonnés qui n'ont jamais eu à répondre à ce procès international ? Dans ses batailles contre le colonel Mouammar Khadafi de Libye, quelle mesure de motivation représentait le soi-disant « intérêt national », et dans quelle mesure était-ce juste la préservation de son propre statut ? Avec son entêtement à rester silencieux et à ne pas coopérer avec le tribunal des CAE, nous ne saurons probablement jamais s'il ressent un quelconque regret sur ce qu'il s'est passé, ou un quelconque remords pour toutes les personnes mortes. Son silence était-il un aveu de culpabilité ou une tentative éhontée de se présenter en martyr ? Les victimes pourront-elles jamais réellement passer à autre chose, sans avoir entendu la vérité, ou sans qu'il ait imploré leur pardon ? Est-ce assez de condamner un seul homme qui a une fois été au sommet d'un réseau complexe de terreur et de surveillance avec des centaines d'agents de polices secrètes et de sécurité ? Qu'en est-il du rôle de la France et des États-Unis, deux puissances mondiales qui, malgré la forte conscience internationale, ont très peu fait pour freiner l'action de la police secrète tchadienne dans les années 80 ? Ces questions sont au cœur des débats contemporains sur le rôle de la justice internationale pour les victimes de violations flagrantes de droits humains dans ces vingt-cinq dernières années.

L'histoire de Habré

Hissein Habré était président du Tchad de 1982 à 1990, l'une des périodes les plus tumultueuses dans l'histoire remarquablement agitée du pays. Pendant son règne, le Tchad lutte pour son existence même, alors que les troupes libyennes du Colonel Khadafi se déploient et occupent une bande de désert au nord du pays. Soutenues par les États-Unis et la France, les FANT (Forces armées nationales du Tchad) de Habré ont mené une guerre âpre et prolongée contre les forces d'occupation. A bord de véhicules Toyota Land Cruiser équipés d'armes automatiques, à Ouadi Doum en 1987, elles infligent finalement une défaite humiliante aux Libyens largement mieux équipés. Au cours de cette période, Habré fait tour à tour face aux oppositions intérieures de Goukouni Oueddei, l'ancien président soutenu par Khadafi qu'il a renversé en 1982, et aux rébellions de groupes ethniques rivaux du Sud, du Nord et de l'Est.

Afin de pouvoir se concentrer sur la défaite de Khadafi, stabiliser le pays et consolider sa propre position, Habré créa une nouvelle agence de sécurité nationale, la DDS (Direction de la documentation et de la sécurité), pour réprimer les dissidences locales. Dans les années 80, la DDS aurait arrêté, torturé et retenu en détention illégale des dizaines de milliers de personnes, et tué ou conduit à la mort des milliers d'autres. Ses victimes ont déclaré que Habré régnait comme un « petit dieu » et s'entourait de collaborateurs et de courtisans issus de son propre groupe ethnique, les Gorane (aussi connus sous les noms de Toubou et de Teda). Les méthodes employées dans le réseau des prisons secrètes de la DDS étaient vraiment abominables, notamment pendre les prisonniers par les testicules, leur attacher les mains aux chevilles derrière leur dos, les forcer à boire de l'eau et serrer des bâtons autour de leurs crânes. Des femmes et des enfants ont été violés et des centaines de personnes ont succombé à des maladies traitables comme la dysenterie et la malaria, ou sont morts de malnutrition. Des centaines d'autres ont disparu ne laissant aucune trace, et à ce jour, leurs proches ne savent toujours pas ce qui leur est arrivé. Au même moment, la police, l'armée et les forces de sécurité usent de méthodes brutales (notamment les massacres de civils et de combattants rebelles, et l'incendie et la destruction de villages entiers) pour réprimer la contestation dans tous les recoins du pays. Les prisonniers de guerre sont détenus dans des conditions inhumaines pendant des années sans accès à la Croix-Rouge, et il y a de nombreux incidents où il est allégué qu'un grand nombre d'anciens combattants étaient ligotés ensembles et exécutés, ou même brûlés vifs. Il a été avancé que la DDS avait fait plus de 40.000 victimes.

Quand Habré est finalement renversé par son ancien chef des armées Idriss Déby en 1990, à la suite de brutales répressions sur le groupe ethnique Zaghawa auquel ce dernier appartient, il disparaît dans un obscur exil à Dakar, au Sénégal. Pendant plusieurs années, il semble que les violations de droits humains qui ont eu lieu au Tchad dans les années 80 seraient simplement oubliées ; encore un autre malheureux cas de dictateur africain commettant des crimes et dont personne ne croit qu'il sera jugé. Le seul organisme en mesure de rassembler des preuves pendant les années 80 était Amnesty International, et ses chercheurs admettent sans équivoque aujourd'hui qu'ils n'avaient aucune idée de la réelle ampleur de ce qui s'était passé durant les années 80 et 90.[2] Une « Commission Vérité » créée au Tchad au début des années 90 afin de rassembler des preuves provenant des victimes de Habré, recommande de manière assez audacieuse qu'il soit jugé, mais pendant de nombreuses années Habré a bénéficié d'une protection de facto de différentes administrations sénégalaises. Le Tchad sous Idriss Déby, le successeur de Habré, n'a pas connu d'avancée significative dans la situation des droits humains, et donc aucune perspective réaliste de son jugement là-bas. Pendant ces années, les procédures de justice internationale en étaient encore à leurs balbutiements, et la communauté internationale a été critiquée pour avoir trop lentement réagi aux horreurs en ex-Yougoslavie, au Rwanda, en Sierra Leone et au Libéria.

Mais les crimes de Habré ne seraient pas oubliés de tous, et au début des années 90 un groupe d'anciens détenus des prisons de la DDS commencèrent à s'organiser et à réunir des témoignages de leurs expériences, aidés par un petit groupe d'avocats tchadiens. En 2000, soutenus par l'organisation internationale Human Rights Watch (HRW), ils enclenchent une audacieuse tentative d'obtenir justice, qui mena à l'inculpation de Habré au Sénégal pour atteintes aux droits humains. Cependant, en raison de pressions politiques dans les plus hautes instances au Sénégal, ces premières victoires ne portent pas leurs fruits, et Habré bénéficie encore de douze années d'exil, sans crainte de procès. Nombre de tentatives ingénieuses de le traduire en justice impliquant la Belgique et la CEDEAO échouent ou sont paralysées par d'apparents retards de transmission. À partir de 2011, il semble presque impossible d'imaginer l'ancien président un jour jugé devant un tribunal.

Pourtant, dès l'année suivante, un surprenant revirement de situation illustre le puissant lien entre la justice et la politique. En avril 2011, Abdoulaye Wade qui a résisté pendant des années aux tentatives de poursuites contre Habré, est remplacé par Macky Sall, désormais nouveau président du Sénégal. Avec la collaboration de ce dernier et une cinglante réprimande de la communauté internationale au Sénégal pour son incapacité à traduire l'ancien président tchadien en justice, les choses commencent à bouger rapidement. En 2013, l'Union africaine (UA) met en place une entité judiciaire internationale inédite, les CAE, et inculpe Habré et cinq agents de la DDS pour crimes de guerre, crimes contre l'humanité et tortures commis au Tchad de 1982 à 1990. Après une phase innovante d'enquête pré-procès avec quatre commissions de recherche au Tchad où les procureurs ont entendu des centaines de témoins et excavé des fosses communes, le procès commence enfin le 20 juillet 2015. Le premier jour, Hissein Habré est littéralement traîné à son corps défendant au tribunal du Palais de Justice de Dakar et neutralisé par des agents de sécurité sénégalais en cagoule. Après une performance théâtrale où il dénonce la cour comme étant une institution impérialiste, le procès passe aux choses sérieuses en septembre 2015, et quelques quatre-vingt-dix victimes et témoins sont interrogés. C'est la première fois que des tribunaux d'un pays africain sont utilisés pour juger un ancien dirigeant d'un autre pays d'Afrique ; et le collège de juges est entièrement composé de juges et de procureurs africains. C'est aussi la première fois qu'une affaire de compétence universelle (qui donne le pouvoir de poursuivre des crimes commis dans d'autres pays) aboutit à un procès en Afrique.

La création des CAE est une extraordinaire histoire de comment la justice populaire a joué un rôle vital dans l'élaboration de poursuites contre un ancien homme fort africain. Ce livre est dédié aux efforts inlassables des associations de victimes tchadiennes, des activistes, des militants de droits humains et des avocats qui ont refusé de renoncer face à un pessimisme presque insurmontable quant à l'aboutissement de leur quête de justice.

Cependant, le procès n'est pas important uniquement pour les victimes d'abus de Habré et la politique intérieure et la justice au Tchad que le procès devant les CAE au Sénégal est significatif. Il a d'importantes implications souvent insuffisamment explorées par les autres formes de justice internationale actuellement en vigueur dans le monde. Cela ne s'est pas passé en vase clos. Les relations entre l'Afrique et la Cour pénale internationale (CPI) devenant de plus en plus problématiques ces dernières années, il y a maintenant un regain d'intérêt pour d'autres formes de juridiction et leur capacité à rendre une justice équitable aux victimes d'abus.

L'Afrique et la CPI

La CPI est basée à La Haye et est compétente pour juger les génocides, les crimes contre l'humanité et les crimes de guerre. Le Statut de Rome qui l'a établi a pris le ferme engagement de mettre fin à l'impunité. L'acte a été constitué à une époque où la justice internationale tirait les enseignements de l'établissement de tribunaux pour juger les crimes contre l'humanité commis en ex-Yougoslavie (Tribunal pénal international pour l'ex-Yougoslavie, TPIY) et le génocide au Rwanda (Tribunal pénal international pour le Rwanda, TPIR). Le Statut de Rome s'appuyait sur des concepts tels que les droits humains fondamentaux qui ont émergé aux lendemains de la seconde guerre mondiale et consacrés dans la Déclaration universelle des droits de l'homme de l'ONU en 1948. Mais ces idées sont restées quelque peu théoriques, avec très peu de volonté internationale de s'occuper des crimes intérieurs commis par des dirigeants despotiques qui sont « du bon côté de l'Histoire ». Comme le dit Tim Allen : « les dirigeants comme Mengistu, Pinochet, Mobutu et Barre agissaient sans s'attendre à être jugés pour leurs agissements barbares ».[3]

Quand la CPI est officiellement lancée en 2002, elle suscite un vif intérêt en l'Afrique. De nombreux pays africains ont pris part aux discussions pour la mise en place de la cour, désireux de trouver un moyen de mettre fin aux violations de droits humains et aux violences qui gangrenaient le continent à l'époque. Beaucoup de groupes militant pour les droits humains étaient ravis par la perspective d'un organe permanent dédié à juger des crimes internationaux, avec un processus mondial en place et prêt à enquêter sur les crimes et à les juger, peut-être même au moment de leur perpétration. Trente-quatre pays africains furent les premiers signataires et les premiers renvois devant la CPI vinrent de l'Ouganda qui sollicitait assistance pour enquêter sur des violations de droits humains commises par la LRA (Lord's Resistance Army – Armée de résistance du Seigneur) dans le nord du pays, puis de la République démocratique du Congo (RDC) pour la situation rétive des provinces orientales du pays. Les deux cas furent repris par le procureur en chef de la cour, Luis Moreno-Ocampo.

Toutefois, il ne fallut pas longtemps pour que la relation avec l'Afrique se détériore. Les premiers vrais signes de tension apparaissent quand la CPI inculpe le président soudanais en exercice

Omar al-Bashir pour des crimes commis dans la région du Darfour (Soudan). Cette décision met la cour en porte à faux avec l'UA, à cause de la menace perçue par rapport au principe d'immunité d'un président en exercice, qui avait été central au leadership politique de cet organe. La décision est aussi à l'origine d'une virulente campagne de rejet depuis le territoire soudanais, beaucoup estimant que le mandat d'arrêt contre Bashir compromet le processus de pacification du Darfour. Au même moment, le président ougandais Yoweri Museveni semble reconsidérer son précédent enthousiasme pour la cour. Et dans certains cercles, les mandats d'arrêt lancés contre les dirigeants du mouvement rebelle LRA commencent à être perçus comme des entraves aux pourparlers de paix. Les choses se compliquent réellement quand la CPI décide en 2010 de poursuivre six Kenyans pour leur implication dans les violences post électorales de fin 2007 dans lesquelles approximativement 1.200 personnes ont perdu la vie. Lorsqu'en 2013, deux de ces individus (Uhuru Kenyatta et William Ruto) sont élus président et vice-président du Kenya, la CPI est face à une crise diplomatique sans précédent. En plus de toutes ces critiques, jusqu'alors, toutes les affaires de la CPI qui ont abouti à des procès concernent des Africains. Alors que plusieurs organisations de justice populaire et groupes de victimes à travers l'Afrique, et même nombre de dirigeants africains, sont restés fortement solidaires de l'institution et ont continué de s'engager, elle a été également l'objet d'attaques soutenues de la part d'autres dirigeants africains. La CPI est traitée d'anti-africaine et, dans les cas les plus extrêmes, de raciste. Elle a été accusée de n'être efficace qu'avec le « menu fretin », plusieurs de ses mises en accusation ne concernant que des figures mineures telles que des chefs rebelles dans des conflits régionaux. En 2016, cette réaction contre l'institution a poussé trois nations (Burundi, Gambie et Afrique du Sud) à faire part de leur intention de se retirer du Statut de Rome, et l'UA, lors de son sommet au début 2017, à délivrer une déclaration non contraignante appelant les nations africaines à se retirer de la CPI.

Alors que les poursuites dans l'affaire Habré n'auraient jamais pu être enclenchées par la CPI, ayant été commises avant l'entrée en vigueur du Statut de Rome en 2002, la réussite des CAE dans la poursuite et la condamnation d'un ancien président africain pour des crimes commis pendant son mandat a été observée avec intérêt par plusieurs sections de la communauté militante des droits humains en Afrique. L'ampleur des problèmes auxquels fait face la CPI étant devenue évidente, ce livre cherche à examiner la manière dont les formes alternatives de justice pourraient être approfondies aujourd'hui. Même s'il y a bien sûr des approches alternatives dont la réponse aux violations de droits humains n'implique pas de poursuites pénales, ce livre se concentre principalement sur les aspects des CAE et des tribunaux hybrides qui pourraient être repris, et sur les rôles que ceux-ci pourraient jouer à l'avenir dans des poursuites pour violation de droits humains en Afrique et au-delà.

L'affaire Habré : renaissance du tribunal hybride ?

Les CAE furent un exemple de tribunal hybride, c'est-à-dire une cour et son personnel qui appliquent des lois aussi bien internationales que nationales. Les tribunaux hybrides, normalement destinés à enquêter et à juger des affaires ou situations individuelles, deviennent populaires à la fin des années 90 et à l'aube des années 2000 dans la période appelée « interrègne » entre la création permanente de la CPI et l'entrée en vigueur en 2002 de son statut. Elles sont quelquefois appelées la « troisième génération » de cours pénales – le modèle de Nuremberg étant la première génération, et les organismes « ad hoc » purement internationaux, comme le TPIY et le TPIR. La première cour de cette nature est le Tribunal spécial pour la Sierra Leone (TSSL) établi en 2002, suivie des Chambres extraordinaires au sein des tribunaux cambodgiens (CETC). Les hybrides étaient considérés comme une « évolution naturelle de la justice pénale internationale » et promettaient une alternative aux poursuites nationales souvent politiquement impossibles, sans avoir à se tourner vers de grands tribunaux internationaux comme le TPIY et le TPIR. Mais les cours hybrides commencent aussi à essuyer des critiques sur leur manque de solidité devant les pressions politiques internes – par exemple le tribunal cambodgien peinait à gérer l'héritage khmer rouge dans la société cambodgienne – et leur manque d'impact sur les capacités des systèmes judiciaires locaux. Au début des années 2000, alors que la CPI se prépare à ouvrir ses portes, les discussions sur la justice internationale présument que la CPI annonce l'obsolescence des tribunaux hybrides.

Cependant, comme nous le verrons, le parcours de la CPI n'a pas été aussi simple que prévu, et la réussite des CAE a remis le modèle hybride au goût du jour.[4] Selon l'auteur et juriste Phil Clark, « La CPI devait remplacer les tribunaux hybrides, mais la réalité a été beaucoup plus chaotique ». Les CAE présentent un certain nombre de points positifs. Là où dans le passé les tribunaux hybrides ont semblé avoir des limites et dans certains cas même un impact négligeable sur la justice nationale et les engagements d'information du public, les CAE étaient en fait remarquables de par la présence de plusieurs éminents avocats tchadiens agissant au nom des parties civiles et représentant les victimes, qui ont joué un rôle important au procès. Elles avaient aussi un programme de sensibilisation commencé avant le début du procès et qui continue toujours. En opposition frappante au biais anti-africain perçu chez la CPI, le tribunal des CAE et son équipe étaient entièrement constitués d'Africains et l'audience se tenait au Sénégal, évidemment pas au Tchad, mais c'était néanmoins pays plus proche des communautés affectées par les crimes que La Haye. « Elles nous ont montré ce à quoi pourraient ressembler les futurs tribunaux hybrides régionaux, ou même les tribunaux 'spontanés' comme certains les appellent », a dit Kim Thuy Seelinger, directrice du programme sur les violences sexuelles du Centre des droits humains de la Berkeley School of Law (Université de Californie).[5] La plus grande des rigueurs a été mise dans le strict respect du programme et du petit budget. Le procès s'est étalé sur un peu moins d'un an, tous les témoins ayant été entendus en trois mois. La Cour n'a jamais eu à demander de fonds additionnels au-delà des 8,6 millions d'euros alloués au départ, une remarquable prouesse qui offre des perspectives de procès relativement économiques et rapides dans le futur. Deux nouveaux tribunaux hybrides sont déjà proposés en Afrique, pour prendre en charge les violations des droits humains en République centrafricaine (RCA) et au Sud-Soudan. Pour beaucoup d'activistes et d'observateurs, les difficultés de la CPI représentent un réel défi pour le futur de la justice internationale. Ce livre tentera de souligner les principales forces et faiblesses des CAE et de savoir si ses éléments majeurs peuvent être reproduits dans de futurs procès hybrides. La « prochaine génération » pourrait-elle ressembler à une cour hybride ad hoc d'« intervention rapide » composée d'une équipe itinérante de juges et de personnels africains, qui pourrait être rapidement déployés aux lendemains de conflits civils ? Le Sénégal peut-il maintenant s'appuyer sur sa réputation d'avoir brillamment géré des affaires internationales et commencer à en juger d'autres ? En rapport à la CPI qui a un bilan médiocre en termes de jugement de hautes autorités en fonction, le livre explore si le modèle des CAE fera mieux en termes de poursuite judiciaire d'anciens dictateurs une fois qu'ils ont quitté le pouvoir. Dans une large mesure, le livre analyse la question de savoir si l'avènement de la CAE est uniquement dû à un concours de circonstances qui concrètement ne se reproduiront plus jamais.

Le chapitre 1 examine le contexte historique et les extraordinaires jeux de pouvoir dans le Tchad du début des années 80, au moment où Hissein Habré prenait le pouvoir de la manière la plus machiavélique qu'il soit et tournait à son avantage tous les organes de sécurité de l'État. C'est un examen des batailles aux enjeux forts contre l'occupation de la bande d'Aouzou par l'armée libyenne, une étroite bande de désert au nord de Faya-Largeau. Il étudie comment les États-Unis et dans une moindre mesure la France ont semblé tolérer et jusqu'à un certain point soutenu Habré dans la brutale répression de son propre peuple, simplement parce qu'il était un intermédiaire utile dans la guerre froide contre le colonel Khadafi. Le chapitre 2 s'intéresse au séjour confortable et prolongé de Habré au Sénégal durant les années 1990 et 2000, tout en examinant le rôle joué par l'ancien président du Sénégal, Abdoulaye Wade, dans la protection de son « frère du syndicat des chefs d'États africains » contre un procès. Il retrace la montée des mouvements de justice populaire qui se sont formés au Tchad à partir des années 90 et qui ont fait pression pour un procès sous le leadership d'organisations internationales pour les droits humains, et dépeint dans le détail les trois tentatives échouées de poursuivre l'ancien président avant la constitution finale des CAE par l'UA en 2013.

Le chapitre 3 rend compte du déroulement dramatique du procès en lui-même au Sénégal en 2015–2016. De poignants et choquants témoignages sont ressortis des quatre-vingt-dix jours de la phase consacrée aux témoins, notamment les extraordinaires accusations contre Habré lui-même, qui aurait violé l'une des victimes. L'ancien président a déconcerté tout le monde en refusant catégoriquement de coopérer avec la Cour ou même les avocats de la défense qui lui avaient été commis d'office afin d'assurer un procès équitable. Il évalue la portée du verdict, l'appel contre sa condamnation finalement rejeté en avril 2017 (et bizarrement lancé sans l'approbation de Habré) et les tentatives jusqu'à présent infructueuses d'indemniser les victimes. Le chapitre 4 mesure l'impact des CAE sur le Tchad et les Tchadien.ne.s. Il examine en détail l'impressionnant programme de sensibilisation des CAE au Tchad même et tente de mesurer la capacité de la cour à restaurer la foi des populations locales en la justice. Nous découvrirons comment les victimes déterminées ont réagi au procès et si depuis, elles ont pu reprendre le cours de leurs vies. Nous entendrons aussi les avis des Tchadien.ne.s ordinaires sur le procès et nous examinerons les impacts des CAE sur la justice interne et le système judiciaire du Sénégal. Le Chapitre 5 met en contexte les CAE dans un calendrier de développement de la justice internationale, de procès ad hoc des années 90, à l'établissement d'hybrides, en passant par la CPI qui était censée tout remplacer. Il passe en revue les dysfonctionnements dans la relation entre l'Afrique et la CPI et interroge le rôle du procès hybride à l'avenir. Il fait aussi des suggestions pratiques sur les caractéristiques et aspects des CAE qui pourraient être utiles à de futurs projets judiciaires.

La recherche pour cet ouvrage s'est faite par intermittence pendant les dix années pendant lesquelles j'écrivais sur le Tchad, le Sahel, l'Afrique de l'Ouest et du Nord. De 2008 à 2010, j'ai vécu et travaillé au Tchad en tant que correspondante de la BBC et depuis, j'y suis retournée à plusieurs occasions, comme journaliste indépendante, pour poursuivre des idées de recherche sur le long-terme. Mon premier livre qui analysait la mauvaise gestion du projet pétrolier tchadien a été publié en 2015. Malgré mon serment d'attendre quelques années avant même de penser à écrire un second, la tension autour de l'affaire Habré s'est révélée tentante. Avant 2011, j'ai fait de nombreuses entrevues avec les principaux acteurs tels que Jacqueline Moudeina et Clément Abaifouta tandis que les tentatives de traduire Habré en justice marquaient le pas. J'avoue avoir été l'une des nombreuses voix pessimistes de l'éventualité de la traduction en justice. Mais alors que la dynamique en faveur des CAE se construisait à partir de 2012, et que l'espoir grandissait que Habré serait effectivement jugé à Dakar, je me suis de plus en plus sentie obligée d'écrire l'histoire entière. Mes précédentes recherches ont considérablement été enrichies par deux visites de travail à Dakar pendant la phase de procès des CAE en 2015-2016, et ont été complétées par au moins cinquante entretiens en face à face, par téléphone ou Skype avec des acteurs clefs depuis que le verdict a été annoncé en mai 2016. En janvier 2017, j'ai effectué un voyage de recherche supplémentaire à N'Djaména pour des entrevues plus axées sur l'impact à long terme de l'affaire Habré aussi bien sur les victimes que sur les Tchadien.ne.s ordinaires. Quant aux parties du livre sur la question largement inexplorée de la place des CAE dans le développement de la justice internationale, je me suis principalement basée sur mon expérience quotidienne auprès de la BBC World Service Africa, de 2005 à 2014, où je rendais régulièrement compte des difficultés auxquelles la CPI faisait face, et de la relation de cette dernière avec l'Afrique. J'ai également largement consulté les écrivains et penseurs spécialistes de la justice internationale, et je suis éternellement reconnaissante pour le soutien et l'aide d'un petit groupe dévoué des observateurs de Habré.

Ce qui suit est simplement la remarquable histoire d'un homme et de ses tentatives brutales de s'accrocher au pouvoir, au cours d'une période d'intense crise politique dans le contexte dramatique des années 80 et de la guerre froide. S'ensuit l'incroyable histoire de la manière dont les victimes de cette insoutenable cruauté ont tenu face à un pessimisme quasi universel et quelques fois ridicule, afin qu'un tyran soit éventuellement traduit en justice.

Notes

1 Également connu sous le nom de Hissène Habré.
2 Marguerite Guarling, entretien Skype, janvier 2017.
3 Tim Allen 2006, p. 8.
4 Phil Clark, entretien, janvier 2017.
5 Kim Thuy Seelinger, entretien Skype, avril 2017.

1

DU PALAIS PRÉSIDENTIEL À OUAKAM

L'accès à l'indépendance ne devait pas être chose facile pour le Tchad. Très peu utile à la France pendant son occupation coloniale de l'Afrique centrale et occidentale, il a été intégré dans l'Afrique Équatoriale française en 1920. Toute la moitié nord du pays, zone rocailleuse du Sahara en grande partie, était catégorisée « Tchad inutile », et le développement, l'amélioration du niveau de scolarisation en particulier, étaient plus accentués dans la partie sud plus fertile et « utile ». Le Tchad était à la traîne par rapport aux autres colonies africaines, comme le Sénégal ou la Côte d'Ivoire. Le pays n'avait pas de chemin de fer, presque pas de routes et n'était perçu que comme source de matières premières telles que le coton. Politiquement, le pays était très instable et à son indépendance survenue en même temps que celle de la plupart des autres ex-colonies françaises en 1960, son gouvernement était fragile. Les partis politiques existaient, mais ils étaient divisés, mal organisés et mal financés ; des rivalités ethniques existaient entre le nord majoritairement musulman et pastoral et les fermiers sédentaires du sud majoritairement chrétien.

C'est dans cette brèche que s'engouffra François Tombalbaye, un Sara originaire de la bande sahélienne la plus fertile du Tchad qui a reçu un enseignement français. Il était le leader du PPT (Parti progressiste tchadien), qui avait dirigé le gouvernement symbolique sous la domination française. Bien qu'il se soit attribué le pouvoir en 1960 sans opposition, il ne lui fallut pas longtemps pour se mettre à dos la classe politique tchadienne.[1]

Dès les débuts de son règne, sa tendance à promouvoir et à concentrer le pouvoir entre les mains des sudistes a exacerbé les tensions régionales et ethniques qui existaient pendant la domination française. La démocratie prenait un mauvais départ. Deux ans seulement après l'indépendance, en 1962, il prit la décision majeure de dissoudre tous les partis politiques sauf le PPT, puis l'Assemblée nationale quelques jours plus tard. L'apparente dépendance de Tombalbaye à la France était source de ressentiment et de tension, même si sa politique vis-à-vis de l'ancienne puissance coloniale n'était jamais cohérente. Même si la France l'avait officiellement décolonisé, en pratique elle maintenait une forte présence au Tchad principalement pour garantir le coton tchadien bon marché pour les usines françaises. La situation s'est envenimée en 1964 quand Tombalbaye a soudainement ordonné à l'ancienne puissance coloniale de réduire sa présence militaire dans la province du BET (Bornou-Ennedi-Tibesti) – le vaste désert du nord du Tchad. Tout d'un coup, la masse d'anciens fonctionnaires coloniaux fut mise de côté en faveur de sudistes moins qualifiés. Parallèlement à sa politique d'« africanisation » qui impliquait de remplacer les noms de personnes et de rues par des appellations traditionnelles africaines, ceci a suscité du ressentiment parmi les nordistes qui trouvaient que les fonctionnaires sudistes ne comprenaient que très peu la vie dans le désert. En réaction, le premier acte d'une liste presque interminable de révoltes dans le désert tchadien allait commencer au début des années 60 à Bardai, dans les zones Teda-Daza du désert et très vite se propager aux alentours de Zouar (Ibid : 33).[2] La grogne populaire se répandit dans les autres parties du pays. En novembre 1965, une hausse des taxes incita les populations de Mangalme, une ville du centre, à descendre dans la rue. Une visite du ministre de l'Intérieur visant à réprimer les manifestations a conduit à des émeutes dans les rues au cours desquelles environ 500 personnes ont été tuées par les forces de sécurité, l'un des pires massacres de l'histoire du Tchad.

Les différentes rébellions qui éclataient sur différents fronts de Guera à Ouaddeï en passant par le lac Tchad pendant les années

60 et le début des années 70 s'avérèrent extrêmement problématiques pour Tombalbaye et son armée, en grande partie inefficace. Finalement, certaines de ces factions se sont regroupées et se sont coalisées pour former un nouveau groupe rebelle, le Front de libération nationale du Tchad, fondé à Nyala au Darfour en juin 1966. Le FROLINAT allait dominer la vie politique tchadienne pour les années à venir. Initialement dirigé par le dissident Ibrahim Abatcha, le groupe s'est rapidement élargi, intégrant d'autres mécontents issus de communautés du nord et de l'est telles que les Zaghawa, les Massalit et les Toubou. Pendant les années qui suivirent, des affrontements récurrents entre le gouvernement et les rebelles se sont succédé et le Tchad oriental commença à échapper au contrôle du gouvernement central. Alors que la révolte grandissait, Tombalbaye ne tenait que de justesse après avoir été obligé de solliciter l'assistance militaire de la France, laquelle fut fournie à contrecœur. En échange de celle-ci, il souscrit, contre son gré, à un programme de réformes politiques et fiscales modérées qui ont brièvement calmé les tensions. En 1969, il gagna un autre mandat présidentiel, mais était le seul candidat au scrutin. Toutefois ce bref répit dans le chaos politique du Tchad n'allait pas durer. Les ennuis s'annonçaient à la frontière nord. En 1969, un groupe d'officiers de l'armée libyenne dirigé par le colonel Mouammar Khadafi, inconnu à l'époque, avait déposé le Roi Idris en Libye. Presque aussitôt après, l'agenda imprévisible et expansionniste panarabe de Khadafi se précisait et il manifestait un intérêt pour le Tchad et l'exacerbation des rébellions. La première base permanente du FROLINAT fut ouverte à Tripoli en 1969 et Khadafi accueillait beaucoup de leaders Toubou. À la grande surprise de beaucoup d'observateurs, il a aussi repris les revendications territoriales de la Libye sur la bande d'Aouzou, un morceau de désert de 114.000 km^2 situé au nord du Tchad et contenant une petite oasis. Ce territoire avait été attribué par le gouvernement colonial français à la présence coloniale de Benito Mussolini en Libye, mais ce traité n'avait jamais été ratifié par la France et pendant le chaos de la seconde guerre mondiale, il a été oublié de

tous. Excepté de Khadafi. Peu de temps après son accession au pouvoir, ses cartographes produisirent de nouvelles cartes qui montrent que la frontière entre la Libye et le Tchad a été déplacée d'environ 96 kilomètres au sud. En 1971, Tombalbaye échappa de justesse à un coup d'État dans lequel beaucoup suspectèrent l'implication de la Libye. En 1972, pendant les incursions du FROLINAT dans le BET, des preuves flagrantes du soutien et de l'armement libyen furent découvertes chez les rebelles. Mais les ambitions de la Libye étaient beaucoup plus grandes que cela, et en 1973, juste six mois après que le Tchad et la Libye eurent signé un simulacre de traité d'amitié, les soldats libyens pénétraient dans la bande d'Aouzou sur la base de l'Accord franco-italien de 1935. Tombalbaye était furieux, mais clairement dans l'incapacité d'agir. Son seul recours fut de soumettre une plainte auprès de l'Organisation de l'unité africaine (OUA), qui s'interdisait d'intervenir dans les conflits de frontières coloniales. C'est au milieu de cette querelle de frontière postcoloniale que Hissein Habré entre en jeu, lui le fils illégitime d'un éleveur, né à Faya-Largeau en 1942, la même année que le colonel Khadafi. C'est un Toubou (Gorane est le nom en arabe de ce groupe aussi appelé Teda) du sous-clan Anakaza des Daza, une branche du groupe des grands nomades Toubou, non aristocratique et originaire des plaines, un héritage qui l'a opposé toute sa vie aux chefs traditionnels du groupe ayant un statut supérieur. Après une formation à l'école primaire, il est devenu sous-préfet de Faya-Largeau. Son intelligence fut remarquée par les administrateurs coloniaux de la province du BET, et il a été choisi pour aller étudier à l'Institut de Droit public de Paris, puis à l'Institut des Sciences politiques où il se distingue (Ibid. : 88)[3]. À son retour au Tchad en 1971, alors qu'il était encore au début de la vingtaine, il impressionnait tellement que selon certains, Tombalbaye lui aurait personnellement demandé de rentrer pour mener une mission secrète en Libye.[4] Mais il n'a pas tardé à révéler son vrai visage et à prendre contact avec les dirigeants du FROLINAT.

Très vite, le « Derdé », chef élu non héréditaire des Toubou, lui confia la direction de la seconde armée du FROLINAT. Cette nomination allait engendrer une inévitable rivalité entre lui et le fils du « Derdé », Goukouni Oueddei, un autre éminent commandant des forces du FROLINAT, qui allait perdurer pendant les prochaines quinze années.

Hissein Habré a attiré l'attention de la communauté internationale pour la première fois en 1974, quand ses combattants ont attaqué l'oasis de Bardaï et pris en otage trois jeunes européens qui travaillaient sur un projet archéologique dans les grottes et oasis du Sahara. Les médias français se firent l'écho des demandes audacieuses de rançon et de la situation critique de la jeune archéologue Françoise Claustre, dont le mari a également été kidnappé lorsqu'il se précipita au Tibesti pour l'aider. Un intermédiaire français, le capitaine Pierre Galopin fut exécuté par les rebelles lorsqu'il fut envoyé négocier la libération des otages. Habré réalisa vite la valeur de ses captifs et demanda une rançon plus importante et des armes pour sa cause. Les otages créèrent une crise politique sensible et prolongée avec la France, qui allait perdurer jusqu'à leur libération finale en 1977.

La fin de Tombalbaye

En 1975, les jeux étaient faits pour le président François Tombalbaye qui s'était rebaptisé Ngarta (chef) Tombalbaye dans le cadre de sa campagne d'« africanisation » et d'authenticité. Il continuait d'attiser la colère des nordistes par sa répression brutale de la révolte du FROLINAT et l'imposition de ce qui était perçu comme un rite d'initiation sudiste pour toute nouvelle prise de fonctions à un poste gouvernemental. Les Français étaient excédés par son refus d'introduire des réformes politiques et par son alliance vraisemblablement schizophrénique avec Khadafi. À la fin, la sécheresse au Sahel, la crise économique et les difficultés à payer les salaires se sont agrégées dans une vague de mécontentement dans le pays sous son administration. Lorsqu'il commença à réprimer la dissidence en arrêtant un certain nombre d'officiers de l'armée, dont le populaire général Félix Malloum, ce n'était plus qu'une question de temps avant qu'un coup d'État militaire ne soit lancé. Le 12 avril 1975, des soldats rebelles pénétrèrent dans le palais présidentiel sur les rives du fleuve Chari à N'Djaména et Tombalbaye fut tué. Malloum, l'ancien commandant en chef des forces armées du Tchad, devint le nouveau président du pays (Burr & Collins 2008 : 107).[5]

Mais il ne fit guère mieux que Tombalbaye dans la résolution des conflits naturels sur une terre marquée par les contrastes géographiques et démographiques, où la pauvreté, l'absence de développement et les rivalités tribales continuaient de défier la capacité du gouvernement central à contrôler l'arrière-pays. Le colonel Khadafi de Libye ne lui offrait aucun répit. En août 1975, La Libye annexa officiellement la bande d'Aouzou, et devant la situation qui se détériorait, Malloum fut, contre son gré, contraint de se tourner vers la France pour obtenir son aide. La France, suite à l'engagement de Charles de Gaulle avec ses anciennes colonies africaines, répondit favorablement et déploya un contingent de soldats pour préserver l'intégrité territoriale du Tchad. Une fois les tensions calmées, les négociations commencèrent ; et en 1978, sous la pression du Soudan qui s'inquiétait des activités rebelles dans la région ouest du Darfour, Malloum, visiblement sans grand discernement, accepta que Hissein Habré, à l'ambition impitoyable, devienne Premier ministre. Encore une fois, cet accord politique ne sera pas durable, et en 1979 la loyauté de Habré se révéla : des affrontements éclatèrent entre ses forces, les FAN (Forces armées du Nord), et l'armée nationale de Malloum dans les rues de N'Djaména. Goukouni Oueddei, le grand rival toubou qui s'était opposé à la décision de Habré de servir sous Malloum et qui bénéficiait du soutien de la Libye, voyait là une opportunité d'attaquer. Il mena ses forces nouvellement formées, les FAP (Forces armées populaires), vestiges du FROLINAT, dans une bataille contre les forces du FAN de Hissein Habré. N'Djaména fut mise à genoux par une sanglante et déroutante bataille à trois. Alors que des accrochages battaient leur plein, ce chaos d'alliances instables sapait progressivement l'autorité de Malloum et du gouvernement de transition tchadien. Lors d'une conférence de paix en 1979 à Kano au Nigeria, Malloum fut forcé à l'exil. Finalement Goukouni Oueddei en ressortit président d'un nouveau gouvernement d'Union nationale de transition (GUNT) avec Habré comme ministre de la Défense et des membres du FROLINAT aux postes-clés.

Mais la rivalité entre Goukouni et Habré était toujours irrépressible. Moins d'un an plus tard, à l'aube de l'année 1980, des combats acharnés entre les FAN de Habré et les FAP de Goukouni éclataient dans les rues de N'Djaména. Dans une vague brutale de tueries et de déplacements, au moins 3.000 personnes auraient été tuées. Des milliers de personnes se sont réfugiées dans les pays voisins alors que les milices rivales s'affrontaient, et N'Djaména fut lourdement endommagée. Le carnage ne prit fin que lorsque Khadafi envoya 4.000 soldats depuis Aouzou pour aider le président Goukouni – ce qui fut considéré par beaucoup de Tchadiens comme une profonde humiliation et une trahison. Incapable de tenir tête aux Libyens, Habré fut forcé à l'exil au Cameroun en fin 1980.

Mais il était loin d'avoir dit son dernier mot. Il planifia sa revanche à partir de son exil. Fervent opposant de la Libye depuis toujours, sa résolution fut renforcée par la déclaration de Khadafi en janvier 1981 qui faisait que la Libye et le Tchad de Goukouni et son GUNT étaient désormais unifiés en un seul pays. Cette nouvelle inquiéta également les leaders régionaux, qui proposèrent sous les auspices de l'OUA l'organisation d'une mission africaine de maintien de la paix, destinée à remplacer les troupes libyennes. Cependant, à la fin de 1981, peut-être ayant senti le degré d'impopularité de Khadafi au Tchad, le GUNT de Goukouni Oueddei, à la surprise générale, ordonna le retrait des troupes libyennes. De manière encore plus surprenante, celles-ci se retirèrent, laissant le Tchad dangereusement exposé aux forces de Habré, qui s'étaient réorganisées et réarmées pendant tout ce temps au Darfour. En décembre 1981, la toute première mission africaine de maintien de la paix, forte de

3.000 hommes, était enfin déployée au Tchad. Mais il était déjà trop tard. À la fin de l'année, les FAN de Habré avaient attaqué et occupaient Adré, Guéréda, Iriba et surtout Abéché. Il commença à marcher implacablement vers l'ouest, droit sur N'Djaména, sous le regard impuissant des forces de l'OUA (Ibid : 155).[6] Le 7 juin 1982, Habré et ses troupes entraient victorieusement dans la capitale. Goukouni aurait quitté une réunion de l'OUA tenue pour la résolution de la crise politique en criant: « j'ai été trahi! » Il disparut en exil au Cameroun.

Habré au pouvoir

Beaucoup de Tchadiens se remémorent les huit années de règne de Habré comme la période la plus sombre qu'ait connu leur pays. Des preuves de la brutalité de Habré existaient déjà sous la forme d'un certain nombre de fosses communes découvertes près de son domicile à N'Djaména après son retrait de la capitale à la suite des affrontements meurtriers de 1980 entre FAN et FAP.[7] Sa résolution à prendre le pouvoir et à éliminer ses rivaux était démontrée hors de tout doute. L'instabilité chronique du pays était évidente, et il y avait un risque continuel de violence et de rébellion, avec la Libye à ses talons. Afin d'affirmer sa mainmise, Hissein Habré établit un régime de parti unique presque aussitôt après son installation au palais présidentiel de N'Djaména : l'UNIR (Union nationale pour l'indépendance et la révolution), qu'il contrôle d'une main de fer. Il établit le pouvoir militaire par le biais du Conseil de commandement de forces armées nationales (CCFAN), qui était presque dominé par ses parents Gorane (autre appellation des Toubou) du nord du Tchad. La moitié du budget national fut dédiée à l'armée. Il institua une dictature sans précédent et tenta de détruire toute forme d'opposition.[8]

Très vite, Habré a mis en place un nouveau système d'information et de rapports de sûreté complexe, qui incluait la DDS, une nouvelle agence dédiée à l'espionnage et au signalement de tout comportement et activité des Tchadiens ordinaires suspectés d'être contre « l'intérêt national ». Selon un rapport découvert par Human Rights Watch,[9] la DDS constituait « les yeux et les oreilles du président de la République » et lui fournissait un rapport quotidien, même si, comme nous le verrons, le degré de responsabilité directe de Habré sur les actes de tortures menés en son nom allait être vivement contesté pendant son procès en 2015–2016. Créée au départ pour rassembler des informations qui serviraient dans le combat contre la Libye, la DDS s'est très vite vu attribuer la charge de collecter même les détails les plus insignifiants sur n'importe quelle opposition politique. Elle fonctionnait selon un système de partage d'information et de délation qui pouvait facilement mener des amis, des collègues et même des parents en prison. Tous les membres de la DDS étaient obligés de prêter un serment de loyauté au président quand ils prenaient leurs fonctions. L'agence avait des tentacules partout dans le pays, avec une antenne dans chaque district électoral. Elle s'est rapidement étendue au début des années 1980 pour inclure un certain nombre de nouveaux services tels que le Service d'investigation présidentiel et son aile armée la Brigade spéciale d'intervention rapide (BSIR), qui se chargeait des arrestations, des tortures et des exécutions. Ces services de renseignement, l'armée et la police secrète contribuaient à un accablant système de surveillance et de répression qui a créé un climat de peur au Tchad dans les années 1980. Les quatre directeurs de la DDS des années 1980 – Saleh Younouss, Guihini Koreï, Ahmat Allatchi et Toke Dadi – étaient issus de l'ethnie Gorane comme Habré.

Les prisonniers politiques étaient gardés dans un réseau de prisons où la DDS venait directement pour procéder à des interrogatoires, et les informations sur tous les détenus étaient gardées au siège de la DDS. La procédure judiciaire adéquate pour ceux qui étaient appréhendés était souvent ignorée. Beaucoup de ces prisons étaient secrètes. La plus réputée d'entre elles était connue sous le nom de « La Piscine », un centre d'interrogatoire souterrain à l'intérieur d'une ancienne piscine couverte que les familles des administrateurs coloniaux utilisaient pendant la domination française. Les cellules à La Piscine n'étaient pas plus grandes que 3 m² et accueillaient souvent jusqu'à cinquante prisonniers. Étant souterraine, elle devenait étouffante durant les chauds mois d'été où la température atteignait régulièrement les 45°C. À N'Djaména il y avait six autres prisons : « Les Locaux » dans un bâtiment de l'ancien commissariat colonial français, le « Camp des Martyrs » sur une base militaire, le « Camp de la Gendarmerie », une prison dans l'enceinte du palais présidentiel près d'un des bureaux de Habré qui accueillait les « prisonniers spéciaux » dont les membres de la famille de Goukouni Oueddei, la prison de BSIR et la prison de Moursal, qui fut créée vers la fin du règne de Habré. Les conditions dans ces lieux de détention ont été décrites comme épouvantables, avec des inondations, des infestations, peu de ventilation et un surpeuplement massif.[10]

Les méthodes employées dans ces prisons ont été relatées en détail dans toute leur horreur pendant le procès de Habré qui s'est tenu au Sénégal en 2015, et elles ont aussi été recueillies, avec des illustrations, dans le rapport d'une commission d'enquête publié par le gouvernement tchadien en 1993. Elles incluaient des punitions telles qu'attacher les bras d'un prisonnier à ses chevilles dans le dos dans une position paralysante appelée « arbatachar » (« 14 » en arabe), forcer de l'eau dans la gorge des prisonniers à l'aide d'un entonnoir, pendre les prisonniers par les testicules, asperger de l'insecticide dans les yeux, arracher les ongles des doigts et des orteils, attacher des bâtons aux tempes (le supplice des « baguettes ») et mettre un pot d'échappement d'une voiture qui démarre dans la bouche d'un prisonnier. Des centaines de personnes sont mortes dans ces prisons, avec des décès déclarés presque chaque jour. Si ce n'était pas à cause de tortures et de blessures, ils succombaient au surpeuplement chronique, à la négligence, à la mauvaise alimentation, au manque d'eau dans une chaleur accablante, à des conditions insalubres, aux maladies et infections causées par les cadavres enfermés avec les prisonniers vivants dans des cellules sans aération. Les survivants souffraient de dysfonctionnements cérébraux à cause de longues périodes passées à se nourrir d'aliments pauvres en apports nutritifs, les détenus étaient forcés à rassembler et à évacuer les excréments de leurs camarades qui ne pouvaient plus marcher. L'ultime humiliation arrivait quand les prisonniers étaient contraints de creuser les tombes de ceux qui étaient morts en détention, généralement à Hamral-Goz, « la plaine des morts », à une dizaine de kilomètres de N'Djaména.[11]

Marguerite Guarling, chercheure pour le programme Afrique d'Amnesty International, a rencontré des exilés du régime de Habré qui s'étaient enfuis à Paris dans les années 1980, dont beaucoup avaient été torturés et avaient passé du temps dans ces prisons. Ce fut une expérience qui a changé sa vie. « Nous avons réalisé que certains de ceux qui étaient venus nous raconter leur histoire étaient devenus émotionnellement dépendants de nous. Ils n'avaient souvent personne d'autre à qui se confier. Dans les années 1980, nous travaillions vraiment en vase clos. Nous n'avons réalisé l'ampleur de ce qui se passait qu'après la destitution de Habré ».[12]

En plus des détentions et des disparitions dans la capitale, le règne de Habré a vu nombre de rébellions ethniques se déclencher contre sa présidence dans d'autres parties du pays. Ses forces armées (FAN) étaient déjà entrées en conflit avec des éléments des FAT (Forces armées du Tchad) loyaux à Wadel Abdelkader Kamougué, un ancien commandant sudiste des forces armées à la fin des années 1970 et au début des années 1980. Kamougué avait commencé à établir sa propre base de pouvoir anti-Habré dans le sud majoritairement chrétien. Une fois au pouvoir, Habré a accentué sa politique de pacification du sud par la force en y envoyant ses FANT fraîchement formées. Pendant cette répression, certaines unités musulmanes des FANT ont terrorisé les populations du sud, provoquant ainsi l'émergence d'un groupe nommé « Codos », une coalition armée anti-Habré.

En commençant par ce qui a fini par être appelé « Septembre noir » en 1984, le président a entamé une période de répression intense contre les commandos Codos et la population civile (des intellectuels et chefs militaires étaient arrêtés arbitrairement et des villages ciblés pour avoir collaboré avec les rebelles). Plus tard pendant sa présidence, Habré a déversé sa bile sur les Arabes du Tchad, les communautés Hadjerai et Zaghawa, qui avaient jusque-là été ses alliés au nord avant que ne soient découverts une série de complots et de menaces contre son règne. Ces politiques d'oppression ethnique étaient souvent menées par la DDS. Le dispositif de sécurité de Habré était aussi à l'origine de la mort de beaucoup de combattants ennemis, HRW a documenté les cas de groupes conséquents de soldats du GUNT et de prisonniers de guerre libyens arrêtés puis exécutés, ou ayant simplement disparu.[13]

À période exceptionnelle, mesures exceptionnelles ?

Ce règne d'oppression s'est déroulé pendant une période d'instabilité exceptionnelle et de crise existentielle pour le Tchad. L'agression de la Libye et l'invasion du nord ne pouvaient être ignorées. Habré a nourri sa colère contre Khadafi et sa politique d'expansion et juré de débarrasser le Tchad de ses envahisseurs libyens. La guerre contre la Libye et la bataille contre les rebelles soutenus par la Libye allaient dominer sa présidence et constituer, dès le début, une tâche difficile. Presque aussitôt après avoir été forcé de quitter le pouvoir en 1982, Goukouni Oueddei avait fait le serment de reprendre le pouvoir avec le soutien et les armes libyens. Sa contre-attaque contre Habré fut rapide et efficace. Le premier revers grave survint en juin 1983 lorsque les forces du GUNT de Goukouni, soutenues par les troupes et forces aériennes libyennes, ont attaqué et tenu brièvement Faya-Largeau, la ville natale de Habré, au nord, ainsi que l'important centre urbain d'Abéché à l'est. Dans les semaines qui ont suivi, les forces rebelles continuèrent à prendre plusieurs villes dans le nord et le centre du Tchad dont Fada, Ouniango-Kebir et Zouar. En août, le GUNT avait avancé de 300 kilomètres au nord de N'Djaména. Le monde était obligé d'en prendre bonne note. Habré était si inquiet qu'il se rendit dans le nord pour commander personnellement les FANT au combat.

En dépit de profondes craintes et réticences politiques, la France approuva le même mois le déploiement d'environ 2.700 hommes et 8 avions de chasse au Tchad pour protéger le gouvernement de Habré. C'est ce qui allait être connu plus tard sous le nom d'Opération Manta. Cependant, Manta n'a jamais été conçue comme une méthode pour reconquérir du territoire pour les Tchadiens, et ce qui s'ensuivit était une acceptation tacite de ce qu'on a appelé la « politique du 16ème parallèle ».[14] Bien que Habré ait réussi à récupérer Faya-Largeau, le Tchad était de facto divisé en deux, suite à l'avancée libyenne/GUNT, ces derniers contrôlant le BET au nord de la ligne du 16ème parallèle, qui s'étendait approximativement de la partie nord de Kanem à l'ouest, jusqu'à Oum Chalouba à l'est, et les forces françaises et de Habré contrôlant le sud. Tant que le GUNT soutenu par la Libye s'abstenait de franchir cette ligne rouge, le président français François Mitterrand insistait pour que Manta ne défiât pas directement Khadafi.

C'était un mauvais compromis, mais il a permis une période de calme relatif pendant les trois années qui ont suivi. Les escarmouches et querelles intestines au sein des factions du GUNT continuaient, et une série de conférences de paix en grande partie moribondes n'a pas pu pacifier le Tchad, ou gérer la question de l'invasion libyenne de façon définitive. Chose que Habré était résolu à ne pas tolérer.

Ce n'est qu'au début de 1986 que le GUNT de Oueddei, soutenu par les troupes et forces aériennes libyennes, a pu suffisamment se regrouper pour lancer une autre attaque au-delà du 16ème parallèle. Cette fois, ils ont failli menacer Abéché, et l'aéroport de N'Djaména a été bombardé par les avions libyens. Les FAN de Habré ont éventuellement répliqué et récupéré le territoire perdu. L'attaque poussa la France à déployer de nouveau 1.000 hommes au Tchad, avec l'Opération Épervier, qui allait y rester jusqu'en 2014.

Au début de 1987, la présence libyenne dans le BET comptait au moins 5.000 soldats, soutenue par l'arrivée supplémentaire de milliers de légionnaires islamiques spécialement entraînés, d'hélicoptères Mi24 et d'avions de combat.

Cependant, les querelles interminables entre les alliés tchadiens de Khadafi allaient préparer le terrain aux dernières étapes de ce que l'on a surnommé « la guerre des Toyota », en référence aux camionnettes lourdement armées de mitraillettes avec lesquelles les forces de Habré et de Goukouni faisaient la guerre (caractéristique dominante, à ce jour, des rébellions à l'est du Tchad). Khadafi était de plus en plus désabusé à l'égard de Goukouni qui, malgré plusieurs années de soutien en armements et fournitures libyens, avait été incapable de destituer Habré. Fin 1986, Khadafi remanie le commandement du GUNT et Goukouni, humilié, est rétrogradé et finalement envoyé en prison à Tripoli. Mais en réalité Khadafi n'avait personne d'autre à qui il pouvait faire confiance dans le groupe hétéroclite de rebelles tchadiens dispersés un peu partout dans le nord et dans l'est du pays. Les rebelles refusaient de s'unir sous les ordres de Wadel Kamougué, ou du mercenaire Achiekh Ibn-Oumar qui dirigeait un autre groupe dissident du FROLINAT. Les Libyens étaient perdus. Sans la maîtrise que les Tchadiens avaient du terrain et des conditions du désert montagneux au nord du Tchad, les forces libyennes devenaient des cibles faciles.

Habré voyait là sa chance. Dans un revirement quasi incroyable, après presque quinze années d'extrême inimitié personnelle, les FANT de Habré acceptèrent de s'unir avec ce qui restait des forces du GUNT de Goukouni et se préparèrent à expulser les Libyens du Tchad. Les forces communes attaquèrent et reprirent Fada puis Zouar au début de 1987. Les FANT ont infligé d'incroyables dommages aux Libyens en tuant des centaines de soldats et en détruisant de nombreux tanks. À la mi-mars, la Libye perdit sa base aérienne de Ouadi Doum, qui fut complètement détruite dans l'attaque des FANT, soutenues par les forces aériennes et les renseignements français. Selon les estimations, au moins 1.200 soldats libyens furent tués. C'est une victoire spectaculaire qui a mené au début du retrait des Libyens du Tchad. Quatre ans après leur arrivée, les Libyens étaient inexorablement pourchassés par les FANT de plus en plus au nord à travers le désert vers leurs bases arrière dans la bande d'Aouzou. Habré refusa de laisser le travail inachevé et, en août 1987, ses forces commencèrent une nouvelle attaque contre Aouzou, qui poussa les Libyens à signer un cessez-le-feu. Fanfaronnant comme à son habitude, Khadafi annonça, face à cette défaite écrasante, que son opération au Tchad avait été un succès.

Le soutien des superpuissances

Fin 1987, les Libyens étant humiliés, l'emprise de Habré sur le pouvoir semblait assurée et le Tchad paraissait relativement stable. Les prouesses de ses soldats des FANT paraissaient avoir été suffisamment prouvées. Il semblait presque incroyable que les combattants débraillés des FANT, des soldats d'un pays dont le PIB était d'environ 500 millions de dollars au début des années 1980, hurlant dans le désert, accrochés à l'arrière de camionnettes Toyota légèrement armées, aient battu de façon si convaincante la soi-disant armée professionnelle d'un pays producteur de pétrole qui avait gagné 20 milliards de dollars grâce à sa production en 1980.[15] Toutefois, la victoire de Habré n'aurait pas été possible sans le soutien de deux des plus grandes puissances mondiales, la France et les États-Unis, dont il bénéficiait depuis le début de son règne.

L'ingérence de la France au Tchad n'était pas une surprise. En tant qu'ancienne puissance coloniale, la France a tenté à maintes reprises au cours des années 1960 et 1970 de se dissocier des problèmes politiques du Tchad tout en maintenant son réseau de relations d'affaires dans la tradition de la « Françafrique », nom donné aux relations commerciales et diplomatiques complexes entre la France et ses anciennes colonies d'Afrique occidentale et centrale. Lorsque Habré arrive au pouvoir en 1982, il y a déjà une litanie de demandes d'assistance désespérées adressée à la France de la part de tous les leaders tchadiens après l'indépendance, car chacun d'eux avait dû faire face à des moments d'instabilité ; certaines de ces requêtes avaient été entendues, d'autres ignorées. En ce sens, Habré n'était aucunement différent de ses prédécesseurs (la France est intervenue militairement dans les années 1980 parce que Paris avait saisi l'imminence du danger et ses potentielles conséquences, et parce que l'opinion publique française à cette époque tolérait les dépenses et les engagements militaires accrus). Cette relation ambivalente se poursuit encore aujourd'hui. En 2008, des avions militaires français ont fourni une reconnaissance aérienne qui a permis à l'actuel président tchadien Idriss Déby de planifier une contre-attaque alors qu'il faisait face à sa propre crise existentielle face aux rebelles en Toyota du désert. Mais en quelques mois les relations se sont détériorées, et le Tchad tout comme le gouvernement de Nicolas Sarkozy plaidait pour la réduction de l'opération française Épervier forte de 1.000 soldats. Cette politique a pourtant pris une autre tournure en 2014, quand le rôle du Tchad dans la lutte contre Boko Haram dans le bassin du lac Tchad est devenu de plus en plus crucial. Le gouvernement du président François Hollande annonçait que la présence française au Tchad serait encore une fois renforcée. N'Djaména était le quartier général confirmé de l'important nouveau déploiement antiterroriste pan-sahélien de la France, l'Opération Barkhane. La France peine encore à se défaire totalement de son passé colonial.

Les considérations françaises d'une réponse aux appels à l'aide de plus en plus désespérés de Habré alors que les forces de Goukouni marchaient sur N'Djaména en 1983 étaient ambivalentes et influencées par la realpolitik de l'époque. D'une part, il y avait les liens économiques forts avec la Libye que la France ne voulait pas rompre (la France avait un accès aisé au pétrole libyen et était impliquée dans la vente d'armes à Tripoli) ; d'autre part, la présence de troupes libyennes sur le sol tchadien (sans conteste la sphère d'influence traditionnelle de la France) gênait la France de plus en plus, à mesure que le choix de Khadafi d'alimenter des rébellions en Afrique se faisait sentir. Bien qu'en 1981 le président français nouvellement élu, François Mitterrand, avait approuvé la vente de Mirage à la Libye et semblait au début vouloir maintenir les relations diplomatiques,[16] les affrontements entre les FANT et l'armée libyenne se multiplièrent. La France semblait inexorablement vouée à soutenir son ancienne colonie. Il semble qu'au début, les responsables français espéraient que Goukouni Oueddei pourrait se dissocier de la Libye, faisant ainsi du GUNT une organisation plus légitime. Des preuves de soutien militaire dissimulé existent : HRW rapporte qu'à un moment donné de la bataille de Faya-Largeau en 1983, trente-deux mercenaires français ont été envoyés dans le nord du Tchad pour soutenir ses forces de connivence avec des hauts conseillers du président Mitterrand, dont Jean-François Dubois.[17] Mais alors que les échecs de Goukouni se multipliaient, la France a adopté des mesures telles que l'approbation des opérations Manta et Épervier et l'acceptation du 16ème parallèle ; ces mesures visaient à avertir Khadafi de ne pas poursuivre, sans pour autant activement contrer les acquis libyens et du GUNT. Bien qu'il soit largement admis que la France n'était pas ouvertement pour Hissein Habré, il ne fait guère de doute que cette implication militaire française continue au Tchad dans les années 1980 a contribué à le maintenir au pouvoir.

La politique américaine à l'égard de Habré était cependant beaucoup plus fluide en raison de l'inexpérience relative de la superpuissance en Afrique occidentale et centrale au début des années 1980. En fait, les États-Unis se sont montrés très peu intéressés les dix premières années de l'indépendance du Tchad, avec seulement une petite ambassade et un bureau de l'USAID (United States Agency for International Development) à N'Djaména, ouvert au début des années 1960. Mais quand Ronald Reagan fut élu président des États-Unis en 1981, la ferme opposition de Habré à l'occupation du nord du Tchad par la Libye et ses affrontements constants avec le GUNT dont le discrédit allait croissant, avaient déjà été constatés à Washington. La haine de Reagan envers Khadafi était profonde. En 1981, peu après son entrée en fonction, Reagan rompt les relations diplomatiques avec la Libye et conseille à tous les Américains qui y vivent de quitter ce pays. Dans la rhétorique de la guerre froide de l'époque, Reagan se méfiait de l'ingérence de la Libye, des dangers que sa politique expansionniste au Tchad faisait courir aux pays africains pro-occidentaux comme le Soudan et le Nigeria, de ses relations avec les Soviétiques et de son soutien apparent au terrorisme.

Reagan s'est immédiatement intéressé au potentiel qu'avait Habré d'arrêter l'avancée du Colonel à travers l'Afrique. Ce soutien de l'administration américaine durera tout le temps de la présidence de Habré et l'aidera à devenir « en fait, intouchable ».[18] Outre le soutien ouvert apporté à la mission de maintien de la paix de l'OUA déployée à N'Djaména en fin 1981, les États-Unis ont lancé leur première opération clandestine sous la direction de William Casey, le nouveau directeur de la CIA de Reagan, qui avait dirigé des opérations de renseignement pendant la seconde guerre mondiale. Au début des années 1980, les États-Unis étaient encore sous le choc de la crise des otages en Iran à la suite de la Révolution islamique, au cours de laquelle cinquante citoyens américains ont été retenus en otage pendant 444 jours. L'opinion publique américaine avait été horrifiée par l'échec de la tentative de sauvetage qui ayant entraîné la mort de huit militaires américains dans la chute de leur avion. Cette catastrophe avait été largement perçue comme un manquement en matière de renseignement par la CIA (Central Intelligence Agency), qui avait semblé ne pas percevoir les signes du mécontentement radical croissant à l'égard du Shah en Iran, et avait conduit à un important repositionnement dans l'amélioration de la collecte de renseignements sous Reagan. Selon Stephen Emerson, auteur d'un livre sur les opérations secrètes de la CIA, *Secret Warriors* :

> Le mandat de Reagan a marqué un tournant pour les services de renseignement américains. La nouvelle administration a mis l'accent sur la restructuration, puis la réactivation de la CIA et d'autres organismes de renseignement. Le budget du renseignement a connu la croissance la plus rapide de tous les budgets de l'exécutif ; son budget de 30 milliards de dollars en 1987 représentait une augmentation de 200% par rapport à celui de 1980.[19]

L'accent a commencé à se tourner vers les opérations secrètes et les opérations antiterroristes qui ne faisaient pas toujours l'objet de rapports au Congrès.

Aux débuts de l'administration Reagan, la Libye était en tête de la liste des objectifs et semblait offrir à la CIA une chance de se réhabiliter. À son troisième jour de fonction après l'inauguration en janvier 1981, Casey recevait un document officiel intitulé « Libye : Qu'attendre de Khadafi dans les mois à venir », selon le journaliste Bob Woodward qui écrit dans son rapport que « Khadafi n'était plus un problème abstrait : il était le problème de Casey ». Parmi les principaux points de vue exprimés dans le rapport sur la Libye, on peut citer : « Le succès récent de Khadafi au Tchad garantit que ses politiques agressives ne cesseront de poser un défi croissant aux intérêts américains et occidentaux ». La perspective était « plus d'aventurisme ».[20]

Casey et le secrétaire d'État Alexander Haig ont rapidement eu l'idée de lancer une guerre secrète en partenariat avec Habré afin de mettre fin à l'agression libyenne. Le Tchad était considéré comme le « talon d'Achille » de Khadafi, qui pourrait être exploité pour faire tomber le leader et ses illusions de grandeur. Un rapport de HRW intitulé à juste titre « *Enabling a Dictator* », publié en juin 2016, détaille une résolution encore secrète du président Reagan au tout début de sa présidence en 1981, qui permettrait des opérations clandestines dans le but de mettre Hissein Habré au pouvoir.[21] Les opérations devaient être dirigées par le chef de la base de la CIA à Khartoum, et concernaient initialement le transport d'armes et d'argent par le biais de l'Égypte et du Soudan vers les bases rebelles de Habré au Darfour.[22] Entre fin 1981 et 1982, les États-Unis ont acheminé 10 millions de dollars en aide militaire afin de les soutenir dans leur lutte contre les rebelles soutenus par la Libye.[23]

Mais cela ne s'est pas arrêté là. Selon le journaliste Michael Bronner, une fois Habré était au pouvoir, après avoir vaincu Goukouni en 1982, les agents du gouvernement américain, parmi lesquels des agents de la CIA, ont envoyé un flux de conseillers et de formateurs militaires. Cette relation allait perdurer jusqu'à la fin du règne de Habré en 1990. Pendant cette période, les livraisons comprenaient des fusils, des jeeps, des lance-grenades, des avions de transport C140 et des grenades propulsées par fusées (RPG). En 1983, l'aide a été considérablement renforcée avec des livraisons directes de missiles surface-air et de Toyota équipés de mitraillettes, lorsque Habré a subi l'attaque de Faya-Largeau par Goukouni, soutenu par la Libye. Des représentants du département d'État et du département de la Défense se sont rendus au Tchad en 1983. Les FANT de Habré ont également bénéficié du soutien du renseignement aérien des avions de surveillance et des avions de chasse AWACS (Airborne Warning and Control System) basés au Soudan, et tout au long des années 1980 le Tchad, les États-Unis et la France ont régulièrement partagé leurs renseignements. En 1983, un petit contingent de troupes zaïroises, à nouveau financé par les États-Unis,[24] a été envoyé au Tchad pour aider dans la guerre contre la Libye. L'aide militaire à Habré a été fournie par l'intermédiaire de plusieurs canaux, notamment le Foreign Military Sales (FMS), le Military Assistance Program (MAP) et le International Military Education and Training Program (IMET), qui consistait à envoyer aux États-Unis des étudiants tchadiens pour qu'ils y reçoivent une formation.

En 1998, le Congrès américain a été informé que les autorités américaines avaient fourni 25 millions de dollars en équipements et services militaires d'urgence en vertu de l'article 506 (a) de la loi sur l'aide étrangère.

Une aide d'urgence supplémentaire a été autorisée en 1986 et 1987. Ces fonds d'urgence et notre MAP (Military Assistance Program) ont permis la fourniture de trois avions C-130A, de munitions, de missiles *Redeye*, de lance-grenades, de fusils, de véhicules à quatre roues et du soutien pour l'équipement américain acquis précédemment.

Le même document estime qu'en 1983, 1984, 1985 et 1986 respectivement 7, 11, 4, et 6 millions de dollars ont été dépensés en « livraisons militaires ».[25]

Il a été estimé que le montant total des aides économiques et militaires envoyées au Tchad pendant les années 1980 était de 182 millions de dollars; il est présumé que plusieurs centaines de millions de plus ont été envoyés pour les opérations secrètes de la CIA.[26] Malgré les demandes répétées de publication de certains documents au nom du droit à l'information, HRW a conclu que « *la plupart des détails liés à l'assistance du gouvernement américain demeurent classés confidentiels* ».[27] Simultanément, HRW était aussi dans l'impossibilité d'avoir accès aux archives officielles françaises pour leur recherche.[28]

Les résultats de cette assistance française et américaine se sont manifestés en 1987 quand les FANT ont lancé une attaque dévastatrice sur la base aérienne libyenne de Ouadi Doum, annonçant le début de la fin de la « guerre des Toyota ». Les renseignements collectés par les américaines étaient directement partagés avec Habré, et les armes fournies par les États-Unis ont joué un rôle important. L'aviation et la surveillance aérienne françaises ont soutenu l'attaque des FANT sur la base. La défaite fut cuisante, et Khadafi annonça sa retraite peu après. Les États-Unis ont immédiatement promis dix autres millions de dollars en soutien militaire et le sous-secrétaire d'État Richard Armitage se rendit au Tchad. En fait, Reagan était si satisfait de l'improbable défaite que Habré avait infligé aux troupes libyennes qu'il demanda à serrer la main du président tchadien à la Maison-Blanche. Le 19 juin 1987, cinq ans après son accession au pouvoir, Habré rencontra Reagan à Washington. Les photos de la rencontre montrent un Reagan au sourire chaleureux saluant Habré vêtu de la tête aux pieds d'un boubou blanc étincelant avec son chapeau triangulaire caractéristique, le regard saisissant, semblable à celui qu'il avait à son procès pour crimes de guerre à Dakar, vingt-huit ans plus tard. Habré, entouré de sa coterie, a l'air tout content, avec son visage poupon et ses indomptables cheveux gris contrastant de manière incongrue avec sa réputation de dictateur brutal. L'ambassadeur des États-Unis au Tchad, John Propst Blane, a dit de cet événement, dans une histoire orale quelques années plus tard que « tout s'est très bien passé. M. Habré et M. Reagan s'entendaient à merveille ».[29]

Complicité ?

Dans quelle mesure les Français et les Américains étaient-ils au fait des atteintes aux droits humains, de la répression et des mauvais traitements infligés par Habré aux prisonniers de guerre lorsque les deux superpuissances se sont engagées dans un programme de soutien militaire ouvert et secret ? Il y avait certainement des preuves de ce dont il était capable. Il y a eu bien sûr l'Affaire Claustre des années 1970 (lorsque les loyalistes de Habré ont enlevé les jeunes archéologues français), mais aussi de nombreux articles dans des publications à grand tirage décrivant ses actions. En 1981, par exemple, le *New York Times* a fait état d'une fosse commune trouvée près du domicile de Habré à N'Djaména, qui contenait apparemment les corps de centaines de personnes exécutées par ses forces pendant une récente série d'opérations avec le GUNT.[30]

Amnesty International a préparé une série de vingt-trois rapports sur la situation des droits humains dans les prisons de la DDS au cours des années 1980, rapports qui ont été largement diffusés. Le chercheur Mike Dottridge a expliqué en détail ce qu'Amnesty avait révélé au cours de cette période lors du procès Habré au Sénégal en 2015.[31] Ces rapports comprenaient des témoignages détaillés de personnes sur des méthodes de torture comme l'*arbatachar*, l'ingurgitation forcée d'eau et les « baguettes ».[32] Ils ont également fait état d'incidents plus graves, dont un meurtre présumé de quatre-vingt-dix partisans des Codos, la disparition de cinquante et une personnes dans le sud en 1984, l'incendie du village de Deli au début du Septembre noir et le sort inconnu de trente-huit personnes arrêtées à Abéché en 1983. En 1985, à la suite de la publication d'un rapport sur le Septembre noir, une équipe d'Amnesty International a pu effectuer une visite au Tchad, où ils ont failli rencontrer Habré et étaient convaincus qu'il était « bien informé sur [nos] préoccupations ».[33] Ils ont pu directement interroger Saleh Younouss, chef de la DDS, sur le sort des trente-huit disparus d'Abéché, et il a affirmé que la plupart d'entre eux avaient été tués par les rebelles du FROLINAT. Toujours en 1987, Amnesty International a publié un rapport décrivant 400 arrestations politiques et a continué de fournir des vignettes détaillées de cas individuels d'arrestations arbitraires et d'exécutions extrajudiciaires, y compris de Hadjerai et de Zaghawa. En 1990, il a publié un rapport sur l'exécution de prisonniers et de vingt-quatre civils tués à Bahai, Tine et Iriba. Comme preuve de la diffusion de ces rapports d'Amnesty International, 17.000 lettres de protestation et 32.000 cartes envoyées par les membres d'Amnesty International à la DDS ont été retrouvées par des chercheurs d'Amnesty International lorsqu'en 1991, ils ont été autorisés à fouiller les archives de l'agence.[34] Les rapports ont été envoyés au responsable des droits humains de l'ONU. En 1989, les autorités tchadiennes ont finalement répondu aux rapports d'Amnesty International en niant leur implication dans les actes de torture et les disparitions et en affirmant que l'organisation menait une campagne délibérée contre leur pays.

Nombre de ces rapports d'Amnesty International ont été repris par la presse internationale, notamment le *New York Times* ; des chercheurs d'Amnesty ont accordé des interviews à la BBC, à la Deutsche Welle et à RFI. Les Freedom of Information demandes de HRW de publier des communications diplomatiques ont révélé que ces rapports ont été évoqués à plusieurs reprises entre l'ambassade des États-Unis et le département d'État.[35]

Le département d'État américain a lui-même publié des rapports décrivant les violations de droits humains commises sous Habré. Celui de 1982 faisait état de cas présumés de disparitions et d'exécutions sommaires ; celui de 1985 décrivait des cas de meurtre et de pillage par des soldats rebelles Codos et des troupes gouvernementales, ainsi que plusieurs meurtres politiques et des cas de torture. Mike Dottridge a fait remarquer que « le bureau de l'USAID à N'Djaména était juste en face du siège de la DDS. Il est très difficile de concevoir qu'ils ne sachent rien de ce qui se passait là-bas ».[36] Cependant, en 1987, alors que Habré serrait la main de Reagan à la Maison-Blanche, la formulation du rapport annuel du département d'État sur les droits humains (connu sous le nom de 502b) devenait plus conciliante : « les violations de droits humains dues à la guerre ont en grande partie cessé en 1987 » et « il n'y a pas eu de cas confirmé de meurtre politique commandité par le gouvernement en 1987 ».[37] Cela malgré la répression contre le groupe ethnique Hadjerai qui survient en 1987, et dont Amnesty International avait de nouveau fait état.

La décision de le soutenir a certainement été contestée par des personnalités influentes. Au début des années 1980, l'ambassadeur des États-Unis au Tchad, Donald Norland, a protesté contre le soutien ouvert et secret, affirmant que l'on savait que les FANT avaient commis des atrocités dans le sud en 1979. Selon le journaliste Bob Woodward, des membres du Comité des renseignements du parlement américain ont écrit une lettre top secrète à Reagan pour lui faire part de leur désaccord sur ce programme et son intention de faire tomber Khadafi.[38] « Certains députés se sont demandé si Habré était le meilleur choix pour recevoir une aide clandestine. D'un côté, les membres posaient des questions sur son implication passée dans des massacres, et de l'autre côté, certains rappelaient ses déclarations sur son admiration pour Mao, Castro et Ho Chi Minh ».[39] Les membres du Congrès étaient préoccupés par un certain nombre de questions, y compris une certaine habitude avec les violations de droits humains commises par Habré et ses forces lors de batailles précédentes. Toutefois, leurs préoccupations semblent avoir été rejetées.

En soutenant Habré, ces puissances mondiales semblent avoir tacitement accepté que sa réputation douteuse était un prix à payer s'il pouvait agir comme mandataire contre Khadafi, la source de préoccupation majeure en Afrique pour Reagan et ses conseillers politiques dans les années 1980. La gravité de la menace libyenne a été démontrée par l'autorisation de Reagan d'effectuer des frappes aériennes contre la Libye en 1985, qualifiant Khadafi de « chien fou du Moyen-Orient » après la découverte de la participation de la Libye à l'attentat contre une discothèque berlinoise très fréquentée par les militaires américains. La France, bien qu'à certains égards contrariée par les interventions des États-Unis dans une zone traditionnellement considérée comme relevant de sa sphère d'influence, semblait également prête à accepter la terreur exercée sur la population tchadienne, simplement parce que Habré était considéré moins mauvais que Khadafi. Pour les deux puissances, c'était le haussement d'épaules classique associé à la realpolitik de l'époque.

Cette posture est résumée par cette citation attribuée à Michael Bronner dans le cadre de recherches pour son article « Our Man in Africa » :

> Peu ou pas d'attention a été accordée aux questions de droits humains à l'époque pour trois raisons... 1) nous voulions que les Libyens partent et Habré était le seul instrument fiable à notre disposition, 2) le dossier de Habré ne pâtissait que du rapt (affaire Claustre) dont nous étions heureux de passer outre, et 3) Habré était un bon combattant, il n'avait besoin d'aucun entraînement, et tout ce que nous avions à faire était de lui fournir du matériel.[40]

En outre, il est prouvé que les États-Unis ont effectivement soutenu les activités de la DDS. Le rapport de la Commission Vérité tchadienne, rédigé en 1993, détaille les rencontres entre les agents de la DDS et les conseillers de l'ambassade des États-Unis à N'Djaména. Le rapport a soutenu que les États-Unis ont transféré 5 millions de FCFA (environ 12.500 $) à la DDS chaque mois pendant toute la durée du règne de Habré.[41] Un document trouvé par HRW au siège abandonné de la DDS décrit une formation de cinq semaines qui a eu lieu pour douze membres des forces de sécurité tchadiennes près de Washington en 1985, bien que les détails précis de cette formation restent un mystère. Leur curriculum comprenait des cours sur les explosifs, les méthodes d'enquête et la collecte de renseignements.[42] D'anciens agents de la DDS ont raconté à HRW qu'ils se souviennent avoir rencontré des agents de la CIA et des conseillers de l'ambassade des États-Unis, en particulier un certain « Monsieur Swicker » qui, selon le rapport HRW de juin 2016 « *Enabling a Dictator* », semble être George S. Swicker, le conseiller politique et militaire de l'ambassade américaine au Tchad en 1989-1990. Saleh Younouss, ancien directeur de la DDS, a également affirmé lors de son procès à N'Djaména en 2014 que des agents de la CIA en provenance de l'ambassade américaine et de la DGSE française (Direction générale de la sécurité extérieure) avaient été en contact régulier avec lui et avaient visité le siège de la DDS.[43]

Il y a aussi l'étrange histoire des quelque 600 expatriés libyens vivant au Tchad que la CIA a décidé d'entraîner pour former une « cinquième colonne » contre Khadafi dans les dernières années du règne de Habré. Ces « Contras » avaient été recrutés parmi les prisonniers de guerre libyens de Habré, dont la plupart avaient connu la défaite de Ouadi Doum en 1987. Il n'y a pratiquement pas eu d'échange de prisonniers entre le Tchad et la Libye pendant la guerre des années 1980, et le CICR (Comité international de la Croix-Rouge) a vu une infime partie des prisonniers libyens au Tchad. Il a été avancé que beaucoup sont morts en captivité.[44] Certains de ces prisonniers de guerre sélectionnés pour la formation de Contra ont annoncé publiquement qu'ils rejoignaient une faction anti-Khadafi, le FNSL (Front national pour le salut de la Libye), bien qu'il était allégué à l'époque que beaucoup avaient été forcés et que Habré les avait à son avantage dans les négociations avec les Américains. Parmi eux se trouvait Khalifa Haftar, qui allait refaire surface vingt-cinq ans plus tard comme l'un des seigneurs de guerre les plus puissants d'Orient et qui s'opposera au gouvernement de Tripoli dans le chaos qui a suivi la chute du colonel Khadafi.

Selon le journaliste français Pierre Darcourt, les Contras étaient retenus dans une ancienne base française et formés par des conseillers militaires américains, et avec des armes soviétiques, mais en fait, l'unité n'a jamais combattu contre Khadafi. La question la plus difficile à résoudre a été celle du sort à leur réservé lorsque Habré a été évincé en 1990. Alors que les forces d'Idriss Déby arrivaient en ville, on fit précipitamment faire sortir les Contras, car Déby avait été soutenu par Khadafi, et par crainte qu'ils ne dévoilent les détails de l'entraînement secret de la CIA.[45] Darcourt se rendit au camp

Am Simene, en dehors de N'Djaména, quelques heures après leur départ et a fait état de « flasques, survêtements américains jaune canari, transistors radio écrasés aux pieds... tous les signes d'une retraite rapide ».[46] Les Contras ont d'abord été transférés au Nigeria, puis au Zaïre et enfin au Kenya, bien qu'aucun de ces pays n'ait voulu les accepter sur le long terme. Au cours de ces escales, des agents libyens ont incessamment essayé de les inciter à retourner chez eux, et certains d'entre eux ont en effectivement accepté. Le problème a finalement été résolu lorsque les États-Unis ont décidé d'accorder l'asile aux Contras restants.

L'extraordinaire chute de Hissein Habré

En 1987, avec la défaite dramatique des Libyens et le coup de la poignée de main de Reagan à la Maison-Blanche encore frais dans l'esprit de tous, il semblait que Habré était intouchable. Avec la résorption de la principale source de rébellion dans le nord et la disparition de Goukouni Oueddei, il était difficile d'imaginer un scénario autre qu'une continuité du règne de Habré, et avec elle l'hypothèse implicite que les violations de droits humains se poursuivraient. Même si la défaite de Ouadi Doum peut clairement être qualifiée de déconvenue pour le colonel Khadafi, la mission était inachevée. Les Français n'ont pas retiré les forces de l'opération Épervier et ont maintenu leur soutien diplomatique. En 1988, le gouvernement tchadien a annoncé une récolte agricole exceptionnelle, éliminant une source évidente de mécontentement social. Le Tchad semblait pouvoir enfin s'engager sur la voie de la paix.

Mais les choses ne sont jamais aussi simples au Tchad. Ce qui semble permanent et bien établi peut, en un éclair, disparaître dans les sables du désert. Une fois de plus, l'extrême précarité du pays et la faiblesse fondamentale de ses institutions gouvernementales étaient sur le point d'être révélées. Juste au moment où se terminait la retraite libyenne, une autre rébellion éclatait au Tchad. Cette fois, c'était au tour de la communauté Hadjerai, un groupe vivant dans le centre de la région de Guera, traditionnellement proche de Habré et qui avait même soutenu sa candidature au pouvoir en 1982. La tension s'est accrue après la mort, en 1984, de l'un des membres les plus éminents de la communauté Hadjerai, Idriss Miskene, qui avait brièvement été ministre sous Habré et qu'on disait dangereusement populaire aux yeux de ce dernier.[47] En dépit d'une enquête officielle concluant qu'il était mort de causes naturelles, les relations entre le président et la communauté Hadjerai se détériorent. Des manifestations éclatèrent en avril 1987 à la suite d'un incident entre les membres des communautés Gorane et Hadjerai de N'Djaména, qui a mis le feu aux poudres d'un groupe rebelle armé secret MOSANAT (Mouvement du salut national du Tchad) formé par Maldoum Abbas, homme politique Hadjerai, Gali Gatta Ngothe (un ancien conseiller de Habré) et Haroun Godi. Des troupes gouvernementales et des agents de la DDS ont été envoyés pour rétablir l'ordre, et dans une autre vague de répression brutale, des villages ont été brûlés et un nombre indéterminé de Hadjerai arbitrairement arrêtés ou exécutés.

Cependant, le plus sérieux obstacle de Habré est un ancien commandant des FANT et conseiller militaire présidentiel, Idriss Déby, qui est actuellement le président du Tchad. Déby fait partie du sous-clan Bideyat des Zaghawa, un peuple non arabophone qui parcourait les prairies et les plateaux au sud du Sahara. Né à Fada en 1952, dans la région de l'Ennedi Ouest, fils de berger, Déby est devenu l'un des plus loyaux et talentueux lieutenants et le commandant en chef de l'armée de terre de Habré. Après son entraînement dans l'aviation française, il dirige les combats contre Goukouni et Kamougué dans les années 1980.

Toutefois, en 1989, les ambitions de Déby ne font que croître. Il déserte l'armée avec deux des personnalités les plus importantes du gouvernement de Habré, Ibrahim Mohammed Itno, ministre de l'Intérieur, et Hassan Djamous, ancien commandant en chef de l'armée. Tous trois sont des Zaghawa qui se sont finalement lassés du pouvoir répressif de Habré et estiment que leur loyauté n'avait pas été convenablement gratifiée.

Un coup d'État planifié contre Habré est découvert, et le président ordonne leur arrestation. Le groupe lance immédiatement une attaque éclair contre le palais présidentiel, attaque déjouée par la garde présidentielle principalement Toubou de Habré. Les rebelles s'échappent, poursuivis par les FANT, mais Hassan Djamous, qui grièvement blessé lors de la bataille, succombe en cours de route. Ibrahim Mohammed Itno est arrêté et meurt en prison quelques jours plus tard. Mais Déby, pour qui ce n'était que le premier test de sa remarquable capacité à survivre, a pu se mettre en sécurité en rejoignant ses bases de l'autre côté de la frontière au Darfour, où il crée son Mouvement patriotique du salut (MPS). Il est chaleureusement accueilli par les Libyens qui, depuis la défaite de 1987, ont transféré certaines de leurs opérations dans l'ouest du Soudan, avec l'accord apparemment tacite des autorités soudanaises.

Ce fut ensuite au tour de l'ethnie Zaghawa d'être ciblée pour cette trahison. Cela commence par les familles des personnes impliquées dans le coup d'État, mais s'étend rapidement à l'ensemble de la communauté. Des centaines de personnes à travers le pays sont arrêtées lors de raids, torturées et tuées.[48] Selon HRW, une commission spéciale de la DDS a été créée pour cibler d'abord les Hadjerai, puis les Zaghawa.[49] Déby, furieux des représailles et brûlant d'ambition, regroupe ses forces et commence sa longue marche vers N'Djaména en mars 1990, soutenu par un petit contingent de troupes libyennes et leur armement. Son MPS a d'abord attaqué Biltine et Iriba, mais a été repoussé dans un premier temps par une contre-attaque menée par Habré lui-même qui est allé loin en territoire soudanais. Après une première attaque repoussée, Déby est évacué par avion libyen à Tripoli, mais en septembre, les combats reprennent. En novembre, les troupes du MPS traversent la frontière et envahissent Tiné, Guéréda et Koulbous. À ce stade, il semble que les Français ont pris la décision tactique de ne pas arrêter l'avancée de Déby sur N'Djaména. Prêts à tolérer Habré tant qu'il se battait avec acharnement contre Khadafi, il semble qu'à ce moment crucial, les véritables sentiments de la France envers le président tchadien font surface. Il n'y avait donc pas grand-chose sur le chemin de Déby. Utilisant la même tactique de combat dans le désert qu'il avait perfectionnée en tant que chef de l'armée de Habré pendant la guerre des Toyota, Déby mène ses troupes à travers Abéché à l'est, et le désert à l'ouest, avec des pick-up légèrement armés. En quelques jours seulement, elles parcourent 1.000 kilomètres sur des routes non pavées, souvent la nuit tous phares éteints.

Même si, à la fin des années 1980, il semble que le soutien américain à Habré s'amenuise à mesure que les preuves de ses violations de droits humains s'accumulent, le soutien se poursuit. En fait, les responsables américains sont prêts à soutenir Habré jusqu'au dernier moment, même bien après que la France se tienne à l'écart alors que l'insurrection de Déby balaie le pays. Richard Bogosian, qui a pris ses fonctions d'ambassadeur des États-Unis au Tchad en 1990, a fait remarquer après son affectation que le débat qui se tenait à Washington au cours de ces dernières semaines tumultueuses, reconnaissait que « Habré valait le coup d'être sauvé ».[50] Quelques jours à peine avant sa chute, les États-Unis ont réitéré leur volonté d'échanger des renseignements sur les mouvements de Déby. La veille de l'arrivée des forces de Déby, le personnel diplomatique américain à N'Djaména a consulté en urgence Washington, qui a proposé d'envoyer deux avions de transport C140 avec munitions et armes pour aider à la défense de la capitale. Selon le journaliste Michael Bronner,[51] les personnels de l'ambassade et de la CIA ont commencé à détruire des documents classés secrets qui auraient pu contenir des informations sensibles sur les opérations américaines sous le régime Habré.

Mais, en fin de compte, il était trop tard. Habré, ayant lui-même perfectionné l'art de la guerre des Toyota dans la rébellion au début des années 1980, savait mieux que quiconque que les carottes étaient cuites. Dans la nuit du 30 novembre 1990, alors que ses partisans terrifiés sautaient dans des voitures et franchissaient la frontière avec le Cameroun, Richard Bogosian signifie à Washington de ne pas envoyer les avions. Autre rebondissement étrange, trois compagnies de parachutistes français arrivent à l'aéroport de N'Djaména la même nuit, mais semblent incapables de faire échec au renversement : les défenses des FANT dans la capitale sont dissoutes et Habré se hâte de quitter son pays. L'un de ses derniers actes a été d'appeler le directeur du Trésor public pour l'obliger à signer un ordre de transfert d'environ 3,5 milliards de francs CFA (environ 6,4 millions de dollars) prélevés sur le compte national du Tchad à la BEAC (Banque des États d'Afrique Centrale).[52] Mahamat Hassan Abakar, le chef de la Commission Vérité du Tchad, créée en 1990 pour enquêter sur les crimes de Habré (voir chapitre 2), a encore une copie du chèque original autorisant le retrait.[53] Selon Abakar, Habré a pris cet argent, des lingots d'or, des tapis et même ses casseroles et vers deux heures du matin est parti avec sa famille, traversant le Chari jusqu'au Cameroun où un avion-cargo les attendait. Le journaliste français Pierre Darcourt a raconté avoir vu « une dizaine de "conseillers" américains portant des lunettes noires » accompagner la délégation en partance.[54] La nuit du 1er décembre, Idriss Déby et ses combattants du MPS paradent triomphalement dans les rues de la capitale, sans rencontrer de grande opposition, et dans certains quartiers ils sont accueillis par une foule en liesse. Dans les jours qui suivent, Déby ouvre les centres de détention de Habré et les détenus sortent, exposant les terribles secrets de leur incarcération.

Alors que les Tchadiens assistent à l'aube d'un nouveau régime, craignant toujours qu'avec la précarité sans fin du Tchad, Habré ne revienne, il semble que les États-Unis aient finalement conclu que rien ne pouvait être fait pour sauver leur homme en Afrique. Il n'y aurait plus de soutien militaire ni de face-à-face avec le nouveau président tchadien. Il y eut quelques escarmouches intermittentes avec des loyalistes de Habré dans les années qui ont suivi, mais il semble bien que tout était terminé. Compte tenu de toutes les batailles sanglantes qui se sont déroulées au cours des années 1980, il est difficile de ne pas se demander pourquoi Habré semble avoir abandonné si facilement. Pierre Darcourt dit que l'ancien ambassadeur Bogosian lui a confié qu'il était persuadé (assez aimablement) que c'était parce que l'ancien président avait voulu éviter des pertes massives à N'Djaména dans une bataille perdue d'avance face aux forces supérieures dont disposait Déby. Habré était peut-être vraiment intimidé par Idriss Déby, mais il y eut une dernière faveur – Reed Brody affirme que les autorités américaines se sont peut-être tournées vers le président sénégalais Abdou Diouf pour qu'il accorde l'asile à Habré.[55]

Quelle qu'en soit la raison, Habré était parti et il était maintenant temps de traiter avec Déby. Tout cela en avait-il valu la peine ? Tout compte fait, les États-Unis ont peu investi pour contrer Khadafi, et le challenger africain, sous-estimé, avait gagné. Habré avait semblé être utile et très efficace et avait été libre de mener son propre programme politique répressif. Au moins pendant les deux dernières années du règne de Habré, « le dirigeant libyen [...] avait face à lui un gouvernement hostile soutenu par la France et les États-Unis sur les 6.000 km de sa frontière sud », qui allait pendant un temps freiner les ambitions du Colonel au Sahel.[56] Mais comme l'histoire l'a montré, Habré parti, Khadafi était loin d'en avoir fini. Pendant les vingt et une années qui allaient suivre, il allait terroriser les Libyens, s'ingérer dans les affaires africaines, parrainer le terrorisme et s'immiscer dans les conflits internationaux.

Notes

1 Burr et Collins 2008, p. 26.
2 Burr et Collins 2008, p. 33.
3 Burr et Collins 2008, p. 88.
4 http://www.chambresafricaines.org/pdf/Jugement_complet.pdf, p. 82.
5 Burr et Collins 2008, p. 107.
6 Burr et Collins 2008, p. 155.
7 Human Rights Watch 2016.
8 Human Rights Watch 2013.
9 Human Rights Watch 2013.
10 Ibid., p. 123.
11 Human Rights Watch 2013.
12 Marguerite Guarling, entretien Skype, janvier 2017.
13 Human Rights Watch 2013, p. 14.

14 Burr et Collins 2008, p. 172.
15 Burr et Collins 2008, p. 229.
16 Burr et Collins 2008, p. 149.
17 http://www.lemonde.fr/afrique/article/2016/05/31/le-rapport-de-human-rights-watch-qui-pointe-la-complaisance-de-la-france_4929659_3212.html
18 Bronner 2014.
19 Emerson 1988, p. 36.
20 Woodward 2005, p. 94.
21 Human Rights Watch 2016.
22 Bronner 2014.
23 http://www.nytimes.com/1983/07/20/world/us-military-aid-to-chad.html
24 Human Rights Watch 2016.
25 Human Rights Watch 2016.
26 https://www.washingtonpost.com/archive/politics/2000/11/27/chads-torturevictims-pursue-Habre-in-court/9da03c6b-ed13-477e-9e94-7f80450ca3b8/
27 Human Rights Watch 2016
28 http://www.lemonde.fr/afrique/article/2016/05/31/le-rapport-de-human-rights-watch-qui-pointe-la-complaisance-de-la-france_4929659_3212.html
29 Human Rights Watch 2016, p. 35.
30 Human Rights Watch 2016, p. 2.
31 http://forumchambresafricaines.org/jours-7-8-mike-dottridge-temoinrigoureux-sur-les-crimes/
32 Mike Dottridge, entretien décembre 2016.
33 Mike Dottridge, e-mail 8 décembre 2016.
34 Ibid.
35 Human Rights Watch 2016.
36 Mike Dottridge, entretien décembre 2016.
37 https://archive.org/stream/countryreportson1987unit/countryreportson1987unit_djvu.txt
38 Human Rights Watch 2016.
39 Woodward 2005, p.158.
40 Bronner 2014.
41 Report of the Commission of Inquiry 1992, p. 64.
42 Human Rights Watch 2016.

43 http://www.lemonde.fr/afrique/article/2016/05/31/le-rapport-de-human-rights-watch-qui-pointe-la-complaisance-de-la-france_4929659_3212.html
44 Human Rights Watch 2016.
45 http://www.markhuband.com/tripoli-protests-as-us-flies-out-libyan-contras/
46 Darcourt 2001, p. 36.
47 Human Rights Watch 2013.
48 Human Rights Watch 2016.
49 Human Rights Watch 2013, p. 15.
50 Human Rights Watch 2016.
51 Bronner 2014.
52 Human Rights Watch 2016.
53 Mahamat Hassan Abakar, entretien janvier 2017.
54 Darcourt 2001, p. 10.
55 Reed Brody, entretien Skype, mars 2017.
56 Woodward 2005, p. 215.

2

LE LONG CHEMIN VERS DAKAR

Alors qu'Idriss Déby s'apprête à consolider son emprise sur le pouvoir au Tchad après le coup d'État, Hissein Habré est contraint de s'habituer à une vie très différente. D'après les mémoires d'Abdou Diouf, président du Sénégal de 1981 à 2000, la demande d'accueillir Habré au Sénégal avait été faite avec insistance par le président camerounais Paul Biya qui avait appelé Diouf tard le soir, le jour de la chute de Habré. En franchissant la frontière, Habré est arrivé précipitamment dans la ville camerounaise de Maroua, avec un avion volé à l'armée tchadienne rempli de malles pleines d'argent pillé dans le Trésor tchadien, des tapis et même les ustensiles de cuisine de sa famille. Biya craint que la présence de Habré au Cameroun ne soit déstabilisante, surtout s'il tente un retour en force. Biya avait essayé de convaincre plusieurs autres dirigeants africains, en vain. Finalement Diouf a accepté, à la condition qu'« il vive son exil politique dans la discrétion, ce qui signifie qu'il doit s'abstenir de toute intervention dans les affaires intérieures du Tchad », et de ne soutenir aucune rébellion armée en opposition à Déby. Dans ses mémoires, Diouf dit qu'il a été informé que Habré arriverait dans son propre avion le lendemain matin à 6 heures.[1] L'avion volé devait être rendu plus tard.

Abdou Diouf prétend n'avoir rien su des faits dont Habré était accusé dans les années 1980,[2] et avec assez de choses à régler au Tchad, Idriss Déby ne semblait pas s'opposer à son exil au Sénégal. Habré s'installa dans une vie tranquille et raffinée. Il a reçu tout le respect et l'amitié auxquels pouvait s'attendre un ancien chef d'État et a été conduit discrètement dans le quartier de Ouakam à Dakar, une banlieue populaire proche de la Corniche, où les diplomates étrangers vivent en paix dans de vastes demeures. Il allait y résider pendant vingt-trois ans. À Ouakam, il vit un exil tranquille, décrit à maintes reprises comme un voisin poli, un musulman pratiquant qui fait profil bas, mais dont on sait qu'il soutient la communauté surtout pendant les fêtes religieuses. Il devient proche de la Tidjaniya, une confrérie musulmane soufie possédant un large réseau de fidèles au Sénégal et une certaine influence politique. Il finance l'équipe locale de football de Ouakam et aurait également établi de bons contacts avec un certain nombre de journaux locaux. C'est une image qui détonne avec son ancien personnage – il est difficile d'imaginer que le dictateur paranoïaque, calculateur, signant des d'arrêts de mort, l'impitoyable guerrier du désert conduisant des Toyota ait pu si facilement se transformer. La Commission d'enquête tchadienne de 1992 appela cela « sa duplicité congénitale ».[3]

Il semble que les Sénégalais pensaient qu'il était là pour rester. Selon un ministre sénégalais de l'époque, on savait peu de choses sur la véritable nature du régime de Habré au Tchad. Il a plutôt été accueilli avec hospitalité comme réfugié, comme « ancien dirigeant africain qui avait été déposé par une rébellion armée ».[4] À ce moment de l'histoire, il n'était pas le seul à avoir besoin de faveurs. Au début des années 1990, certain nombre de dirigeants africains despotiques ont été renversés et ont trouvé refuge dans d'autres pays africains. Haile Mariam Mengistu, qui avait dirigé la « Terreur Rouge » en Éthiopie et qui serait responsable de la mort de plus de 500.000 personnes durant son règne, est au Zimbabwe après avoir été renversé en 1991. Bien que jugé par contumace par un tribunal éthiopien et reconnu coupable de génocide, il vit toujours dans le luxe à Harare, où il est exilé. Après la chute de son régime dictatorial en Somalie et la destruction de la ville de Hargeisa dans le nord du pays, Siad Barre a fui Mogadiscio pour le Kenya en 1991 avant de finir en exil au Nigeria. Joseph Momoh de la Sierra Leone s'est enfui en Guinée après avoir été renversé en 1992. Certes, dans les premières années qui ont suivi la fuite de Habré, la perspective que ses hôtes sénégalais l'exposent au danger d'être tenu responsable de violations de droits humains commises au Tchad dans les années 1980 semblait très peu réaliste.

En effet, divers militants des droits humains au Tchad et au Sénégal ont affirmé qu'il avait été tacitement autorisé à consolider sa position. En utilisant les millions de francs CFA pillés dans le Trésor tchadien et en tenant apparemment sa promesse de ne pas embarrasser ses hôtes, il s'avère que Habré avait commencé à investir dans un certain nombre d'entreprises locales et à trouver des moyens de cacher son argent en toute sécurité, notamment en ouvrant des comptes bancaires. Selon Alioune Tine qui a travaillé dans les années 1990 pour l'organisation sénégalaise de droits humains RADDHO (Rencontre africaine pour la défense des droits de l'Homme) et a été directeur de la branche ouest-africaine d'Amnesty International, Habré a pu investir dans plusieurs grandes propriétés dans le quartier de Ouakam. Il avait apparemment de bonnes relations. HRW et Alioune Tine estiment qu'Abdoul Mbaye, l'un des banquiers sénégalais les plus en vue dans les années 80 et 90, en tant que directeur général de la Banque de l'Habitat du Sénégal (BHS), la Compagnie Bancaire de l'Afrique de l'Ouest (CBAO), la Banque Sénégalo Tunisienne (BST) et Attijari Bank Sénégal, aurait été l'un des conseillers de l'ancien président. Mbaye deviendra plus tard premier ministre du Sénégal sous Macky Sall. Le procureur en chef du procès de Habré à Dakar en 2015, Mbacké Fall, voulait faire témoigner Mbaye au sujet des transactions financières de Habré, mais n'a pu le faire. Madické Niang, ministre des Affaires étrangères du président sénégalais Abdoulaye Wade pendant les années 2000, a été un certain temps l'un des avocats de Hissein Habré. « Il y avait un réseau de contacts au Sénégal qui a aidé à persuader (le nouveau président sénégalais) Abdoulaye Wade de continuer à protéger Habré. La protection de la 'communauté' des présidents africains était un concept très important pour lui », déclare Alioune Tine.[5]

Ces affirmations sont intéressantes, mais, du moins sur le plan financier, très peu de preuves concrètes des investissements de Habré au Sénégal ont été trouvées à ce jour. HRW a ouvert une enquête sur ce qu'il est convenu d'appeler « les millions manquants » en réponse au non-paiement d'indemnités à ses victimes à l'issue de son procès en 2016, mais au moment de la rédaction du rapport, rien de concret n'a été trouvé. Alioune Tine admet également que la trace écrite est peu solide. En fait, l'argent est peut-être si bien caché que lorsque les CAE ont essayé de saisir ses biens, elles n'ont trouvé que quelques centaines de milliers de dollars sur ses comptes bancaires sénégalais et quelques propriétés. Ce thème sera examiné plus en détail dans le chapitre 3.

La quête de justice

La Commission Vérité tchadienne

De retour au Tchad, au début, les signes d'une perspective de justice pour les victimes de la DDS dans les années 1980 semblaient déjà prometteurs. L'un des premiers actes de Déby au pouvoir a été d'ouvrir les portes du réseau national de prisons secrètes et de libérer les détenus. Le 29 décembre 1990, moins d'un mois après son coup d'État, Déby, par décret présidentiel, met en place la « Commission d'enquête sur les crimes et détournements commis par l'ex-président Habré, ses complices et/ou accessoires » (la « Commission Vérité »), chargée de recueillir des preuves et des témoignages de victimes afin d'enquêter sur les « détentions illégales, les assassinats, les disparitions, la torture, les mauvais traitements et autres attaques contre l'intégrité physique et mentale des personnes ; en plus de toutes les violations de droits humains, le trafic illicite de stupéfiants et les détournements de fonds publics entre 1982 et 1990 ».[6] La « Commission Vérité » du Tchad est composée de douze membres, dont des policiers, des juges et le procureur en chef du pays, et dispose d'un budget total de 4,8 millions de FCFA et de six mois pour préparer son rapport. Malgré des débuts peu encourageants – la Commission n'a pu trouver de bureau approprié et s'est installée dans l'ancien siège de la DDS à N'Djaména – les travaux ont commencé au début de l'année 1991.

Je suis allée à la rencontre de Mahamat Hassan Abakar dans son cabinet d'avocat au centre-ville de N'Djaména en janvier 2017. Il y a quelques années à peine, les routes de cette partie de la ville n'étaient qu'un marécage de boue et d'ordures, mais avec l'argent du pétrole tchadien, toute la zone a été transformée, avec la pose d'un pavage asphalté et d'un éclairage public. Le cabinet d'Abakar se trouve toujours dans un vieil immeuble, et sortant de la lumière éblouissante du jour, j'ai dû cligner des yeux pour me trouver face à un énorme tas de dossiers jaunissants et un ordinateur poussiéreux en panne sur un bureau. Abakar était un jeune avocat ambitieux qui travaillait au ministère de la Justice au début des années 1990, quand il a été nommé au poste politiquement sensible de président de la Commission Vérité. « Ma famille ne voulait vraiment pas que je fasse ce travail » dit Abakar, devenu un personnage sympa qui porte le costume tchadien classique de style « Mao » avec aux cheveux et à la barbe parsemés du gris. Il poursuit : « C'était un travail épuisant et émouvant. Nous avons dû creuser dans des fosses communes, voir des blessures horribles et parler à des personnes profondément traumatisées. À cette époque, les événements étaient encore très récents dans la vie des gens. On ne se remet pas facilement de ce genre de choses ».[7]

La commission a fait état de difficultés dans l'exécution de son travail, notamment le fait que les victimes hésitaient à s'exprimer par crainte de représailles ou que, vu sa position passée, Habré pouvait de tenter de reconquérir le pouvoir. Les commissaires étaient également gênés par leur incapacité à se rendre dans toutes les régions reculées de l'intérieur du pays – les routes étaient peu nombreuses et éloignées les unes des autres et les deux véhicules mis à la disposition de la Commission ont été volés dans les premiers mois de son activité. Assez rapidement après la chute de Habré, nombre de ses loyalistes ont lancé des attaques éclair contre des avant-postes isolés de l'est du Tchad. Plusieurs anciens agents de la DDS, aujourd'hui « réhabilités » au sein d'une nouvelle Direction générale du Centre d'Investigation et de Coordination du Renseignement, refusaient de témoigner et ont même tenté d'intimider d'anciennes victimes. Par ailleurs, certains membres de la Commission se sont sentis dans l'impossibilité d'effectuer le travail et ont démissionné; et un autre décret a été publié en juillet 1991 pour réorganiser la composition de la Commission.

Malgré ces retards politiques et administratifs, la Commission a finalement présenté son rapport le 7 mai 1992. Ses conclusions sont brutales : un « véritable génocide » a été commis contre le peuple tchadien et tous les groupes ethniques, à l'exception du groupe Gorane de Habré, ont été visés. Au cours des entretiens qu'elle a menés dans tout le pays, la Commission a recensé 3.780 morts, dont 26 étrangers et 54.000 personnes arrêtées. Ce chiffre inclut les prisonniers de guerre exécutés, mais pas les combattants ennemis tués au combat. La Commission a conclu qu'en raison du grand nombre de personnes intimidées pour qu'elles ne témoignent pas et des difficultés qu'elle a rencontrées pour atteindre tous les recoins du pays, elle n'a pu déterminer qu'environ 10% du nombre total de personnes tuées. Elle a donc estimé que le nombre total de morts pourrait atteindre 40.000. La Commission a également signalé des centaines de cas de personnes expulsées de leur domicile ou dont les biens ont été confisqués par la DDS.

Tentant de tracer la voie de la guérison au Tchad, le rapport a formulé un certain nombre de recommandations, notamment l'instauration d'une véritable démocratie et d'une justice souveraine, la création d'une Commission nationale des droits de l'Humain et surtout « la poursuite sans délai des auteurs de cet horrible génocide, qui sont coupables de crimes contre l'humanité ». Il conclut en appelant le nouveau chef de l'État à « prendre toutes les mesures nécessaires pour punir toute personne reconnue coupable de violations de droits humains ».[8]

C'est une conclusion extraordinairement franche et elle reflète peut-être l'optimisme manifesté très tôt à l'égard du nouveau gouvernement d'Idriss Déby, qui semblait vouloir balayer tous les vestiges des huit années de terreur instaurées par Habré. Malheureusement, cet optimisme était mal placé et une grande partie du travail de la Commission Vérité est tombée dans l'oreille d'un sourd. Peu de ses recommandations ont été mises en œuvre de façon satisfaisante. Bien que Déby ait demandé au Sénégal de rapatrier Habré pour qu'il soit jugé, peu a été fait contre les tortionnaires au quotidien, beaucoup d'entre eux ont été réemployés à la nouvelle Direction générale du Centre d'Investigation et de Coordination du Renseignement qui a remplacé la DDS démantelée. Ces figures, parmi lesquelles Saleh Younouss, l'ancien chef de la DDS, et Mahamat Djibrine (connu sous le nom de El Djonto), ont continué à vivre en liberté à N'Djaména jusqu'en 2015. Aucun procès pour violation de droits humains ne s'est tenu au cours des années 80. Le Tchad a signé des conventions internationales sur les droits humains en 1966 et une Commission nationale des droits humains a été créée en 1994, mais l'institution fut victime d'interférences politiques et de manque de financement.[9]

« Personne ne s'attendait à ce que notre rapport conduise à quoi que ce soit », concède Mahamat Hassan Abakar, de façon flegmatique. « Nous avions l'impression que notre but était d'immortaliser la souffrance des victimes, et il m'a semblé clair que Déby ne voulait pas vraiment un procès contre Habré. Néanmoins, nous étions quand même fiers de la tâche accomplie ».[10]

Les difficultés politiques

Les problèmes du Tchad n'étaient pas terminés. Les défis désespérants de gouvernance d'un pays aussi vaste et pauvre ont fait que, peu de temps après, les tendances autoritaires et le favoritisme au profit de certains groupes ethniques ont recommencé. Tout comme Habré avait si bien réussi à réserver les apparats du pouvoir à ses parents Gorane, cette fois c'était au tour du clan Zaghawa de Déby de passer aux mangeoires ; une situation qui a ravivé les mêmes luttes pour le pouvoir qui avaient hanté les années 1980. Dans les années qui suivent le renversement de Habré, Déby promeut des dizaines de membres de sa famille et de parents Zaghawa à des postes de pouvoir politique et économique. Tout comme les Gorane avant eux, les « Zags » ont acquis la réputation d'être au-dessus des lois à N'Djaména, et les graines du ressentiment ont été semées parmi d'autres groupes. Quelques mois après son arrivée au pouvoir, une myriade de nouveaux groupes rebelles opposés à la domination Zaghawa se forment.

Des attaques perpétrées en 1991 par des loyalistes de Habré ont été brutalement réprimées, avec des allégations d'exécutions arbitraires.[11] Déby peinait à contrôler ses soldats loyalistes qui saccageaient les régions reculées du Tchad avec des armes qui avaient commencé à circuler dans les années 80. En octobre 1991, il a été signalé qu'environ quarante personnes, pour la plupart de l'ethnie Hadjerai, ont été exécutées par des soldats fidèles à Déby après la découverte d'un présumé complot de coup d'État. Plus tard dans la même année, face à la criminalité croissante, quatre personnes jugées dans un « procès inéquitable » pour vol qualifié et autres délits furent exécutées en public à N'Djaména. Amnesty International a effectué des visites au Tchad pour rendre compte des abus de l'époque Habré, la première en 1985, mais cela n'a aucunement permis de mettre fin aux faits d'arrestations arbitraires, de détentions sans procès (souvent en secret) et de tortures dans les prisons, qui ont continué d'être signalés dans l'ensemble du pays.[12] C'était pire en 1992. « Des centaines de civils non armés et de prisonniers furent victimes d'exécutions extrajudiciaires par les forces de sécurité gouvernementales », rapporte Amnesty International.[13] Un autre groupe fidèle à Habré, le Mouvement pour la démocratie et le développement (MDD) est apparu dans la région du lac Tchad, et des « violations flagrantes de droits humains » ont été aussi signalées alors que les troupes gouvernementales agissaient en toute impunité dans leur lutte pour le contrôle. Des initiatives pour réprimer une rébellion du Sud cette année-là, menées par Moïse Kette, un ancien chef en disgrâce du MPS, ont engendré des allégations de tueries par les forces gouvernementales de 150 civils dans la ville de Doba au sud. Les groupes rebelles ont également commis des exactions contre les civils. Pendant ce temps, des journalistes et activistes pour les droits humains sont pris pour cibles, y compris Joseph Behidi, le vice-président de la Ligue tchadienne des droits de l'Homme, tué apparemment en raison de sa décision de défendre un journal dans une affaire de diffamation intentée par l'armée. À ce jour, il est toujours d'usage au Tchad de procéder à des arrestations et de détenir sans procès les personnes soupçonnées d'implication dans une tentative de coup d'État, et jusqu'en 2008, il n'était pas inhabituel de voir des personnalités politiques accusées de coopération avec les mouvements rebelles disparaître sans laisser de trace.

Néanmoins, Déby a essayé de mettre en place une réforme politique. En mars 1991, une Charte nationale a été adoptée pour une période transitoire de trente mois, suivie d'un référendum constitutionnel qui ouvrirait la voie à l'instauration d'une démocratie multipartite. Déby invita les exilés politiques à rentrer au pays et autorisa la formation de nouveaux partis politiques. Toutefois, le MPS était exempté des conditions requises pour l'enregistrement des partis politiques et, à la fin de l'année 1991, aucun parti n'avait été formé. Tout au long des années 90, des journalistes, des leaders d'opposition, des militants syndicaux et ceux soupçonnés de soutenir des groupes rebelles ont continué d'être harcelés par les services de sécurité, et les informations faisaient continuellement état d'arrestations arbitraires et de détentions. En 1996, Amnesty International a publié un rapport intitulé « Promesses vides » dans lequel elle accusait le gouvernement de ne pas faire assez pour protéger les droits humains ; elle en appelait aux gouvernements étrangers pour veiller que tout équipement ou transfert de compétences aux forces de sécurité tchadienne ne soit pas utilisé pour commettre des violations de droits humains.

Il a fallu attendre 1996 pour la tenue du référendum constitutionnel, qui avait reçu le soutien de 63,5% de la population. Il a ouvert la voie aux premières élections démocratiques tchadiennes qui se tiendront en juin 1996, opposant le vieux pilier du sud Wadel Kamougué au héros révolutionnaire Idriss Déby. Le vote se déroula sans problèmes majeurs, bien qu'un certain nombre de personnalités de l'opposition, comme Ngarlejy Yorongar, aient été arrêtées. Déby remporta le vote au second tour avec 69,1% des voix. Les élections législatives qui établissaient une Assemblée nationale de 125 sièges, furent reportées au début de 1997, et le parti de Déby, le MPS, a gagné la majorité absolue des sièges. Les querelles politiques se poursuivaient, avec des ministres démissionnant pour protester contre le règne de Déby, et des partis d'opposition prétendant être empêchés de mener leurs activités. Amnesty International a fait état de tortures et de conditions de détention inhumaines dans les prisons tchadiennes, ainsi que de l'ordre du directeur de la Gendarmerie selon lequel les criminels pouvaient être exécutés s'ils étaient pris en flagrant délit.[14] En 1998, une nouvelle et plus grave rébellion a éclaté dans le BET, longtemps talon d'Achille du Tchad. Elle était connue sous le nom de MDJT (Mouvement pour la démocratie et la justice au Tchad) et était dirigée par Youssouf Togoïmi qui avait été démis de ses fonctions de ministre de la Défense. Des vétérans du FROLINAT, dont Acheikh Ibn Oumar, ont remis leurs treillis et joint leurs forces à celles du MDJT, et une fois de plus le nord du Tchad était frappé par un nouvel épisode des guerres de Toyota destructrices. Alors que le Tchad s'engageait sur la voie précaire de la démocratie multipartite, semée de rébellions, de complots de coup d'état et de rivalités dangereuses, l'objectif de solder les comptes du passé n'était pas à l'ordre du jour. Le rapport de la Commission Vérité prenait la poussière, Habré s'installait dans sa réincarnation de pilier distingué de la communauté musulmane de Ouakam, et des dizaines de lieutenants de l'ère Habré avaient trouvé le chemin vers de nouveaux emplois et postes de pouvoir. C'était notamment le cas de l'un des tortionnaires les plus craints de la DDS, Mahamat Djibrine (El Djonto), qui est devenu le chef de la police tchadienne[15] et de Toké Dadi, le dernier directeur de la DDS, qui a finalement été nommé gouverneur de la région de Sila.[16]

Justice populaire

Les crimes de Habré n'avaient pas été oubliés de tous. C'est le cas de Souleymane Guengueng et Clément Abaifouta, deux modestes Tchadiens qui allaient changer le cours de la vie du tyran. En 1988, Souleymane Guengueng travaillait comme fonctionnaire à la Commission du bassin du lac Tchad à N'Djaména. Un matin sa femme est venue à son bureau en larmes ; la DDS s'était rendue chez lui pour le chercher. Avant que Guengueng ait eu la chance de pouvoir s'échapper, des agents de la DDS sont arrivés à son bureau. Conduit aux locaux de la DDS, il est accusé d'avoir hébergé des personnalités anti-Habré lorsque la Commission du bassin du lac Tchad se trouvait temporairement au Cameroun. Bien que niant ces allégations, tout comme la majorité des personnes arrêtées par la DDS, il n'a pas eu accès à la justice. Il a disparu dans le système pénitentiaire pendant plus de deux ans, jusqu'à ce que Habré soit renversé en 1990. En prison, Guengueng était tantôt en isolement, tantôt dans des conditions terribles de surpeuplement. Il a attrapé le paludisme, l'hépatite et la dengue, et sa vue a été irrémédiablement endommagée pour avoir été maintenu dans l'obscurité totale pendant de longues périodes. Il a été pendu par les testicules par les gardiens après avoir été pris en train de diriger la prière pour les prisonniers,[17] et comme tous les ex-détenus, il a vu mourir des dizaines de codétenus : « S'il y avait plus de dix morts un matin, le directeur de la prison ordonnait l'enlèvement des corps ; mais seulement s'il y en avait plus de dix », va-t-il rappeler plus tard.[18] À ce jour, il boite encore quand il marche, conséquence des terribles conditions de détention.

Pendant l'un de ses moments les plus sombres en prison, Souleymane Guengueng s'était promis que s'il en sortait vivant, il consacrerait sa vie à dire la vérité au monde sur la prison de Habré. À sa plus grande surprise, il recouvre la liberté en décembre 1990, lorsque les forces de Déby débarquent à N'Djaména. Alors qu'il réalisait la défaite totale de Habré et le démantèlement vérifiable des pires aspects du système de terreur du dictateur, cet homme profondément religieux fonda l'Association des victimes des crimes et des répressions politiques (AVCRP) et se mit tranquillement à recueillir les témoignages de près de 800 autres victimes du système carcéral de la DSS tout au long des années 1980, rassembla des informations concernant abus commis pour l'essentiel lors des campagnes ethniquement orientées des dernières années du règne de Habré. C'était le début d'une remarquable campagne de justice « populaire » qui allait jouer un rôle central dans la constitution du dossier contre Habré quinze ans plus tard à Dakar.

Guengueng a été rejoint dans sa mission par Clément Abaifouta qui, à l'âge de vingt-trois ans, avait été arrêté et enfermé dans une prison de la DDS. Son crime semble avoir été l'obtention d'une bourse d'études à l'étranger (dont il n'a jamais pu jouir), bien qu'il soupçonne que la véritable raison en est que la DDS le suspectait d'avoir des liens avec l'opposition politique, chose qu'il nie encore. Il a passé quatre ans dans une prison de la DDS où son rôle principal consistait à enterrer ses compagnons de cellule morts dans un site situé juste à l'extérieur de N'Djaména. Il estime avoir enterré au moins 500 personnes entre 1985 et 1989. J'ai rencontré Clément pour comme première fois en 2008 lorsqu'il est venu m'informer, dans le hall du nouvel hôtel chinois « Chez Wu » à N'Djaména, des nouvelles d'une conférence de presse consacrée aux victimes de Habré. Vêtu d'un maillot de football et portant un ordinateur portable, j'ai eu comme première impression de me trouver face à un homme dynamique. Je me souviens de l'avoir écouté avec ferveur, mais au fond de moi, je me demandais si sa cause n'était pas perdue ; en y regardant de près, on pouvait voir dans sa posture légèrement penchée comment les années d'incarcération et les luttes engagées mais demeurées infructueuses avaient sapé son âme. En 2017, il passe encore beaucoup de temps dans sa maison à N'Djaména où il vit avec son chien, CPI (Cour Pénale Internationale), aussi nom du chien de Souleymane Guengueng. Il m'en dit plus sur son combat :

> Ma motivation à poursuivre ce combat pour la justice pendant vingt-six ans aux dépens de tout ce qui concerne ma vie personnelle était

simplement de répondre à cette seule question : pourquoi ai-je été arrêté ? J'étais tellement révolté par cette expérience que je devais avoir une réponse. Pourquoi ruiner ma vie et celle de tant d'autres ?

Depuis de nombreuses années, Clément souffre de dépression et de stress post-traumatique : « Malheureusement, même après le procès de Dakar, je ne connais toujours pas la réponse. Hissein Habré a refusé de révéler quoi ce soit. Je me sens toujours comme la moitié d'un homme ».[19]

Souleymane et Clément ont subi des années de harcèlement et d'intimidation de la part des autorités tchadiennes alors qu'ils tentaient de mener à bien leur travail. Leurs téléphones étaient sur écoute, ils étaient suivis par des personnages louches des services de sécurité et leurs bureaux étaient attaqués. Clément a été arrêté cinq fois. Le harcèlement s'avéra finalement trop dur pour Souleymane, qui s'est exilé aux États-Unis en 2003, laissant Clément en charge de la branche tchadienne de l'AVCRP. Clément croit que cette campagne d'intimidation a été menée par d'anciens agents de la DSS qui étaient informés de leur travail. Pendant plusieurs années, Guengueng a gardé les témoignages manuscrits soigneusement cachés chez lui, de peur que d'anciens associés de Habré n'aient vent de sa campagne, bien qu'il n'eût pas de plan clair sur la façon dont ils seraient exploités. « Je pense qu'ils savaient que nous avions ce dossier », dit Clément à propos de l'intimidation et du harcèlement. « Ils voulaient nous faire taire ».

Le Pinochet d'Afrique

En 1999, une chose remarquable s'est produite. Un jeune avocat ambitieux du nom de Reed Brody, travaillant pour HRW, a été envoyé à Londres pour conseiller l'accusation dans l'affaire de l'ancien dictateur chilien Augusto Pinochet, qui venait d'être arrêté, car soupçonné de violations de droits humains. Dans cette affaire, le général Pinochet avait été arrêté en octobre 1998 à son arrivée au Royaume-Uni en vertu du principe de compétence universelle en termes de juridiction, développé afin que les responsables des crimes les plus graves n'aient pas de « refuge ». HRW définit la compétence universelle comme « le principe selon lequel chaque État a intérêt à traduire en justice les auteurs des crimes particuliers d'ordre international, quel que soit l'endroit où ils ont été commis et quelle que soit la nationalité des auteurs de ces actes ou de leurs victimes ».[20]

La police britannique agissait sur la base d'un mandat d'arrêt délivré par un juge espagnol accusant l'ancien président de crimes contre l'humanité commis dans les années 1970 et 1980 au Chili ; une commission officielle de vérité avait examiné plus de 2.000 cas d'assassinats et de disparitions. Pinochet contesta l'arrestation au motif qu'il bénéficiait de l'immunité d'ancien chef d'État, mais la Chambre des Lords avait, à deux reprises, rejeté cette requête affirmant qu'elle ne couvrait pas les cas de tortures et d'abus. Les tentatives d'extradition de Pinochet ont été saluées comme une percée par certains militants des droits humains, mais l'ancien dictateur a finalement échappé à la justice après un examen médical qui l'a jugé mentalement inapte à subir un procès. Le ministre britannique de l'Intérieur de l'époque, Jack Straw, annula une décision de la Chambre des Lords qui avait décidé de l'extrader vers l'Espagne pour y être jugé et, en mars 2000, il est retourné au Chili où il mourut plus tard.

La doctrine de la compétence universelle trouve son origine dans le droit international, mais, historiquement, elle n'a été utilisée que très rarement, les gouvernements n'invoquant ce principe que dans des cas tels que les cas de détournements d'avion et de pirateries lorsque des crimes sont commis entre juridictions nationales. Elle ne peut être utilisée que si les gouvernements nationaux ont adopté la législation visant à mettre en œuvre tout traité international contre de tels crimes. À peine quelques mois après la Conférence de Rome, qui a mis en place le statut de la nouvelle CPI, l'affaire Pinochet a causé une certaine consternation au niveau des gouvernements, qui fustigeant le fait que la justice internationale puisse échapper au contrôle des États. Bien que n'ayant finalement pas abouti à une condamnation, pour Reed Brody, l'expérience Pinochet a présenté des opportunités alléchantes. Il commença à se demander qui pourrait bien être le prochain.

« Ma motivation était idéologique », explique Brody, qui porte une écharpe de fac et laisse ses cheveux un peu ébouriffés lui tomber sur les épaules. « Nous voulions créer d'autre Pinochet. Il est difficile de surestimer l'impact de cette affaire sur le mouvement international des droits humains. C'était comme un moment d'effervescence ».[21]

Sur recommandation d'un collègue de la Harvard Law School, Brody a commencé à examiner le cas de Habré. « À l'époque, je ne savais pas vraiment qui était Hissein Habré », dit Brody. Mais en fait, l'affaire allait finir par prendre le contrôle de sa vie pour les seize prochaines années. Son intérêt piqué, Brody réussit à persuader deux étudiants du programme de droits humains de Harvard de se rendre au Tchad pour voir ce qu'ils pouvaient trouver. Par l'intermédiaire de Delphine Djiraïbé, l'une des premières avocates tchadiennes, les étudiants ont été envoyés à la rencontre de Souleymane Guengueng, qui leur a montré avec joie sa collection de témoignages. Lorsque les étudiants ont réalisé l'ampleur de ce que Guengueng avait fait, ils se sont mis d'accord sur un plan à haut risque pour transporter des copies des documents hors du Tchad, aux États-Unis, dans leurs valises. Malgré une expérience éprouvante à l'aéroport de N'Djaména sur le chemin du retour, où pendant quelques minutes tendues les étudiants ont craint que leurs bagages ne soient fouillés, ils ont réussi à faire sortir clandestinement les documents du Tchad ».[22]

Brody et HRW ont également pris contact avec l'Association tchadienne pour la promotion et la défense de droits de l'Homme (ATPDH), dirigée par la formidable avocate tchadienne Jacqueline Moudeina, qui avait demandé leur aide dans cette affaire. Moudeina avait fui le Tchad pendant les combats en 1979, et pendant son exil, elle avait étudié le droit au Congo-Brazzaville. Elle est retournée au Tchad en 1995 et commença à travailler avec les victimes de Habré et de la police secrète. En 2001, elle participait à une manifestation pacifique devant l'ambassade de France à N'Djaména quand elle a été grièvement blessée par une grenade lancée par la police qui avait reçu l'ordre de disperser les manifestants. Il lui fallut plus d'un an pour s'en remettre.

En recevant les documents clandestins, Brody se rendit vite compte de leur immense potentiel. En quelques mois, les victimes tchadiennes, assistées par HRW, étaient prêtes à déposer une plainte à Dakar, au Sénégal, au nom de huit plaignants individuels, accusant Habré de torture, d'actes barbares et de crime contre l'humanité. Elles étaient soutenues par des ONG internationales et nationales et des avocats sénégalais. Habré a été accusé de torture et de crimes contre l'humanité, les charges contre lui étant fondées sur « la loi sénégalaise sur la torture ainsi que sur la Convention des Nations unies contre la torture et autres peines ou traitements cruels, inhumains ou dégradants (UNCAT) de 1984, que le Sénégal a ratifiée en 1987. Les groupes ont également cité les obligations qui incombaient le Sénégal en vertu du droit international coutumier de poursuivre les personnes accusées de crimes contre l'humanité ».[23] Le 3 février 2000, le juge Demba Kandji inculpa Habré pour complicité de tortures, actes de barbaries, et crimes contre l'humanité, et l'a assigné à résidence. C'est la première fois qu'un Africain était accusé d'atrocités par un tribunal d'un autre pays africain.[24] L'affaire fait soudainement la une des journaux internationaux et l'agréable exil de Habré semble menacé.

Cependant, l'optimisme initial allait s'avérer de courte durée. Les avocats de Habré ont contesté le jugement et en juin, le Conseil supérieur de la Magistrature, présidé par le président sénégalais Abdoulaye Wade, qui avait battu Abdou Diouf lors des élections présidentielles en 2000, a annoncé que le juge Kandji allait être transféré, ce qui montre clairement comment la volonté politique ou son absence peut influencer le résultat du processus judiciaire. En juillet, la Cour d'appel a rejeté l'acte d'accusation en argumentant que les tribunaux sénégalais n'étaient pas compétents pour poursuivre l'affaire parce que les crimes n'avaient pas été commis au Sénégal.[25] L'appel est finalement rejeté par la Cour de cassation en 2001.

Au cours de cette période, Wade déclara publiquement que Habré ne serait jamais jugé sur le sol sénégalais, et en fait son obstruction de l'affaire allait devenir un point de blocage majeur dans toutes les tentatives futures de poursuivre Habré jusqu'à la constitution des CAE. La décision de la Cour d'appel a été un coup dur pour les groupes de victimes, qui s'étaient appuyés sur le fait que la Constitution du Sénégal permettait l'application automatique de la Convention des Nations unies contre la torture et que le pays se targuait d'être une figure de proue en matière de droits humains au niveau international et le premier pays à avoir ratifié le traité établissant la Cour pénale internationale.

« La décision prise en 2000 au Sénégal a été une grande déception », déclare Younous Mahadji, aujourd'hui médecin à l'hôpital principal de référence de N'Djaména, qui a été arrêté par la DDS en 1990 après avoir distribué des tracts dénonçant Habré. Il a été emprisonné pendant quatre mois, a perdu la moitié de son poids corporel et porte encore les cicatrices de « *l'arbatachar* » sur ses bras. Il a été l'un des premiers plaignants dans l'affaire du Sénégal en 2000. « Mais nous nous sommes rendu compte que c'était de la haute politique. Je pense que notre décision a effrayé tous les présidents africains, y compris Abdoulaye Wade. Ils ont réalisé qu'ils pouvaient se retrouver dans la même situation ».[26] Ce point de vue est repris par Konstantinos D. Magliveras de l'Université de l'Égée :

> Le Sénégal [était] dans une situation très difficile ; d'une part, il voulait maintenir sa réputation d'État souscrivant aux libertés fondamentales [...] et d'autre part ne voulait pas se laisser entraîner dans la poursuite judiciaire d'un ancien dictateur qui s'était également vu offrir, sans trop de questions, un nouveau foyer sur son territoire.[27]

Les groupes de victimes n'ont pas été facilement dissuadés. En octobre 2000 au Tchad, dix-sept victimes ont porté plainte pour torture, meurtre et « disparition » contre les complices de Habré, y compris d'anciens directeurs, chefs de service et autres agents de la DDS. Les victimes ont décrit en détail des crimes tels que les disparitions et l'utilisation de *l'arbatachar*, la consommation forcée d'eau et les chocs électriques. C'était une initiative très audacieuse étant donné que beaucoup d'anciens agents de la DDS vivaient encore en liberté au Tchad et que Déby avait été une figure de haut rang sous Habré. Il semble que les victimes aient été encouragées par l'évolution de la situation au Sénégal et par une rencontre quelques semaines plus tôt avec Déby lui-même qui leur avait dit que « le temps de la justice était venu ».[28] Cependant, une fois de plus, l'optimisme présomptueux des victimes et la plainte n'ont rien donné. Il faudra encore quinze ans avant qu'une figure de l'ère Habré ne soit inculpée au Tchad même.

Quelques mois après le dépôt de la plainte au Tchad, l'affaire des victimes a reçu un coup de pouce extraordinaire grâce à la découverte par Reed Brody et Olivier Bercault de HRW d'une énorme cache d'objets abandonnés dans l'ancien siège de la DDS à N'Djaména. Les deux chercheurs s'étaient rendus dans l'ancien bâtiment de la DDS situé près de la cathédrale coloniale du Tchad, dans une ruelle calme faisant face aux rives bordées d'arbres du fleuve Chari, dans l'espoir d'avoir une idée de ce qui s'y était passé. Dans une sombre antichambre couverte de toiles d'araignées, ils trébuchèrent sur une pile désordonnée de documents haute d'environ un mètre. À leur grande surprise et à leur grande horreur, ils ont découvert que ces documents décrivaient minutieusement le sort de centaines de prisonniers, notamment des certificats de décès, des rapports d'interrogatoire et des cartes d'identité. Dans un mémo déterré, le directeur de la DDS affirme avec fierté que la DDS, « grâce à la toile d'araignée qu'elle a tissée sur tout le territoire national, veille exceptionnellement à la sécurité de l'État » comme les « yeux et les oreilles du président de la République, sous le contrôle duquel elle est placée et à qui elle rend compte de ses activités ».[29]

Au total, les documents ont révélé les noms de 1.208 personnes qui ont été exécutées ou qui sont mortes en prison, ainsi que ceux de 12.321 victimes de violations graves de droits humains. « Ces documents témoignaient si bien de l'étendue du contrôle exercé par

Habré. Ils nous aideraient à déterminer le cadre d'une affaire juridique dans les années à venir », a déclaré Brody.

Prochaine étape, la Belgique

La déception de l'affaire sénégalaise encore fraîche dans leur esprit, l'étape suivante dans la lutte pour la justice fut entamée lorsque trois Tchadiens naturalisés citoyens belges portent plainte devant le tribunal de grande instance de Bruxelles, utilisant à nouveau le principe de compétence universelle. La Belgique était le seul pays européen à avoir adopté en 1993 une loi autorisant les victimes à porter plainte en Belgique pour atrocités commises à l'étranger (bien que l'affaire Habré ait été instruite, la loi sur la compétence universelle a été abrogée en 2003 sous la pression des États-Unis, en particulier de Donald Rumsfeld, qui avait menacé la Belgique de perdre son statut d'hôte pour le siège de l'OTAN).[30] Au début de l'année 2002, le juge d'instruction belge Daniel Fransen s'est rendu au Tchad en compagnie d'un procureur pour interroger les victimes et d'anciens hommes de main de Habré, et pour voir les fosses communes et les centres de détention. Les enquêteurs ont pris en charge les documents découverts de la DDS, et une déclaration en octobre de cette même année de la part des autorités tchadiennes affirmant que Habré ne jouirait d'aucune forme d'immunité a redonné aux groupes de défense des droits des victimes un regain d'optimisme. D'autres victimes ont déposé des plaintes.

Toutefois, le cas belge, tout comme les efforts tchadiens et sénégalais avant lui, n'a jamais pu prendre son essor et s'est enlisé dans un réseau complexe de querelles juridiques internationales et d'ingérence politique. Au début, il s'est déroulé à un rythme lent, avec quatre ans d'enquête du juge Fransen, avant qu'un mandat d'arrêt ne soit délivré contre Habré en 2005, l'accusant de crimes contre l'humanité, crimes de guerre, torture et violations graves du droit humanitaire international. C'est un important pas en avant qui a été rapidement suivi d'une demande d'extradition au Sénégal et par l'arrestation de Habré deux mois plus tard. Mais peu de temps après, la Cour d'appel de Dakar a jugé que le Sénégal n'avait pas compétence pour statuer sur la demande d'extradition. Trois autres demandes d'extradition en provenance de Belgique n'ont pas abouti également ; deux d'entre elles ayant été rejetées pour des raisons techniques parce que les documents juridiques soumis par le gouvernement sénégalais n'étaient pas en règle, ce qui donne à penser que les autorités sénégalaises retardaient ou ne prenaient pas les demandes au sérieux.[31] Une quatrième et dernière demande a été envoyée en 2011, sans suite. En 2009, frustrée par l'inaction, la Belgique porte l'affaire devant la Cour internationale de Justice (CIJ), affirmant que le Sénégal avait manqué à ses obligations en vertu de la Convention des Nations unies contre la torture en ne prenant aucune mesure pour poursuivre Habré et en refusant de l'extrader vers la Belgique pour qu'il y soit jugé. La plainte à la CIJ a été déposée par la Belgique au nom de citoyens tchadiens et de citoyens belges d'origine tchadienne qui se disaient victimes. Le point de vue selon lequel le Sénégal a manqué à ses obligations est partagé par le Comité des Nations unies contre la torture lui-même qui, en 2006, avait condamné le Sénégal pour avoir violé ses obligations et l'avait exhorté à juger l'ancien président ;[32] il a d'ailleurs donné suite à cette décision par une visite sans précédent au Sénégal en 2009.

Les CAE : une solution africaine à un problème africain ?

Peu de progrès dans les efforts visant à extrader Habré vers la Belgique, mais déjà une certaine dynamique s'est développée derrière l'idée de tenir le procès de Habré sur le sol africain. À fin 2005, dans la vague d'actions en justice intentées contre l'ancien président tchadien, le Sénégal avait renvoyé l'affaire Habré à l'UA lors de son sommet annuel de janvier 2006, et avec l'appui du Nigeria, avait décidé de créer un « Comité d'éminents juristes africains » pour « examiner tous les aspects et implications du cas Hissein Habré ainsi que les options disponibles pour son procès ».[33] Six mois plus tard, le Comité répondit en demandant au Sénégal de poursuive Habré « au nom de l'Afrique », signe peut-être qu'il était, dans son ensemble, désireux d'être perçu comme « combattant l'impunité ».[34] Assez étonnamment, le président Wade était d'accord. Des signes encourageants sont constatés, comme l'adoption en 2007 d'une nouvelle loi autorisant le pays à juger les crimes contre l'humanité, les crimes de guerre et de torture, même lorsqu'ils sont commis à l'étranger, et celle d'un amendement constitutionnel permettant de juger les affaires de manière rétroactive.

Toutefois, cette initiative menée par des Africains a, à plusieurs reprises, failli capoter, toujours en raison des atermoiements du Sénégal. D'abord, Wade a soulevé la simple question de l'argent, affirmant à de nombreuses reprises entre 2008 et 2010 que le Sénégal n'avait pas les moyens du procès, estimés à 66 millions d'euros (79,2 millions de dollars). Ce montant a finalement été ramené à 8,6 millions d'euros (10,32 millions de dollars), dont le financement a été convenu lors d'un sommet international des donateurs en 2010. Mais les amendements juridiques du Sénégal ont ensuite été contestés par les avocats de Habré auprès du tribunal régional de la Communauté économique des États de l'Afrique de l'Ouest (CEDEAO), le regroupement politique ouest-africain. En novembre 2010, quelques jours seulement avant la conférence des donateurs, il a été statué que le Sénégal ne pouvait juger Habré sans violer la règle *nulla poena, nullem crimen sine lege* selon laquelle une personne ne devrait pas être traduite en justice pour un acte qui n'a pas été criminalisé avant qu'elle ne l'ait commis. La cour de la CEDEAO a donc décidé que les tribunaux nationaux du Sénégal n'étaient pas compétents pour juger Habré, mais elle a utilement suggéré qu'un tribunal à « caractère international » pourrait le faire.

Sous le président Wade, la décision de la CEDEAO semblait être la goutte d'eau ayant fait déborder le vase. En mai 2011, le Sénégal s'est retiré inopinément de toute nouvelle négociation. Bien que les raisons précises soient entourées de mystère, la décision semble liée à la crainte qu'un tribunal international coûte peut-être dix fois plus cher que ce qui avait été promis à la justice sénégalaise et constitue une grande menace pour l'indépendance juridique du Sénégal.

« Wade a peut-être eu l'impression d'être entraîné dans quelque chose qu'il ne pouvait pas accepter », spécule Reed Brody.[35]

Le coup de grâce a été porté lorsque Wade a annoncé en juillet 2011 que Habré serait extradé vers le Tchad dans les deux jours. La décision a été condamnée par Navi Pillay, alors responsable des droits humains à l'ONU, au motif que Habré avait déjà été condamné à mort par contumace par un tribunal tchadien en 2008 à la suite d'une rébellion dévastatrice qu'il était accusé d'avoir soutenue, et que s'il était renvoyé au Tchad il pourrait être torturé et privé d'un procès équitable.[36] Finalement, Wade a fini par revenir sur sa décision, et le Tchad sembla s'en laver les mains en demandant l'extradition de l'ancien président vers la Belgique.

Cette volte-face a été suivie d'une autre demande d'extradition, apparemment désespérée, par la Belgique. À la fin 2011, la situation devenait presque ridicule et les espoirs de traduire Habré en justice semblaient bien minces. « Entre 2008 et 2011, j'ai vraiment commencé à perdre espoir, m'a confié plus tard Clément Abaifouta. Quand ma famille a continué à être menacée, j'ai vraiment pensé abandonner la lutte. Abdoulaye Wade m'a laissé de très mauvais souvenirs, il ne nous a menés nulle part pendant onze ans ».[37]

L'avancée décisive

Bien que les chances leur paraissent minces, les militants de la société civile tchadienne et les groupes de victimes n'ont jamais perdu espoir. Et en mars 2012, le paysage a irrévocablement changé. Le 26 février, le Sénégal a tenu le premier tour d'une élection présidentielle avec le vieillissant Abdoulaye Wade face à un groupe de quatorze candidats. Il semblait que Wade était en position de force – le Conseil constitutionnel du pays venait de statuer qu'il n'était pas lié par les dispositions contenues à la Constitution de 2001 limitant à deux le nombre de mandats présidentiels possibles pour la même personne –, car il avait pris le pouvoir en 2000. Cette décision s'est révélée très controversée, donnant lieu, dans les semaines qui ont précédé le vote, à des manifestations dans la rue durant lesquelles six personnes ont été tuées.[38] Cependant, au deuxième tour des élections, M. Wade fait face à l'ancien Premier ministre et président de l'Assemblée nationale, Macky Sall, qui avait critiqué avec véhémence les relations d'affaires du fils impopulaire de Wade, Karim Wade. Il semble que les Sénégalais ordinaires se sont finalement sentis encouragés à rejeter la tentative de Wade de s'accrocher au pouvoir. Macky l'a emporté avec environ 65% des voix et à la surprise générale (le Mali voisin avait subi un coup d'État militaire qui avait renversé le président Amadou Toumani Touré quelques jours auparavant), Wade a concédé sa défaite. Alors que des supporters jubilaient dans les rues de Dakar, Sall a salué « une nouvelle ère » pour le pays.

Hissein Habré n'était pas la première personne qui venait à l'esprit des gens dans ce Sénégal qui s'adapte à la vie sous le régime d'un nouveau dirigeant. Cependant, le cas n'était pas inconnu du nouveau président. Par le passé, Sall avait rencontré des groupes de victimes tchadiennes ; Clément Abaifouta lui avait rendu visite à de nombreuses reprises pour lui demander son aide, tout comme Abdourahmane Guèye, un homme d'affaires sénégalais enfermé dans les prisons de Habré dans les années 1980 avec son ami et concitoyen Demba Gaye, qui y perdra la vie plus tard.[39] La nouvelle ministre sénégalaise de la Justice, Aminata Touré (qui deviendra plus tard Premier ministre), était une ancienne militante pour les droits de la femme qui avait également exprimé dans le passé son soutien à l'idée de traduire Habré en justice. Les groupes de victimes, assistés par HRW, ont saisi leur chance et ont submergé les nouvelles autorités sénégalaises de demandes d'assistance. En quelques mois, Sall a annoncé la formation d'un groupe de travail chargé d'élaborer les modalités pratiques de la tenue d'un procès au Sénégal, et le 15 juillet 2015, il annonçait au sommet de l'Union africaine à Addis-Abeba que Habré serait jugé.

La nouvelle n'arrivait pas trop tôt, puisque cinq jours après, l'arrêt rendu dans la vieille affaire de la CIJ lancée par la Belgique en 2009 a finalement été admis. L'arrêt de la CIJ conclut que le Sénégal avait violé les obligations qui lui incombent en vertu de la Convention des Nations unies contre la torture. Le tribunal a également statué que le Sénégal devait soit juger Habré « sans délai supplémentaire », soit se conformer aux demandes d'extradition belges.[40] Le jugement a été accueilli avec joie par les militants. C'était aussi embarrassant pour les nouveaux dirigeants sénégalais, qui espéraient projeter une nouvelle ère et étaient fiers du respect de longue date des droits humains et du leadership de leur pays en matière de justice et de respect de l'état de droit. Aminata Touré a immédiatement confirmé qu'un procès aurait lieu et a déclaré au *New York Times* : « Nous regrettons que ce procès n'ait pas eu lieu pendant des années ».[41] Touré a ajouté qu'un procès devant des juges sénégalais et africains, en accord avec l'Union africaine, était déjà prévu, ce qu'elle a qualifié de « nouveauté dans le droit international ».

La question de savoir dans quelle mesure l'arrêt de la CIJ a été l'étape décisive qui a poussé le Sénégal à prendre des mesures pour mettre en place les CAE a fait l'objet de débats. Comme le soutient Konstatinos D. Magliveras, l'arrêt « n'a pas offert au Sénégal une grande marge de manœuvre ».[42] Cependant, Reed Brody croit que la véritable percée a été politique. Malgré les propositions faites à Abdoulaye Wade d'expulser Habré, et bien qu'il ait qualifié ce dernier de « criminel » à plus d'une occasion, il avait toujours bloqué toute initiative. Il semble que le concept de Wade du principe de fraternité des présidents africains – qu'il appelait le « syndicat des chefs d'État » – était plus important pour lui que la réputation du Sénégal en tant que leader en matière de justice. Il ne pouvait tout simplement pas abandonner un ancien leader aux lions, mais il ne faisait aucun doute que la présence de l'ancien président tchadien sur le sol sénégalais lui a donné son lot de maux de tête. Wade parti, la voie était libre pour un procès. « Le tournant a sans aucun doute été l'élection de Macky Sall », déclare Reed Brody.[43] C'était maintenant au tour de l'UA de montrer comment elle comptait traiter une affaire grave de violations historiques de droits humains.

La création des CAE : le premier tribunal hybride en six ans

Une fois les obstacles politiques levés, les CAE ont finalement été créées en août 2012 par le Sénégal et l'Union africaine pour la mise en œuvre de la « poursuite des crimes internationaux commis sur le territoire de la République du Tchad au cours de la période allant du 7 juin 1982 au 1er décembre 1990 ».[44] À la suite de l'arrêt de la Cour de la CEDEAO de 2010 qui avait recommandé un procès à « caractère international », les CAE ont été instaurées en tant que « tribunal hybride ». Bien qu'il n'existe pas de définition convenue d'un tribunal hybride parmi les universitaires, le terme « hybridation » découle du fait que ces juridictions intègrent un mélange varié d'éléments internationaux et nationaux – un personnel international et national et un ensemble de lois substantielles et procédurales du droit national et international. Les tribunaux hybrides sont des organes généralement gérés au niveau national, mais soutenus à l'échelle internationale, créés pour faire face à des situations particulières et sanctionner les violations graves du droit international.

Les procès hybrides ont été mis au point à la fin des années 1990 pour répondre aux critiques formulées à l'encontre du TPIY et du TPIR. Ces institutions, bien qu'elles soient à l'avant-garde en matière de poursuite judiciaire des abus, semblaient avoir peu contribué à renforcer le pouvoir des tribunaux nationaux et avaient été dirigées par des équipes juridiques internationales de haut niveau, sans une participation significative du personnel local. Elles étaient considérées comme distantes des personnes touchées par les crimes. Les tribunaux hybrides sont également arrivés à un moment très spécifique de l'évolution de la justice internationale : « l'interrègne, la période entre l'adoption du Statut de Rome établissant la Cour pénale internationale (CPI) en 1998 et l'entrée en vigueur de la cour en 2002 ».[45] En effet, les tribunaux hybrides ont été perçus par beaucoup comme un palliatif avant l'instauration d'une institution internationale permanente. Le fait que la CPI repose sur un principe de « complémentarité » (qu'elle siégerait aux côtés des systèmes judiciaires nationaux et n'interviendrait que s'ils étaient incapables de juger les crimes nationaux) suggérait en théorie que des procès qui devaient associer droit international et national deviendraient obsolètes au fil du temps.

Les premiers tribunaux hybrides sont le TSSL en 2002 et les CETC en 2004. Leurs partisans estimaient que le modèle hybride apporterait une légitimité sans remettre en cause la souveraineté judiciaire nationale, qu'il serait plus rapide et moins cher que les grands procès internationaux et qu'il aurait un impact bénéfique sur les systèmes de justice nationaux, car les éléments internationaux des tribunaux côtoieraient le personnel national. Ces institutions ont mené à bien un certain nombre de poursuites importantes, notamment celles de Charles Taylor en Sierra Leone et de Kang Kek leu, alias Comrade Duch au Cambodge, et elles ont été félicitées pour le rôle qu'elles ont joué dans le développement de la sensibilisation des communautés à la compréhension de la justice. Cependant, au fil des années, les universitaires ont commencé à se demander s'ils « tenaient toutes leurs promesses ».[46] Padraig McAuliffe, maître de conférences en droit à l'Université de Liverpool, a affirmé qu'ils étaient « tombés dans l'obsolescence pratique et le désaveu théorique ».[47] Les tribunaux hybrides du début des années 2000 ont été accusés d'ingérence politique et d'absence de progrès. Par exemple, les CETC créées pour juger les violations de droits humains commises à l'époque des Khmers rouges ont fait l'objet de critiques de la part des autorités cambodgiennes pour corruption et ingérence politique, et le tribunal de Sierra Leone a été critiqué pour avoir jugé Charles Taylor aux Pays-Bas. Le Tribunal spécial pour le Liban, créé pour juger les responsables du meurtre de Rafic Hariri, a progressé lentement. Les universitaires ont fait valoir que plutôt que d'être conçus de manière systématique, les procès hybrides étaient des interventions d'urgence pragmatiques pour des situations spécifiques. Cela signifie que « le développement d'un état de droit plus large et plus holistique est, au mieux, une réflexion après coup ».[48]

Les CAE sont le premier procès hybride établi depuis le Tribunal spécial pour le Liban en 2007. Sa véritable nouveauté vient du fait qu'il s'agit d'un tribunal hybride africain ; c'est la première fois que les tribunaux d'un pays africain, sous autorité panafricaine, sont utilisés pour juger l'ancien dirigeant d'un autre pays africain (le juge président Gustave Gberdao Kam était originaire du Burkina Faso et le procureur général Mbacké Fall était Sénégalais). C'est aussi la première fois qu'une affaire de compétence universelle pouvait être jugée en Afrique. C'était enfin la première fois que l'UA organisait un procès de manière indépendante, et donnait ainsi l'occasion de montrer que l'organisme régional était sérieux et capable de lutter contre l'impunité.

Un débat théorique s'est posé quant à l'étendue précise de la nature « hybride internationale » des CAE. Le tribunal n'est devenu hybride qu'en raison de la décision du tribunal de la CEDEAO stipulant que seul un tribunal « international » pouvait juger Habré, décision qui a été contestée en tant que « conclusion erronée » par plusieurs universitaires, dont Sarah Williams de l'Université de New South Wales. Les CAE ont été classées moins comme procès purement hybrides, et « à la limite de la catégorie des tribunaux pénaux internationalisés, et plus proches des situations où les institutions nationales ont reçu assistance, financement et formation ».[49] La participation aux CAE a été qualifiée de « minimale » : il n'y avait que deux juges de première instance, Gustave Gberdao Kam et Wafi Ouagadeye, qui ne venaient pas du Sénégal. Ce point est important, car il soulève la question de savoir quel degré de participation des juges internationaux est souhaitable ou politiquement acceptable. Comme nous le verrons dans la conclusion, en règle générale, plus il y a de personnel international impliqué plus il est possible pour les détracteurs de n'importe quel tribunal hybride de prétendre que la justice nationale est compromise.

Le statut
Le statut fondateur des CAE prévoit qu'elles devaient être établies au sein du système judiciaire sénégalais en place afin de « poursuivre et juger la ou les personnes responsables de crimes et de violations

graves du droit international ».⁵⁰ Quatre « chambres » ont été créées : une chambre préliminaire, une chambre d'accusation, une chambre de première instance et une chambre d'appel, habilitées à poursuivre les auteurs des crimes les plus graves de génocide, crimes contre l'humanité, crimes de guerre et torture. Le statut prévoyait que les anciens chefs d'État et représentants de gouvernement ne pouvaient connaître aucune immunité contre les actes criminels (article 10 ; 3) qu'ils avaient commis. Il expose également les circonstances dans lesquelles l'accusé pouvait être condamné en vertu de la doctrine juridique de la « responsabilité du commandement », selon laquelle « les supérieurs hiérarchiques peuvent encourir des sanctions pénales pour des actes commis par leurs subordonnés s'ils ne parviennent pas à les en empêcher ou à les punir pour leurs actes illégaux ».⁵¹ Ce principe judiciaire a été largement développé par le TPIY et la CPI, qui a établi qu'il n'était pas nécessaire de prouver directement que « le supérieur avait une connaissance exacte de chaque acte, mais plutôt qu'il pouvait être déduit ou présumé que le « supérieur » savait, ou « avait des raisons de savoir que le subordonné s'apprêtait à commettre cet acte ou l'avait fait» » (article 10, 4). En d'autres termes, il s'agit d'une forme de responsabilité pour l'« omission d'agir »⁵² ou pour le manquement à punir les actes des subordonnés.

Le statut énonce le principe du *non bis in idem* (article 19), la doctrine judiciaire selon laquelle on ne peut être jugé deux fois pour la même cause, ce qui allait devenir crucial s'agissant des coaccusés de Habré, Saleh Younouss et Mahamat Djibrine, qui avaient été emprisonnés à N'Djaména pour leur rôle dans les tortures par la DDS en 2015. Il fixe également les peines maximales applicables aux crimes, une procédure d'appel et prévoit qu'en cas de condamnation, les victimes doivent obtenir réparation à travers la création d'un fonds fiduciaire constitué de contributions volontaires de gouvernements étrangers et d'organisations internationales.

De manière significative, cela a permis la formation de « parties civiles » avec des avocats désignés pour permettre aux victimes de jouer un plus grand rôle dans le processus. Le principe des parties civiles s'est imposé lors des procès hybrides du début des années 2000, notamment dans le cadre des CETC, créées pour juger les crimes des Khmers rouges. Il permet aux victimes et à leurs avocats de participer en deux étapes aux procès : d'abord aider à l'élaboration du dossier d'accusation et, ensuite, pendant le procès, lorsqu'ils sont autorisés à jouer un rôle plus important que celui de simples témoins, par exemple en faisant des déclarations et en demandant des réparations. Le concept de « parties civiles » a été qualifié de « révolutionnaire »,[53] car il renverse l'idée (courante dans les anciens types de procès « accusatoires ») qui veut que l'affaire soit réglée par le personnel judiciaire pendant que les victimes sont tenues à distance des procédures quotidiennes du tribunal. Pendant un certain temps, l'idée des parties civiles a été défendue à la CPI, mais dans les années qui ont suivi, la cour a tenté de limiter le rôle des victimes, car il était perçu comme encombrant.

Enfin, le statut autorisait une importante campagne de sensibilisation destinée à faire comprendre le processus au niveau local ; dans la pratique, cela impliquait un budget conséquent pour les activités de sensibilisation et un engagement à filmer l'intégralité du procès. Le budget de la Cour se limiterait aux 8,6 millions euros (10,32 millions $) promis lors d'une réunion internationale de donateurs en novembre 2010 ; des engagements avaient déjà été pris par le Tchad (3.743.000 $), l'Union européenne (2 millions euros), les Pays-Bas (1 million euros), l'UA (1 million $), les États-Unis (1 million $), la Belgique (500.000 euros), l'Allemagne (500.000 euros), la France (300.000 euros) et le Luxembourg (100.000 euros).

La phase préliminaire

Une fois le statut et le budget approuvés, les CAE ont finalement été inaugurées le 8 février 2013 par Ciré Aly Bâ, l'administrateur de la nouvelle cour. La phase d'instruction par quatre magistrats sénégalais fut lancée et un procès prévu pour début 2014. Les premières actions de la Cour ont démontré un engagement apparent à agir rapidement. Le Bureau du Parquet général des CAE s'est rendu en Belgique en fin mai 2013 pour discuter de l'affaire avec les procureurs belges, localiser les témoins et les aider à préparer leur première soumission.[54] Une semaine plus tard, l'équipe s'est rendue au Tchad pour une visite d'une semaine au cours de laquelle elle a rencontré des représentants du système judiciaire tchadien et des groupes de victimes ; elle a également visité certains sites de fosses communes découverts par la Commission d'enquête tchadienne, et les anciens centres de détention de l'époque Habré.[55]

Les choses ont alors évolué très rapidement. Le 30 juin 2013, l'impensable se produit. Hissein Habré est arrêté à son domicile à Ouakam, Dakar, par la gendarmerie et emmené dans un lieu inconnu.[56] Plus tard dans la journée, les CAE annoncent lors d'une conférence de presse qu'il a été placé en détention au Sénégal. Le 2 juillet 2013, Habré est inculpé de crimes de guerre, de crimes contre l'humanité et de torture. Les CAE recommandent également l'inculpation de cinq complices de l'époque Habré : Guihini Korei, neveu de Habré et ancien directeur de la DDS, Saleh Younouss, ancien directeur de la DDS, Mahamat Djibrine (El Djonto), l'un des tortionnaires les plus craints de la DDS, Abakar Torbo Rahama, ancien directeur du service pénitentiaire de la DDS et Zakaria Berdei, ancien conseiller en matière de sécurité à la présidence et l'un de ceux soupçonnés d'être responsables de la répression dans le sud en 1984.

Puis, dans un autre mouvement-choc, treize lieutenants de l'époque Habré, y compris Saleh Younouss et Mahamat Djibrine, sont arrêtés à N'Djaména quelques jours plus tard, après vingt-trois ans de liberté. À l'incrédulité de beaucoup, Idriss Déby annonce que le Tchad coopérerait avec les procureurs sénégalais, et propose même de témoigner. J'étais au Tchad le jour de ces arrestations et j'ai assisté à une conférence de presse tenue par Jacqueline Moudeina dans un centre communautaire où des centaines d'anciennes victimes et leurs proches entassés dans une petite pièce pleuraient, chantaient et applaudissaient, impatients d'entendre la signification de tout ceci. Après tant de tentatives infructueuses, certains n'étaient toujours pas entièrement convaincus que justice serait faite un jour,[57] et le scepticisme quant à l'équité et à l'impartialité du procès demeurait. Néanmoins, il a vraiment semblé que cette fois-ci il se passait quelque chose.

Les actes d'accusation suivirent une série de quatre « commissions rogatoires » menées par le procureur général Mbacké Fall qui s'est rendu au Tchad entre 2013 et 2014. L'objectif était de permettre à l'équipe des CAE d'approfondir minutieusement sa propre enquête, sur la base des preuves déjà recueillies par les groupes de victimes, HRW et la Commission Vérité tchadienne. Ces missions ont été extraordinaires par le nombre de détails recueillis : quelque 2.500 déclarations de témoins et de victimes et des entretiens avec d'anciens agents de sécurité de Habré. Lors de la première audience dans un bureau temporaire installé dans le commissariat de N'Djaména, environ 400 personnes se disant victimes directes ou indirectes ont, dès le premier jour, fait la queue à l'extérieur pour faire leur déposition. Une centaine de témoins potentiels, dont d'anciens agents de la DDS, ont été interrogés sur un second site. L'équipe des CAE a essayé d'examiner et de faire des copies de la montagne de preuves recueillies dans les archives de la DDS par Reed Brody et Olivier Bercault, ce qui faisait environ 40.000 documents : « C'était presque impossible », explique Henri Thulliez, un chercheur à HRW qui a assisté aux quatre visites. « C'était un énorme bazar avec pratiquement une petite colline de documents. Il n'y avait tout simplement pas assez de temps pour tout examiner ».[58] Certains se sont plaints que leurs témoignages détaillés avaient été réduits à quelques lignes ou qu'on leur avait demandé de signer des documents en français, qu'ils ne pouvaient pas comprendre. Au cours de ces quatre visites, des experts désignés par le tribunal ont également commencé leur travail, comme cette équipe argentine de fouilles chargée d'identifier des sites présumés de fosses communes, dont le fameux site de « Deli » dans le sud du Tchad ; un expert en écriture a été chargé de tenter de déterminer qui était responsable des ordres écrits, et un expert en statistiques s'est servi des archives de la DDS pour estimer le taux moyen de décès dans les prisons de Habré.

« Au cours de ces quatre visites, nous nous sommes rendu compte que l'ambiance avait vraiment changé », affirme Henri Thulliez. « C'était comme si les gens se sentaient soudain libres de parler. Mbacké Fall [le procureur sénégalais] était sérieux et c'était comme si soudainement les gens se sentaient libres comme ils n'avaient jamais pu le faire auparavant ».[59]

Le 13 février 2015, la Chambre préliminaire des CAE annonce, à l'issue de son enquête, qu'il y a suffisamment de preuves pour tenir le procès de Hissein Habré. Une date a été provisoirement fixée pour mai ou juin de la même année. Après plus de vingt ans de faux départs, de défiance et d'enchevêtrements juridiques impossibles, il semblait vraiment que Hissein Habré allait passer devant les tribunaux. Néanmoins, il y eut peu de progrès en ce qui concerne les mises en accusation des cinq autres coaccusés.

Selon Reed Brody, la dernière observation confirme que Guihini Korei était au Bénin au moment de l'arrestation de Habré ; personne ne semblait savoir où se trouvait Abakar Torbo Rahama, même si l'écrivain Jérôme Tubiana affirme que sa présence était connu dans le sud de la Libye en début 2017 ;[60] Zakaria Berdei aurait vécu dans une cachette sûre au Tchad pendant plusieurs années.

Le procès de N'Djaména

Les cas de Saleh Younouss et de Mahamat Djibrine, arrêtés au Tchad en juillet 2013, étaient plus compliqués. En novembre 2014, six mois seulement avant l'ouverture des portes des CAE, il a été décidé qu'ils seraient jugés au Tchad, au mépris des mandats d'arrêt des CAE qui visaient à obtenir leur extradition vers Dakar. Younouss et Djibrine ont été jugés ainsi qu'une vingtaine d'autres anciens agents la DDS arrêtés en juillet 2013, accusés de meurtre, de torture, d'enlèvement, d'assassinat, de détention arbitraire, de coups et blessures. L'affaire a provoqué une tempête au Tchad. C'était la première fois qu'une figure de la DDS s'exprimait publiquement. Tellement de gens sont venus assister au procès qu'il a dû être déménagé du Palais de Justice de N'Djaména à l'ancien siège de l'Assemblée nationale. Pendant deux mois, une cinquantaine de victimes ont témoigné dans un tribunal plein à craquer, ce qui en fit un grand drame, car certains agents avaient refusé de parler et d'autres avaient essayé d'impliquer leurs coaccusés au cours d'échanges colériques dans la salle d'audience. Saleh Younouss, à plusieurs reprises, a plaidé son innocence, disant que le simple fait d'être directeur de la DDS n'était pas un crime en soi. Tous ont catégoriquement nié leur propre implication dans les accusations de meurtre, de torture et d'enlèvement. À certains moments, le juge a été obligé de couper la parole aux membres de la DDS qui essayaient de se défendre avec véhémence. Les faits saillants de l'affaire étaient montrés tous les soirs à la télévision tchadienne et étaient suivis avec avidité par beaucoup.

Le 25 mars 2015, vingt des accusés ont été déclarés coupables, dont Younouss et Djibrine, tous les deux condamnés aux travaux forcés à perpétuité. Parmi les autres personnes condamnées figurent Nodjigoto Haunan, ancien directeur de l'Agence nationale de sécurité, impliqué dans la répression contre l'ethnie Zaghawa, et Khalil Djibrine, ancien chef de département de la DDS dans le sud du Tchad pendant la répression de 1983–1984.[61] Les peines les moins sévères allaient de cinq à vingt ans.[62] Trois personnes ont été acquittées, dont Toké Dadi, le dernier directeur de la DDS en 1990. Le président de la Cour a également décidé que l'État tchadien était responsable du paiement de la moitié des dommages et intérêts, fixés à 75 milliards de FCFA (125 millions de dollars) pour les 7.000 victimes enregistrées et a ordonné la construction d'un musée et d'un monument pour commémorer leur mémoire. Les avocats des parties civiles et les victimes ont salué les condamnations : « Je me sens tellement légère, c'est comme si un fardeau a été ôté de mes épaules » a déclaré la victime Fatimeh au magazine *Justice Tribune*.[63]

C'était un rebondissement remarquable pour un procès qui avait été évité pendant plus de vingt ans par les autorités tchadiennes. Jean-Bernard Padaré, éminent avocat tchadien et ministre de la

Justice à l'époque de la création des CAE, m'a dit que l'affaire avait été rendue possible parce que la voie avait finalement été dégagée « au plus haut niveau politique ». Il s'agissait d'un geste extrêmement important pour le Tchad qui, pendant tant d'années, avait hésité à affronter son passé. Les groupes de victimes étaient dans la jubilation : « Enfin, enfin, les hommes qui nous ont brutalisés et qui se sont moqués de nous pendant des décennies ont eu ce qu'ils méritaient », a déclaré Clément Abaifouta après leur incarcération.[64]

Toutefois, la conclusion de l'affaire a créé de nouveaux tourments judiciaires. Les CAE avaient affirmé qu'en tant que cour internationale, elles devaient avoir la préséance sur les tribunaux nationaux du Tchad, mais il semblait maintenant presque impossible de transférer Younouss et Djibrine au Sénégal pour l'ouverture de la procédure contre Habré et ses cinq coaccusés. Il n'a jamais été clairement établi que les CAE étaient compétentes pour les juger ; l'une des raisons pour lesquelles le Sénégal a été autorisé à juger Habré était qu'il y résidait,[65] et selon le statut des CAE, un individu ne pouvait être jugé deux fois pour un même crime. De plus, le Tchad a, un mois avant le début du procès de la DDS en novembre 2014, également refusé de transférer les prisonniers et même rejeté une demande de témoignage par liaison vidéo.

L'ancien ministre de la Justice Jean-Bernard Padare laisse entendre que les élites politiques tchadiennes ne voulaient pas que l'affaire aille plus loin que le procès de la DDS de N'Djaména : « J'étais à Dakar prêt à signer un accord qui aurait permis le transfert des prisonniers aux CAE, j'avais même organisé une conférence de presse et les journalistes attendaient l'histoire », a-t-il déclaré. « Mais à la dernière minute, j'ai reçu un appel provenant des plus hautes instances disant que je devais annuler l'annonce. Il m'a fallu inventer rapidement un autre motif pour tenir la conférence ».[66] Son histoire s'inscrit dans la perception de certains que, à mesure qu'approchait l'ouverture des CAE, les autorités tchadiennes commençaient à paniquer. Les relations de coopération qui existaient auparavant entre le Tchad et les CAE semblèrent se tendre. « Le procès de N'Djaména semblait précipité et pas si bien préparé que ça », déclare Reed Brody. « Je soupçonne que le procès a été avancé afin d'éviter les demandes d'extradition et, partant, de prévenir le danger que tout ex-agent de la DDS n'en dise trop ».[67] Ce problème allait perdurer tout au long du procès même des CAE, où la question de la responsabilité des personnes autres que Habré continuait d'être soulevée.

Notes

1 http://www.lemonde.fr/afrique/article/2015/09/06/le-cher-voisin-de-dakar_4747446_3212.html
2 http://ref.lamartinieregroupe.com/media/9782021189827/118982_extrait_Extrait_0.pdf, p. 221.
3 Report of the Commission of Inquiry 1992, p. 65.
4 http://www.lemonde.fr/afrique/article/2015/09/06/le-cher-voisin-de-dakar_4747446_3212.html
5 Alioune Tine, entretien Skype, mars 2017. Voir aussi Abdoul Mbaye sur l'affaire Hissein Habré : « C'est un procès risqué pour ceux qui l'ont organisé » https://www.dakaractu.com/Abdoul-Mbaye-sur-l-affaire-Hissein-Habre-C-est-un-proces-risque-pour-ceux-qui-l-ont-organise_a77248.html ; Abdoul Mbaye, da ci taxx riip [«Mouillé jusqu'au cou»] par Madiambal Diagne https://xalimasn.com/abdoul-mbaye-da-ci-taxx-riip-par-madiambal-diagne/
6 https://www.usip.org/sites/default/files/file/resources/collections/commissions/Chad-Report.pdf
7 Mahamat Hassan Abakar, entretien janvier 2017.
8 Report of the Commission of Inquiry 1992, p. 93.
9 Amnesty International Annual Report 1996.
10 Mahamat Hassan Abakar, entretien 2017.
11 Africa South of the Sahara 2016.
12 Amnesty International Annual Report 1992.
13 Amnesty International Annual Report 1993.
14 Amnesty International 1996.
15 https://www.hrw.org/news/2005/01/20/chadian-feared-torturer-removedun-mission-cote-divoire
16 http://tchadoscopie.over-blog.com/article-22856273.html
17 Bronner 2014.

18 https://www.hrw.org/sites/default/files/reports/chad1013frwebwcover_0.pdf, p. 260.
19 Clément Abaifouta, entretien téléphonique mars 2017.
20 https://www.hrw.org/legacy/campaigns/chile98/precedent.htm
21 Reed Brody, entretien Skype, mars 2017.
22 Bronner 2014.
23 https://www.hrw.org/legacy/campaigns/chile98/precedent.htm
24 Ibid.
25 https://www.hrw.org/news/2015/04/27/chronology-Habre-case
26 Yonis Mahadji, entretien janvier 2017.
27 Magliveras 2014, p. 427.
28 https://www.hrw.org/news/2000/10/26/chad-Hissene-Habres-victimsdemand-justice
29 http://foreignpolicy.com/2010/03/09/inside-a-dictators-secret-police/
30 https://www.hrw.org/news/2003/08/01/belgium-universal-jurisdiction-lawrepealed
31 https://www.hrw.org/news/2012/03/29/Habre-case-qa-belgium-v-senegal
32 https://www.hrw.org/legacy/pub/2006/french/cat051806.pdf
33 https://www.hrw.org/news/2015/04/27/chronology-Habre-case
34 Magliveras 2014, p. 428.
35 Reed Brody, entretien mars 2017.
36 http://www.un.org/apps/news/story.asp?NewsID=38993#.WFfYiVxrZBI
37 Clément Abaifouta, entretien téléphonique mars 2017.
38 http://www.bbc.com/news/world-africa-17508098
39 Reed Brody entretien July 2015.
40 http://www.jurist.org/paperchase/2012/07/icj-rules-senegal-must-try-orextradite-former-chad-dictator-Hissene-Habre.php
41 http://www.nytimes.com/2012/07/21/world/africa/senegal-to-prosecute-former-president-of-chad-Hissene-Habre.html
42 Magliveras 2014, p. 443.
43 Reed Brody, entretien Skype, mars 2017.
44 http://forumchambresafricaines.org/docs/Statute_of_the_Extraordinary_African_Chambers.pdf
45 Holvoert et de Hert 2012, p. 235.
46 Ibid.
47 McAuliffe 2011, p. 5.
48 McAuliffe 2011, p. 2.
49 Williams 2013, p. 1149.

50 Ibid., Article 3 jurisdiction.
51 https://www.hrdag.org/content/chad/State-Violence-in-Chad.pdf, p. 15.
52 http://www.peaceandjusticeinitiative.org/implementation-resources/command-responsibility
53 Phil Clark, entretien April 2017.
54 http://www.chambresafricaines.org/index.php/le-coin-des-medias/communiqu%C3%A9-de-presse/496-mission-parquet-general-en-belgique.html
55 http://www.chambresafricaines.org/index.php/le-coin-des-medias/communiqu%C3%A9-de-presse/495-mission-parquet-general-au-tchad.html
56 http://www.bbc.com/news/world-africa-23119658
57 https://www.theguardian.com/global-development/2013/jul/11/Hissene-Habre-chad-justice
58 Henri Thulliez, entretien Skype, 2017.
59 Ibid.
60 http://www.smallarmssurveysudan.org/fileadmin/docs/working-papers/SASCAR-WP43-Chad-Sudan-Libya.pdf, p. 147.
61 https://www.hrw.org/news/2015/03/25/chad-Habre-era-agents-convictedtorture
62 Magnien 2015.
63 Ibid.
64 https://www.reuters.com/article/us-chad-habre-accomplices/chad-court-convicts-habre-era-security-officials-of-war-crimes-tortureidUS-KBN0ML1UM20150325
65 Magliveras 2014, p. 445.
66 Jean-Bernard Padare, entretien janvier 2017.
67 Reed Brody, entretien Skype, mars 2017.

3

LES CHAMBRES AFRICAINES EXTRAORDINAIRES

Le 19 juillet 2015, j'ai fait mes valises et je suis partie pour un vol de nuit Londres–Dakar, au Sénégal, via le Maroc. En tant que journaliste indépendante, il est toujours difficile de prendre la décision de réserver des vols et hôtels chers et de laisser une jeune famille derrière soi. Qui est vraiment intéressé par cette histoire ? Aurai-je assez de commissions pour couvrir mes dépenses ? Et après dix ans d'expérience dans la couverture médiatique d'affaires juridiques africaines, quelle est la probabilité que le procès ouvre pendant une heure, assisterons-nous à des procédures juridiques complexes qui causeront l'ajournement de l'affaire pour deux mois ? Puis-je me permettre de prendre ce risque ? Mais après huit ans de reportage sur le Tchad, qui avait inclus de nombreuses histoires sur les détails des tentatives alambiquées de traduire Habré en justice, je me suis sentie obligée d'être là.

Reed Brody de HRW m'avait fortement encouragée à venir avant l'ouverture du procès, mais alors que l'avion décollait dans le ciel sombre au-dessus de Casablanca, avec quatre heures de retard et juste trois heures avant l'ouverture de la cour, je m'inquiétais toujours que les rumeurs selon lesquelles Habré avait l'intention de ne pas se présenter au procès pussent s'avérer exactes. Mes craintes ont été partiellement apaisées lorsque je suis arrivée, privée de sommeil, le lendemain matin devant les imposantes portes du Palais de Justice au centre-ville de Dakar, à un jet de pierre de la mer et de la maison d'arrêt du Cap Manuel où Habré avait passé les deux dernières années en détention ; des hordes de journalistes, d'équipes de tournage et d'anciens collègues étaient entassées aux portes ; de toute évidence ils s'attendaient tous à ce qu'il se passe quelque chose. De souriants policiers sénégalais vérifiaient les cartes d'identité et faisaient entrer un certain nombre de journalistes, y compris moi, bien que je n'eusse pas encore sécurisé l'accréditation pour les procédures judiciaires. Le processus semblait détendu et ouvert.

À l'intérieur du bâtiment, des foules de militants de la société civile et d'avocats sénégalais se promenaient en sirotant du café dans des gobelets en carton. Nous avons passé nos sacs dans un scanneur d'aéroport et nous sommes rapidement entrés dans l'impressionnante salle d'audiences principale pour échapper à l'étouffante humidité qui régnait à l'extérieur. Environ cinq différentes équipes de tournage installaient leur matériel de tous les côtés de la pièce, des flashs clignotaient et des câbles électriques traversaient le sol. Une grande partie des sièges placés à gauche portaient la mention « Presse », mais les journalistes rassemblés étaient trop excités pour s'asseoir. De l'autre côté, j'ai aperçu Jacqueline Moudeina, toujours aussi élégante dans sa toge, une foule de journalistes lui tendant des micros. À quelques mètres de là, Clément Abaifouta discute avec l'équipe de HRW. Un homme étonnamment grand, maigre, vêtu d'une toge, avec un afro négligé, fait les cent pas le long du banc à l'avant de la pièce, l'air intense.

« Qui est-ce ? », ai-je chuchoté à un journaliste tchadien qui était à Dakar avec l'aide financière du Consortium de sensibilisation des CAE, chargé de veiller à ce que le procès bénéficie du maximum de publicité au Tchad.

« C'est Ciré Clédor Ly, l'ancien avocat de Habré. Mais je crois qu'il l'a viré… ».

« Ah bon ? ». Confuse, j'ai parcouru la salle du regard, anxieuse de ne pas voir l'homme le plus attendu de la journée. « Où sera Habré ? »

« Là-bas », dit le journaliste tchadien. À l'avant de la salle, il y a un seul fauteuil en cuir noir, en face du banc des juges. Deux robustes agents de sécurité sénégalais se tiennent debout, les bras croisés, fixant le vide. De l'autre côté de la pièce, une petite bousculade survient. Un des fils les plus célèbres du Tchad, le réalisateur

Mahamat-Saleh Haroun, vêtu d'une chemise blanche et de lunettes de soleil agite les bras devant un auxiliaire de justice.

« Que se passe-t-il ? », chuchotais-je à mon collègue tchadien.

« Il veut filmer, il fait un documentaire. Mais la Cour dit que nous n'avons le droit d'utiliser que les images de la retransmission officielle de la Cour ; après cette séance d'ouverture, toutes les autres caméras seront interdites ».

J'ai eu le cœur brisé et avec lui, mes espoirs de faire mon propre documentaire sur l'affaire. Dix mois plus tard, j'ai vu le documentaire d'Haroun, un magnifique mais déconcertant documentaire sur les victimes de Habré, intitulé *Hissein Habré : une tragédie tchadienne*. Tout à l'honneur des CAE, même ce grand homme n'avait pu les persuader de le laisser filmer.

Une heure plus tard, nous étions encore là. La salle chauffe et les journalistes semblent à court de questions. Quelques personnes s'assoient sur des chaises et s'éventent le visage avec des blocs-notes. D'autres entrent et sortent par intermittence, prennent plus de café. Je commence à me demander si tout cela n'est pas une monumentale perte de temps.

Soudain, une échauffourée éclate dans un coin de la pièce. La foule assemblée bondit, les téléphones caméras à l'affût. Les équipes de télévision courent dans le tribunal, les câbles et les techniciens du son à leur suite. Je me tenais sur la pointe des pieds pour voir ce qui se passait. « Il est là ! » crie quelqu'un.

« Où ça ? » Je ne pouvais pas le voir. Puis, j'ai trouvé réponse à cette question. Il était au beau milieu de l'agitation. Un éclair de blanc et je devine son impeccable « boubou » parfaitement drapé de la tête aux pieds. Sa tête est enveloppée dans un turban blanc couvrant son visage, et il porte des lunettes noires à monture dorée. À soixante-douze ans, il a encore quelque chose du dictateur au visage poupon. Sa posture est celle d'une poupée de chiffon, alors qu'il est balloté d'un côté et de l'autre par les agents de sécurité sénégalais. Plusieurs personnes (ses partisans, je présume) se dirigent vers l'avant de la cour en criant de manière histrionique. Pendant quelques secondes, je me contente de me tenir debout et de regarder fixement. Après toutes ces années à courir derrière cette histoire (rien, comparé aux vingt-cinq ans passés par Clément Abaifouta et Souleymane Guengueng à se battre pour la justice), il était difficile de croire que je voyais réellement Hissein Habré.[1]

Habré lève le poing sous les applaudissements des supporters, les gens sautent par-dessus des chaises pour le rejoindre. Il commence à crier. Je n'ai pu retenir que quelques mots dans le vacarme : « colonialistes » et « traîtres ». Une transcription ultérieure d'un enregistrement du brouhaha a révélé qu'il avait crié « À bas les impérialistes. [Ce procès] est une farce de politiciens sénégalais pourris. Des traîtres africains. Valet de l'Amérique ».[2]

Les agents de sécurité sénégalais semblent inquiets et tentent de le pousser dans le fauteuil en cuir. Je jette un coup d'œil derrière moi pour voir Jacqueline, Clément, Souleymane et l'équipe de HRW observer la scène. Finalement, les agents sénégalais reçoivent l'ordre de sortir Habré de la pièce. Lentement mais sûrement, ils l'ont poussé à travers la foule, ses partisans essayant désespérément de l'attraper. Il semble traîner les talons et replier ses épaules vers l'intérieur (peut-être pour exprimer de la soumission), mais je pense qu'il voulait renvoyer l'image d'un vieil homme faible et persécuté. Alors qu'il atteint l'entrée des cellules, il lève les bras en signe de triomphe et je remarque un chapelet dans sa main. Les supporters l'acclament une dernière fois, applaudissent frénétiquement alors que l'homme qui avait autrefois serré la main de Reagan est saisi par les jambes de la manière la plus indigne et transporté jusqu'à la porte des cellules par les agents de sécurité sénégalais. Il disparaît.

Après dix minutes supplémentaires de cris et de désordre des partisans de Habré qui tentaient de percer les rangs de la police, les partisans les plus agités ont été évacués par la police sénégalaise et la Cour est appelée. Les juges des CAE font leur entrée. Au centre, Gustave Gberdao Kam, un Burkinabé choisi comme juge président de la Chambre de première instance des CAE, est vêtu d'une toge rouge, blanche et noire. À côté de lui se trouve le procureur en chef Mbacké Fall. Kam demande calmement à la cour de s'asseoir. L'adrénaline est encore diffuse dans l'air lorsque l'imperturbable Kam commence un discours remarquablement calme dans lequel il annonce l'ouverture du procès et la décision d'ajourner jusqu'au lendemain afin de voir si Habré y assistera. Et c'est ainsi que nous avons tous été congédiés. Après la publication de quelques dépêches frénétiques sur le drame de la salle d'audience dans le *Guardian*, j'ai passé le reste de la journée à traîner à l'hôtel où se trouvaient Reed Brody et la plupart des militants de la société civile tchadienne. Personne n'était sûr de la signification de tout ceci, de ce qu'il fallait faire. S'agissait-il effectivement d'un ajournement ?

Le lendemain matin fut beaucoup plus calme. Le tribunal a été remarquablement rapide et bien organisé, et cette fois le juge Kam a eu la prévoyance de veiller à ce que Habré soit conduit sans fanfare à son fauteuil en cuir avant que quiconque n'arrive. Du blanc éclatant était à peine visible derrière la faction d'agents de sécurité sénégalais vêtus de noir et masqués. J'ai jeté un coup d'œil à Souleymane Guengueng qui était perché sur le banc des parties civiles à côté de Reed Brody ; Guengueng pleurait doucement et Reed avait son bras autour de son épaule.

Les journalistes reçoivent l'ordre de s'asseoir, les caméras sont interdites. Kam semble déterminé à maintenir les procédures sur la bonne voie. Cependant, cette session ne dura pas longtemps. Le juge Kam tente à plusieurs reprises de s'adresser à Habré, qui reste silencieux, provocateur. Maître François Serres, l'avocat français officiel de Habré, est présent au fond de la salle, et lui aussi refuse de s'adresser à la cour au nom de Habré. Serres déclarera plus tard au journal *Le Monde* que sa stratégie est « une défense de refus »[3] et maintient la position de Habré selon laquelle les CAE étaient un tribunal illégitime, une « farce » aux motivations politiques dans laquelle Habré était un « bouc émissaire ». La décision de garder le silence semble être une stratégie risquée qui aboutirait probablement à une condamnation incontestée de Habré, mais, de nouveau, Habré ne dit rien et ne réagit pas lorsque le juge Kam l'informe que le tribunal est ajourné pendant quarante-cinq jours afin de permettre à l'équipe nommée par le tribunal, avocats commis d'office, de préparer sa défense. L'équipe est constituée de maîtres Mbaye Sène, Abdou Gning et Mounir Ballal, tous du barreau de Dakar. La décision du juge Kam est suivie d'une série de discours éloquents et passionnés prononcés par des avocats européens chevronnés venus représenter la société civile tchadienne. Il y a le Français William Bourdon et le Belge Georges-Henri Beauthier qui déclarent que l'ajournement de quarante-cinq jours risquait de « bafouer à nouveau la justice ».

Kam écoute patiemment, mais maintient ensuite sa décision de renvoyer la session du tribunal. Une autre scène déplaisante s'est produite, avec des affrontements entre des groupes partisans de Habré et certaines des victimes. Tandis que Habré est à nouveau soulevé bien au-dessus de la mêlée par les agents de sécurité sénégalais, continuant à jouer son rôle de momie martyrisée parfaitement en place dans sa robe blanche, les supporteurs ont commencé à chanter et à applaudir. Lorsqu'il atteint les portes des cellules et qu'on l'y pousse, il lève la main et fait le V de la victoire, ce qui met la foule en extase. C'est un geste remarquablement choquant à l'égard des victimes et de leurs représentants légaux qui sont assis tranquillement de l'autre côté de la salle. Certains d'entre eux ont commencé à partir. Jacqueline Moudeina me dépasse, je lui cours après pour obtenir un commentaire. « Jacqueline a quitté l'immeuble », me dit-elle, bourrue, tenant sa main en l'air pour signaler qu'elle ne voulait pas parler. Tout autour de moi, les correspondants se penchent sur leurs smartphones, à la recherche d'un coin tranquille pour un entretien téléphonique avec leur journal, leur station de radio, ou leur chaîne de télévision.

En fait, une fois le chaos apaisé, les groupes de victimes se sont montrés extrêmement flegmatiques face à ce report. Ils l'estimaient insignifiant, et il était important, au nom de la justice, que Habré ait une équipe de défense et un procès équitable. Nombre d'entre eux étaient tout simplement bouleversés après avoir vu Habré au tribunal, impuissant et sans pouvoir. « J'ai vécu une émotion profonde quand je l'ai vu là-bas », me dit Clément Abaifouta immédiatement après la fermeture du tribunal, semblant toujours sous le choc. « Toute la douleur et la souffrance que j'ai ressenties m'étaient revenues. Mais après vingt-cinq ans, voir quelqu'un qui t'a blessé dans cette position, cela a tout changé. C'est comme si j'étais au soleil et lui dans l'obscurité ».[4]

« Même si le report est de deux ou trois mois, ce n'est pas plus que les vingt-cinq années déjà passées dans l'attente de la justice », me dit Souleymane Guengueng. « Pendant son règne, il était comme un dieu. Tout le monde avait peur de lui. Personne n'aurait pu croire que cet homme qui ressemblait à un dieu pouvait si facilement être jugé ».[5]

Ce soir-là, je réussis à profiter de quelques moments de tranquillité avec Reed Brody à l'hôtel Sokhamon, sur la façade maritime de la presqu'île de Dakar. Nous avons bu une bière et avons regardé dans le noir au-dessus de l'Atlantique ondulant doucement et se frottant contre le rivage. Il était également optimiste quant au retard et à la tentative de Habré de contester la légitimité du tribunal. « Quelle ironie, comment peut-il dire que la cour est pleine d'impérialistes ? C'est lui qui a été soutenu par les États-Unis et la France pendant son règne, et ce sont les victimes tchadiennes qui ont été instrumentalisées dans cette machination. Tous les juges sont africains ! » a-t-il affirmé. Il estimait que les CAE avaient résolument montré leur engagement à poursuivre les procédures. « Partout en Afrique, ce sont les victimes qui comprendront qu'elles ont le pouvoir de donner de l'espoir aux gens ».[6]

Lorsque le procès reprend le 7 septembre 2015, l'excitation était plus palpable à l'idée que Habré parviendrait une fois de plus à perturber les événements. Sans surprise, l'ancien président a de nouveau refusé de quitter sa cellule. Encore une fois, le juge Kam a dû ordonner sa comparution par la force, et il a été transporté dans la salle d'une manière semblable à celle d'un martyr (et peut être une touche d'ironie) par ses désormais familiers agents de sécurité sénégalais.

Pendant les premières heures, il a continué à perturber, se battant avec les gardes et criant « Ferme-la ! Tais-toi » à un greffier qui lisait une liste d'accusations et les noms de certaines de ses victimes présumées. Une fois de plus, ses partisans l'ont acclamé en soutien. Toutefois, le juge Kam ne serait pas dévié de sa mission et après plusieurs avertissements sévères à la salle que les comportements perturbateurs ne seraient pas acceptés et que les perturbateurs seraient accusés d'outrage au tribunal, il a fait avancer les procédures. Bien que les trois avocats sénégalais nommés par le tribunal pour monter sa défense aient expliqué que Habré avait refusé de leur parler pendant les quarante-cinq jours ayant suivi le dernier ajournement, le juge Kam a néanmoins ordonné que l'affaire se poursuive.[7] À partir de ce moment-là, la dramatisation prit fin. Habré, dans son fauteuil en cuir noir, se terra dans un silence de plomb jamais brisé à ce jour.

Le tribunal s'est préparé pour trois mois de témoignages convaincants sur les horribles et effroyables événements qui ont eu lieu dans les prisons de la DDS de 1982 à 1990.

Le procès

Les preuves

Les premiers jours de témoignages ont constitué une sorte de « tour de chauffe ». Un historien indépendant tchadien, Arnaud Dingammadji, qui est l'un des seuls témoins de toute la phase de témoignage de quatre-vingt-dix jours à avoir mentionné le soutien américain et français à Habré dans les années 1980, a donné à la Cour une perspective historique du régime de Habré. Des témoins ont été convoqués pour donner un aperçu du caractère et des antécédents de l'ancien président, y compris une personnalité de l'opposition et ancien Premier ministre d'Idriss Déby, Jean Alingué Bawoyeu. Ensemble, ils ont peint le portrait d'un administrateur efficace, mais distant et froid qui, la plupart du temps, ne leur adressait pas la parole. Bawoyeu a souligné qu'il a du mal à imaginer que Habré n'ait pas été au courant de ce qui se passait.

Le septième jour, Mike Dottridge a commencé son témoignage en sa qualité de chercheur sur l'Afrique centrale pour Amnesty International de 1979 à 1986, puis en tant que responsable du programme Afrique (bien que le dossier sur le Tchad ait été confié à son collègue Stephen Ellis, malheureusement décédé juste quelques temps avant le début du procès). Un compte-rendu de la procédure judiciaire décrit son témoignage comme « caractérisé par son impeccable rigueur ».[8]

Les éléments de preuve qu'il fournit (dont les rapports faisant état de l'exécution de quatre-vingt-dix rebelles Codos et de cinquante et une personnes disparues dans le sud au cours du Septembre noir en 1984) semblent avoir impressionné la cour par l'attention portée à la vérification des faits et aux détails. « La plupart des preuves que nous avons recueillies provenaient d'exilés tchadiens qui sont arrivés à Paris, et nous avons scrupuleusement vérifié les faits. Nous essayions de comprendre et de construire la vraie image et non de simplement répéter tout ce que nous avions entendu », m'a dit Dottridge plus tard dans un bistrot à Londres par une soirée sombre de décembre.[9] Au tribunal, Dottridge a parlé avec éloquence de l'utilisation des femmes comme esclaves sexuelles et du choc de voir « de véritables squelettes » sortir des prisons de la DDS au début des années 1990 lorsque l'équipe d'Amnesty a été autorisée par le président Déby à poursuivre ses recherches dans le pays » ; ces images lui ont rappelé « la seconde guerre mondiale ». Il a ajouté que de nombreuses personnes sont mortes dans les prisons, non pas directement des suites de tortures, mais de mauvaise alimentation et de soins médicaux refusés. Dans son résumé des preuves recueillies tout au long des années 1980, il a mentionné un certain nombre de méthodes de torture telles que les « baguettes » et l'« arbatachar », ainsi que les preuves croissantes de disparitions, d'exécutions extrajudiciaires et d'exactions sur les populations locales par les troupes tchadiennes. Dottridge a décrit les méthodes de campagne utilisées par Amnesty dans les années 1980, qui consistaient principalement à envoyer des cartes de protestation sur des cas individuels de violation de droits humains par le biais de réseaux de membres. Les chercheurs d'Amnesty International ont également réalisé un certain nombre de reportages dans les médias où des préoccupations au sujet du Tchad ont été soulevées, et un certain nombre d'appels spécifiques ont été lancés, notamment en 1987 lorsqu'Amnesty a demandé la libération des prisonniers d'opinion et une enquête sur les décès en prison.

Dottridge a été soumis à un contre-interrogatoire approfondi par l'équipe de défense. Les questions portaient principalement sur les raisons pour lesquelles Amnesty n'a pas immédiatement adressé ses préoccupations au président ; à cela le chercheur d'Amnesty a cité un certain nombre de correspondances envoyés à la présidence, ainsi que des messages à Goukouni Oueddei lorsqu'il était président du Tchad au début des années 1980. Dottridge a confirmé que l'équipe n'a effectué qu'une seule visite au Tchad sous le règne de Habré, en 1985, mais, alors qu'elle était censée s'entretenir directement avec le président, la rencontre a été annulée au dernier moment apparemment parce qu'il recevait son homologue congolais. L'avocat de la défense Mounir Ballal a tenté de poursuivre l'argument selon lequel Amnesty International avait manqué d'indépendance et semblé suggérer une conspiration entre HRW, Amnesty et la Commission Vérité de 1992 ; il a demandé à plusieurs reprises s'il existait une « similitude » entre les rapports de la Commission de Vérité et les brefs exposés présentés par Amnesty dans les années 1980. Il a semblé suggérer qu'Amnesty et le président de la Commission, Mahamat Hassan Abakar, avaient travaillé ensemble « de façon étroite »[10] et a cité un secrétaire d'État américain qui a déclaré qu'Amnesty soutenait la politique étrangère américaine ; néanmoins, il y avait eu une longue histoire du soutien américain pour Habré pendant les années 1980. Dottridge a déclaré à la Cour qu'il avait effectivement rencontré le président de la Commission lors d'une visite en 1991, ils avaient alors discuté des violations de droits humains dans les années 1980, mais qu'il avait perdu contact avec lui par la suite. Il a dit à la cour que sa relation avec Reed Brody n'avait guère été plus qu'une rencontre fortuite à Bruxelles des années après qu'il ait cessé de travailler pour Amnesty en 1995. « Il [Ballal] avait certainement besoin d'avoir accès à des informations plus précises concernant les politiques et pratiques d'Amnesty dans les années antérieures à 1991 », m'a affirmé Dottridge après le procès.[11]

Les témoignages d'Amnesty ont été suivis d'une présentation exténuante de trois jours par l'ancien président de la Commission Vérité tchadienne, Mahamat Hassan Abakar. Il a expliqué comment la Commission s'était acquittée de sa tâche, en découvrant des fosses communes, en interrogeant d'anciennes victimes, et en détaillant ce qu'elle avait découvert sur les cas de torture et de violations de droits humains dans les prisons. Il a expliqué comment ils en étaient arrivés au chiffre de 40.000 morts, et sa présentation était accompagnée d'un film de la Commission montrant des os et des crânes dépassant du sol à l'emplacement de l'une des fosses communes. Interrogé sur la responsabilité directe de Habré pour ce qui se passait dans les prisons de la DDS, Abakar a déclaré à la cour que Saleh Younouss, ancien directeur de la DDS, lui a confirmé que c'est l'ancien président lui-même qui a choisi les directeurs du service, et qui a transformé l'agence en « un instrument de terreur ».[12] Abakar a donné des détails sur les affirmations selon lesquelles le président aurait directement ordonné d'exécuter des personnes et s'est porté garant de l'authenticité de certains des documents découverts par HRW.

Le témoignage d'Abakar a été interrompu par un chahuteur, un neveu de Habré, Mahamat Togoi, qui s'est levé et a crié « Menteur, traître ! » pendant qu'il faisait son discours. Fidèle à sa promesse quant à la bonne marche du processus judiciaire, le juge Kam a rapidement condamné Togoi à cinq mois de prison pour outrage au tribunal. Abakar a ensuite été soumis à une série de questions de la part des avocats de la défense de Habré. Ils ont prétendu qu'il avait été trop proche du président Déby, que son langage était partial et que le rapport n'avait été rédigé qu'en tant qu'outil politique pour discréditer Habré. Ils lui ont demandé pourquoi il n'avait pas fait pression pour que les recommandations de son rapport soient mises en œuvre, ce à quoi il a répondu qu'il n'était pas un « surhomme » et que, compte tenu du climat politique qui régnait à l'époque au Tchad, il n'avait pas l'énergie nécessaire pour se battre. « En 1992, je n'attendais rien du rapport... Nous avons très tôt vu que Déby avait commencé à utiliser les mêmes méthodes que Habré », m'a plus tard dit Abakar au cours d'un entretien au Tchad, huit mois après le verdict. Les avocats de la défense ont également contesté son utilisation du chiffre de 40.000 morts (calculé en supposant que la Commission n'avait parlé qu'à 10% des victimes) comme étant peu fiables. « Je maintiens ce chiffre. Personne n'a dressé de liste, mais je suis absolument sûr que nous avons toujours sous-estimé ce chiffre », a déclaré Abakar lors de mon interview avec lui. « Le contre-interrogatoire par les avocats de la défense était fatigant. Je comprends qu'il [Habré] ne collaborait pas, et qu'ils devaient faire quelque chose. Mais leur stratégie semblait être destinée seulement à dénigrer tout ce que je disais ».[13]

Il a été suivi par l'enquêteur belge Daniel Fransen, qui a effectué une visite d'enquête au Tchad à la suite du dépôt du cas de compétence universelle en Belgique par un groupe de victimes tchadiennes. Fransen a expliqué en détail comment lui et son équipe avaient travaillé au Tchad, visitant les sites des fosses communes et recueillant les dépositions de témoins. Son témoignage a été suivi par l'expert en statistiques Patrick Ball, qui avait accompagné l'équipe d'enquête des CAE au Tchad en 2013. Son travail consistait à calculer le taux moyen de mortalité dans les prisons de la DDS au cours des années 1980, sur la base des documents de la DDS saisis. Il a déclaré à la Cour que le taux de mortalité avait été de 90 à 400% plus élevé que la moyenne tchadienne, avec un taux de mortalité quotidien moyen de 0,6% pour 100 détenus. Il a atteint (le 23 juin 1988) un pic de 2,37 morts pour 100 détenus. Il a comparé ces taux de mortalité à ceux enregistrés chez les soldats américains aux mains des Japonais et à ceux des soldats allemands capturés par les Russes pendant la seconde guerre mondiale.[14] Cependant, le vrai drame a commencé lorsqu'un ancien agent de la DDS, Bandjim Bandoum, est allé à la barre (le seul témoin de « l'intérieur » qui devait témoigner contre l'ancien chef devant les CAE après que le Tchad eut interdit l'extradition d'autres complices proches, dont la plupart sont emprisonnés à N'Djaména en 2015). Bandoum a rejoint la branche armée de la DDS en 1982 et a joué un rôle complexe dans les négociations avec un groupe de rebelles du sud, qu'il aurait trahis. Il a été désigné par la Commission d'enquête de 1991 comme l'un des quatorze tortionnaires les plus « impitoyables » de l'agence. Après plusieurs années passées à diriger des tortures et des interrogatoires, Bandoum a prétendu avoir souffert d'une dépression mentale, et lorsqu'il a tenté de fuir le Tchad, il s'est retrouvé dans une prison de la DDS. Finalement libéré et autorisé à retourner au travail, il a affirmé que son expérience en détention l'avait convaincu de révéler la vérité sur le système oppressif. Il a commencé à transmettre des informations à des contacts dans l'armée française et finalement les Français l'ont fait sortir du Tchad, et il a commencé une longue et difficile période d'exil à Paris.[15]

À la barre, Bandoum, un homme imposant et trapu, a parlé des conditions qui régnaient dans la « Cellule C », où les prisonniers étaient entassés et devaient souvent boire leur propre urine pour se désaltérer. Il a parlé du cas de Rose Lokissim, une jeune femme qui avait été prise en train de faire passer clandestinement des documents aux rebelles Codos et jetée dans une prison de la DDS. Le dernier jour de sa vie a été relaté de manière poignante dans les documents découverts par HRW, qui ont révélé que lors de son ultime interrogatoire, alors qu'elle avait été accusée d'avoir fait passer des messages à des proches sur les conditions dans les prisons, les agents de la DDS l'avaient trouvée « irrécupérable ». Elle avait alors dit que même si elle mourait, le Tchad la remercierait un jour. Bandoum a dit à la cour que son dossier avait été marqué « E » pour exécution. Il a confirmé que la torture était systématiquement pratiquée par la branche armée de la DDS, la BSIR, mais a affirmé qu'il n'avait personnellement jamais torturé ou tué personne. Il parle avec vivacité de « razzias » ou raids sur les villages où des agents de la DDS et de la BSIR ont confisqué des biens et chassé les gens de chez eux. Il a froidement relaté la manière dont on se débarrassait des cadavres en pleine nuit ; il a prétendu qu'il y avait d'autres fosses communes dont les CAE ignoraient l'existence. Il a parlé d'une commission spéciale qui avait été créée en 1987 pour cibler la communauté Hadjerai. Le témoignage de Bandoum sur la complicité de Habré était également important : il prétendait avoir vu l'ancien président au moins une fois au siège de la DDS, et était sûr que les dossiers individuels qu'il avait traités étaient transmis au président pour approbation et revenaient marqués « E » pour exécution, « L » pour liberté (libération) et « V » pour vu. À l'issue d'une séance certainement difficile pour les victimes qui avaient été contraintes d'écouter l'ancien agent de la DDS, Bandoum a fait appel à Habré, assis à quelques mètres de lui, pour lui demander de s'adresser au tribunal afin d'aider le Tchad à « tourner la page ».[16] Il a également sollicité le pardon des victimes, en ajoutant qu'il savait qu'« un pardon ne suffit pas ».

L'étape suivante du procès a porté sur la répression des communautés Hadjerai et Zaghawa vers la fin du règne de Habré. Le tribunal a entendu des témoins qui ont raconté des histoires bouleversantes de disparitions de membres de leurs familles dont ils n'ont plus jamais eu de nouvelles, et de méthodes de torture telles que l'« arbatachar » et la consommation forcée d'eau dans les prisons de la DDS. Zakaria Fadoul Kitir, professeur d'université à la retraite et représentant d'une autre association de victimes, était le principal parmi ces témoins. Il a été arrêté après avoir aidé un étudiant à corriger un essai, son crime étant d'être un Zaghawa ayant des liens avec Idriss Déby. Il a raconté les terribles conditions de détention en prison et la perte de sept de ses frères et demi-frères et sœurs au cours du pogrom contre la communauté Zaghawa. Le tribunal a également entendu Mahamat Nour Dadji, le fils d'Ahmat Dadji, un dirigeant politique Hadjerai arrêté à son domicile à minuit par le neveu de Habré, Guihini Korei, et Mahamat Djibrine (El Djonto), l'un des tortionnaires les plus redoutables de la DDS. À la fin de son témoignage, il s'est tourné directement vers Habré et lui a demandé pourquoi la DDS n'avait pas établi la culpabilité de son père avant qu'il ne soit tué. L'ancien président n'a pas réagi au-delà d'un léger tressaillement des pieds. L'épouse de Saleh Ngaba, l'éminent journaliste Hadjerai qui avait travaillé pour plusieurs médias internationaux et dont l'histoire avait été largement partagée par Amnesty International en tant que « prisonnier d'opinion », a témoigné de sa disparition.

Le tribunal a appris comment Hassan Djamous (le commandant de l'armée tchadienne qui allait devenir un héros de la lutte anti-Habré) est arrivé dans la ville de Bitkine, région de Guéra, territoire des Hadjerai, et a dirigé l'arrestation d'enseignants, de journalistes et d'infirmières, dont certains ont ensuite été torturés et exécutés pendant que d'autres ont été transférés à N'Djaména par avion militaire.

D'autres récits ont suivi, concernant des personnes forcées de creuser des fosses communes ou de préparer de la nourriture pour des milliers de prisonniers émaciés, et des exécutions de groupes de quinze ou plus de prisonniers dans la brousse. Mariam Hassan Bagueri a raconté à la cour la disparition de son mari, un éminent homme d'affaires Hadjerai qui avait précédemment vendu des véhicules à la présidence ; elle a affirmé au tribunal qu'on lui avait dit que Habré avait personnellement étranglé son mari. De nouveau, l'ancien président a refusé de répondre à cette accusation.[17] Alors que le tribunal suit l'évolution de la rébellion Zaghawa de 1989 contre Habré, dirigée par Idriss Déby et Hassan Djamous, Oumar Déby Itno, le jeune frère de l'actuel président, a donné son témoignage. Il a décrit comment, dans les jours qui ont suivi le déclenchement de la rébellion de Djamouss et Déby, des camions de soldats sont arrivés chez eux et ont capturé certains de ses frères et cousins, dont certains ont été tués par la suite. Il s'est échappé en sautant par-dessus un mur et en se cachant, pendant deux jours, dans la maison d'un voisin ; il a ensuite fui la ville.

Le témoignage sur le sort des Hadjerai a été suivi d'une séance troublante avec l'équipe de six enquêteurs argentins qui s'étaient rendus au Tchad lors de la mission préparatoire des CAE en 2013 pour exhumer et examiner certains sites de fosses communes. Le plus célèbre de ces sites était le charnier dit « Ferme de Deli » près de Moundou, dans la province du Logone Occidental. En 1984, au début du Septembre noir, environ 500 combattants des groupes rebelles Codos avaient été convoqués dans cet immense site agricole public pour discuter de la réconciliation et de plans de désarmement et de réinsertion dans l'armée tchadienne. Ils y sont restés plusieurs semaines, participant à des exercices militaires et remettant leurs armes. Apparemment convaincus qu'ils devaient prendre part à une cérémonie de réintégration qui leur permettrait de rejoindre l'armée nationale, au moins 200 combattants Codos s'étaient rassemblés sans armes dans les champs tôt un matin et ont ensuite été abattus dans une attaque-surprise par des éléments des FANT.[18] De nombreux employés de la ferme et des gens de la région qui étaient venus voir ce qui se passait ont également été tués dans le ratissage du site par l'armée. Selon le rapport de HRW, « Plaine des Morts »,[19] la population locale aurait enterré 203 personnes ce jour-là. L'équipe argentine d'excavation a déclaré aux CAE qu'elle avait découvert 21 corps, la plupart tués par balle, et que plusieurs d'entre eux avaient les mains liés dans le dos. D'autres montraient des signes d'agressions ante mortem. L'équipe a également confirmé qu'elle avait trouvé d'autres squelettes dans des tombes à Koumra et à Gadjira, également dans le sud, dont certains semblaient avoir été tués par balle. L'équipe argentine a confirmé n'avoir pas excavé tout le site de la « Ferme de Deli ».

Le massacre de Deli fait partie des événements de ce Septembre noir, la vague de répression contre les groupes rebelles qui a débuté en 1984, et qui a été examinée par le tribunal. Huit témoins ont décrit des attaques horribles contre des villages et des récits interminables de répression, de torture, d'assassinats et de disparitions. Le tribunal a entendu Mallah Ngabouli, un marchand de sucre accusé d'avoir donné de l'argent aux rebelles Codos. Il a été arrêté avec une quinzaine d'autres personnes, dont la plupart ont été exécutées. Des agents de la DDS l'ont attaché par le cou à l'arrière d'un véhicule et l'ont traîné à travers la brousse ; il a eu sa mâchoire et des dents cassées et une épaule disloquée. Il a été transféré au Camp des Martyrs où il a été gardé pendant deux semaines dans une cellule avec un cadavre. Trois années se sont écoulées avant sa libération, après une rencontre avec le président Habré, qui lui avait dit de ne pas garder de rancune. Un autre témoin a décrit les attaques soutenues contre le village de Koumra, que le ministre de l'Intérieur de l'époque, Brahim Itno, a décrit comme envahi de sympathisants des Codos.

Moutede Djim Hyngar a raconté à la cour des massacres de jeunes hommes, en montrant à celle-ci sa liste méticuleusement préparée de ceux qui étaient morts. Un témoin particulièrement convaincant a été Hissein Robert Gambier, qui est également apparu dans le film de Mahamat-Saleh Haroun cité précédemment. Gambier, dont le père est Français, a décrit comment il a passé cinq ans dans une prison de la DDS, accusé d'être Libyen à cause de sa peau claire. Craquant fréquemment et tremblant d'émotion, Gambier, qui a perdu une grande partie de ses facultés auditives après avoir subi la « baguette », et souffert de dysfonctionnement sexuel après avoir été pendu par les testicules, a estimé avoir compté 2.053 morts pendant son incarcération. Il a été affublé du sobriquet d'« homme qui court plus vite que la mort » pour avoir survécu cinq ans en prison.

Le tribunal a également entendu d'anciens rebelles et prisonniers de guerre du Nord capturés dans les combats entre le FAP de Goukouni Oueddei et les FANT dans la première partie du règne de Habré. Idriss Abdoulaye a décrit comment il a été fait prisonnier après une attaque du FAP contre le village de Kalait. Il fut ligoté avec un groupe de codétenus qui ont été abattus par des soldats du FANT ; il est le seul survivant. Ousmane Abakar était adolescent lorsqu'il a rejoint les rangs du FAP, juste avant l'attaque éclair contre la base de Habré à Faya-Largeau en 1983. Dans la brutale contre-offensive des FANT, il a été fait prisonnier et, avec plus de 1.000 autres personnes, transféré dans un camp près de N'Djaména. Abakar a parlé des conditions épouvantables en prison, où ses mains et ses pieds enflaient à cause de la malnutrition, et où les prisonniers qui l'entouraient sont morts de la diarrhée parce qu'aucun médicament n'était disponible. Abakar a raconté qu'un jour d'août 1983, il a vu au moins 150 détenus, pour la plupart des Arabes tchadiens et Gorane Kreda, être emmenés pour être « exécutés ». Ces détenus ont été conduits plus loin au village d'Ambing où ils ont été tués ; ce massacre notoire a été rapporté à la Commission Vérité de 1992 par le seul survivant, Bichara Djibrine Ahmat. Les prisonniers auraient été ligotés par groupes de cinquante, et abattus par des agents de la DDS, devant Guihini Korei et Abakar Torbo. Les corps ont été laissés là pendant plusieurs mois avant d'être enterrés à la hâte par l'armée. L'emplacement de la fosse commune a été découvert et fouillé par la Commission Vérité, dont les témoignages ont été mis à la disposition des CAE. Bichara Djibrine Ahmat, qui a témoigné devant les CAE qu'il avait vu Hissein Habré sur le champ de bataille à Faya-Largeau, a fait le récit suivant aux chercheurs de Mahamat Hassan Abakar en 1991 :

> Ils nous ont emmenés dans un endroit entouré de petits buissons épineux. Les soldats se sont alignés en demi-cercle autour de nous et ont ouvert le feu malgré nos cris et nos pleurs. Nous avons pleuré et supplié si fort que les gens des villages alentour nous auraient entendus si les cris n'avaient pas été couverts par le bruit des armes. Finalement, les cris ont cessé, mais la fusillade s'est poursuivie jusqu'à ce que plus personne ne bouge.

Beaucoup de ces prisonniers de guerre ont été maintenus en détention pendant toute la durée du règne de Habré (dans le cas d'Ousmane Abakar, pendant quatre ans et demi), bien que beaucoup d'autres les aient rejoints après l'attaque meurtrière des FANT contre la base libyenne de Ouadi Doum en 1987. Pendant cette période, seules de très rares visites du Comité international de la Croix-Rouge ont été autorisées dans une seule prison de N'Djaména,[20] et de nombreux prisonniers ont été effectivement cachés à la Croix-Rouge, en violation du droit international. Seuls cinquante-trois des prisonniers de guerre libyens capturés pendant les combats des années 1980 ont été enregistrés auprès de l'organisation.[21] Ousmane

Abakar et d'autres ont finalement été remis au CICR en 1987, où ils ont reçu des soins médicaux et une alimentation nutritive dont ils avaient grand besoin.

La violence sexuelle comme crime de guerre

Si les preuves déchirantes de torture, de disparitions et d'exécutions arbitraires sont déjà difficiles à entendre dans une salle d'audience, à partir du 19 octobre, le tribunal est saisi par le témoignage de quatre femmes emprisonnées en 1988 avec cinq autres femmes à la base militaire de Ouadi Doum, à environ 100 kilomètres au nord-est de Faya-Largeau dans le désert de la province d'Ennedi. Cette base a été envahie en 1987 par les troupes de Habré contraignant la Libye à un humiliant repli. Ici, ces femmes, Khadidja Hassan Zidane, Khaltouma Deffallah, Houawa Birahim Faraj (qui n'avait que treize ans au moment de son arrestation) et Hadje Merami Ali, ont dû faire la cuisine et aller chercher de l'eau pour un groupe de soldats tchadiens qui gardaient la base. Le soir, elles étaient victimes d'agressions sexuelles répétées et étaient effectivement considérées comme des esclaves sexuelles. Les quatre femmes se sont courageusement présentées devant le tribunal et ont témoigné. Khaltouma Deffallah, hôtesse de l'air à Air Afrique, a été arrêtée lors d'une brève escale à l'aéroport de N'Djaména par l'agent de la DDS Abakar Torbo. Elle a raconté au tribunal qu'elle avait laissé sa fille de huit ans avec un employé de maison à Abidjan et passé plus d'un an coincée à Ouadi Doum sans pouvoir la contacter. D'une voix tremblante, elle a relaté à la cour comment les femmes ont été utilisées comme esclaves sexuelles. Elle a ensuite exprimé sa fierté de pouvoir, après tant d'années, témoigner devant la cour. Hadje Merami Ali, arrêtée après un voyage en Libye et accusée d'avoir fourni des documents aux Libyens, a pleuré en décrivant comment sa fille de douze ans est morte des suites des violences sexuelles dont elle avait été victime.

Se tenant seule à la barre des témoins sous les lumières éblouissantes des caméras de télévision et le regard de toute la salle d'audience composée de partisans de Habré, de journalistes et presque exclusivement de juges et de fonctionnaires masculins, Houawa Birahim Faraj peine à décrire ce qui lui est arrivé. « La nuit, avez-vous été victimes d'abus sexuels ? » demande Mbacké Fall, le procureur en chef. « Je ne peux pas répondre à cela. Mes enfants me regardent à la télévision », répondit-elle. « Mais il y a bien eu des cas d'abus sexuels là-bas ? » Faraj est restée silencieuse, puis a répondu : « La mort était préférable à ce que nous avons dû traverser ».[22]

Mais c'est le témoignage de Khadidja Hassan Zidane, une belle femme d'une cinquantaine d'années, vêtue d'un foulard rouge et noir, qui a provoqué le plus grand choc. Khadidja a affirmé avoir été arrêtée et conduite à la présidence, où son frère, un pilote, était déjà détenu parce qu'il était soupçonné de liens avec la Libye. Ne semblant pas intimidée et refusant de témoigner à huis clos, Khadidja a expliqué qu'elle avait été victime de violences sexuelles à la présidence et a proposé de se déshabiller pour montrer au tribunal où précisément son agresseur lui avait donné des coups de poignard à la jambe et aux organes génitaux. Il a fallu plusieurs questions patientes, mais fermes du juge Kam pour établir exactement ce qui lui était arrivé, mais finalement, une Khadidja visiblement embarrassée a révélé que Hissein Habré lui-même l'avait violée quatre fois. L'ancien président est assis à quelques mètres d'elle, encore caché dans son boubou blanc éclatant, la main droite inclinée contre son visage, l'index tendu, regardant droit devant lui alors qu'elle raconte son histoire. Elle a dit à la cour que Habré portait un treillis le soir de l'agression et lui avait demandé de s'asseoir avant de la tirer par les cheveux et de l'agresser. Elle dit avoir résisté les deux premières fois, mais qu'après, elle a perdu la volonté de se battre contre lui.

Son récit, et le contre-interrogatoire d'une heure et quarante minutes de l'équipe de défense nommée par le tribunal a mené le deuxième jour, a provoqué des réactions désagréables dans la salle d'audience. Khadidja a répondu, avec détermination, à l'équipe de défense, sa voix s'élevant et s'irritant pendant que Mounir Ballal relevait avec force le fait qu'elle avait du mal à se souvenir précisément de sa date naissance et donc son âge. Ils ont mis en doute un certain nombre de contradictions apparentes entre le procès-verbal d'audition et son témoignage devant le tribunal, et ont demandé pourquoi elle n'avait pas révélé ce sombre secret auparavant.

Elle a dit à la cour qu'elle ne se souciait ni de sa date de naissance ni de son âge, et que la honte des viols était telle qu'elle n'avait, jusque-là, jamais dit à aucun des enquêteurs ce qui s'était passé. À un moment donné, elle a été soumise à un contre-interrogatoire par un avocat des parties civiles qui a posé cette étrange question : « Pourquoi avez-vous apporté une photo avec vous ? C'est pour montrer que votre beauté est à l'origine de tous vos problèmes ? » Alors elle a répondu : « J'ai apporté ma photo pour que Habré me reconnaisse, parce que la vieillesse n'a pas été tendre avec moi ». Elle a dit aux avocats de la défense que la DDS était comme les trois singes, celui qui ne voit pas le mal, celui qui n'entend pas le mal et l'autre qui ne parle pas du mal.

Les preuves de violence sexuelle ne s'arrêtent pas là. À plusieurs autres occasions, des femmes ont témoigné des traitements extrêmement cruels et dégradants qu'elles avaient subis. Fatime Limane, enceinte en détention, a décrit comment des soldats avaient inséré des baïonnettes dans son vagin, tuant son enfant à naître. Garba Akhaya a témoigné qu'une compagne de cellule avait reçu des chocs électriques aux seins et aux parties génitales, ce qui la rendait incapable de marcher. Plusieurs femmes ont été violées et maltraitées régulièrement par des soldats et des gardiens de prison. D'autres ont été forcées d'accoucher en prison sans aucune assistance médicale. Fatime Sakine a témoigné de son traitement dans « Les Locaux », où elle a été détenue avec une quinzaine d'autres femmes. Elle a été emmenée de sa cellule au bureau du directeur de la DDS, Saleh Younouss, pour y être si souvent violée qu'elle a reçu le sobriquet « Mme Saleh Younouss ». Clément Abaifouta a déclaré qu'il y avait même une pièce spéciale réservée dans la prison où les femmes pouvaient être violées.

Il existait un traitement similaire pour les hommes. Lorsque Souleymane Guengueng s'est finalement présenté à la barre pour décrire ses tortures, le tribunal a été saisi par son témoignage. Après vingt-cinq ans de bataille et un traitement aussi humiliant en prison, c'est clairement un moment d'émotion pour lui, mais c'est un homme remarquablement doux. Il se rend lentement à la barre, prend le temps de raconter son histoire et s'arrête pour réfléchir, comme s'il se souvenait de ceux qui sont morts à ses côtés. Il a raconté à la cour, d'une voix calme et claire, son expérience au Camp des Martyrs et à la prison du Camp de Gendarmerie où il a été pendu par les testicules et frappé avec des câbles électriques.

La voix de son codétenu Robert Gambier s'est transformée en sanglots et il essuyait ses larmes avec un mouchoir en racontant à la cour comment ses parties génitales, avaient, à plusieurs reprises, été attaquées. Ahmat Maki Outman a décrit comment il avait vu des agents de la DDS insérer des morceaux de bois dans le pénis de son compagnon de cellule. Le médecin français Hélène Jaffé, aujourd'hui âgée de quatre-vingt-trois ans, a témoigné au barreau à propos de son travail, qui a débuté au Tchad dans les années 1990, apportant un soutien physique et psychologique aux victimes de torture. Elle a parlé des signes de torture et de mauvais traitements qu'elle avait découverts, y compris des cicatrices et des blessures non traitées, qui avaient causé à de nombreuses victimes une douleur généralisée constante. Elle a témoigné qu'elle avait traité de nombreux hommes qui montraient des signes d'abus sexuel et qu'elle avait guéri un certain nombre d'entre eux qui avaient souffert en conséquence de dysfonctionnement sexuel.

Le témoignage de Khadidja Hassan Zidane était d'autant plus choquant qu'elle n'avait jamais, au cours de l'une ou l'autre des sessions préparatoires des témoins avant l'ouverture officielle des CAE, accusé Habré lui-même de l'avoir violée. Il était souvent fait état d'abus sexuels et de viols pendant le règne de Habré, mais une attention particulière n'avait pas été portée aux histoires des femmes au fur et à mesure que l'affaire se préparait. Leurs témoignages semblaient avoir été recueillis de la même manière que tous les autres témoignages, sans attention particulière, et les femmes qui avaient fait des allégations d'abus sexuels (un aveu extrêmement honteux dans une société comme le Tchad) n'avaient reçu aucun soutien officiel. Ne voulant apparemment pas révéler leurs sombres secrets avant d'y être forcées, c'était comme si l'expérience d'être convoquée à Dakar pour témoigner, l'immensité et la gravité d'une procédure judiciaire officielle, avait déclenché dans l'esprit des femmes quelque chose qui les avait convaincues que le moment était enfin venu de briser le silence qu'elles avaient si douloureusement gardé pendant près de trente ans.

Ces révélations inattendues ont semblé susciter un certain examen de conscience de la part de l'équipe juridique de la cour. Les statuts fondateurs des CAE ont donné compétence aux tribunaux pour juger les affaires de crimes contre l'humanité, qui comprenaient le viol, l'esclavage sexuel, la prostitution forcée, la stérilisation forcée ou toute autre forme de violence sexuelle d'une gravité comparable.[23] Toutefois, l'acte d'accusation émis contre Habré par les juges d'instruction en février 2015 (pour crimes de guerre, crimes contre l'humanité et torture) ne l'accusait pas explicitement de viol ou d'autres formes de violence sexuelle comme crime de guerre, crime contre l'humanité ou acte de génocide ou torture. Un certain nombre de groupes de défense de droits humains et de groupes de campagne se sont emparés de cette omission. En octobre 2015, alors que le procès était en cours, une coalition de dix-sept groupes, dont la Fondation Panzi du docteur Denis Mukwege, qui a reçu de nombreux prix pour son travail de soutien aux victimes de violences sexuelles, a écrit une lettre ouverte aux CAE pour exprimer sa consternation devant le fait que le tribunal ne prête pas l'attention qu'il fallait à une utilisation « systématique » des violences sexuelles (y compris contre les hommes) dans les années 1980 au Tchad. « Ne pas poursuivre Hissein Habré pour crimes sexuels serait une occasion historique manquée ; cela priverait un grand nombre de victimes de la reconnaissance des crimes qu'elles ont subis parce qu'elles sont des femmes », ont affirmé ces groupes.[24] L'impact dramatique du témoignage des femmes, en particulier les allégations de viols et de maltraitance d'enfants, a encouragé d'autres avocats et groupes de soutien juridique à travers le monde à tenter en dernière minute de persuader les CAE de changer son orientation. Quelques jours à peine avant que le dernier témoin ne se présente à la barre en décembre 2015, un groupe de seize avocats, dont le juge sud-africain Richard Goldstone, qui avait servi au TPIY, Patricia Sellers, conseillère à la CPI, et Madeleine Rees, secrétaire générale de la Women's International League for Peace and Freedom, ont envoyé un « amicus curiae brief » au tribunal, demandant que les charges contre l'ancien président soient modifiées à la lumière des nouveaux éléments émanant du témoignage des victimes de violence sexuelle. Le mémoire exposait les options à la disposition du juge, fondées à la fois sur les dispositions du statut du tribunal et sur le droit international coutumier.[25] Le mémoire a été préparé par Human Rights Centre de l'Université de Californie à Berkeley, sous la direction de l'avocate Kim Thuy Seelinger. Il a demandé à la Cour d'examiner les allégations de viol et d'esclavage sexuel et de « les qualifier adéquatement de crimes contre l'humanité, de crimes de guerre et d'actes de torture » en utilisant le droit international coutumier.[26] Il a présenté de nombreux exemples de jurisprudence applicable, notamment l'intégration du viol et des crimes de violence sexuelle dans les poursuites à Nuremberg et également au TPIR et au TPIY. Bien que le mémoire ait d'abord été bien accueilli dès sa réception par le juge Kam, les militants craignaient que son objectif n'ait été mal compris. Il a finalement été convenu qu'il pouvait être utilisé pour conseiller les avocats des parties civiles, et qu'il le serait en fait dans la présentation sommaire des parties civiles. Toutefois, il n'a jamais été enregistré, apparemment en raison d'une limite au nombre de pages autorisées. « Nous sommes heureux au moins qu'il semble que notre proposition aura une influence indirecte sur le travail du tribunal, et nous sommes très heureux », a déclaré Seelinger, déçue à l'époque.[27] Les militants et les avocats devaient attendre le verdict en mai 2016 pour voir si leur dur labeur allait influencer d'une quelconque manière les conclusions des CAE sur le viol et les violences sexuelles.

Les trois derniers témoins ont été appelés à témoigner devant les CAE entre le 14 et le 16 décembre 2015. Le tribunal a entendu Oumar Goudja, un homme d'affaires Zaghawa arrêté en 1989 à son retour du Cameroun et soupçonné de soutenir Déby et Djamous. Soumis à des coups de fouet, des décharges électriques et des coups, il a été emprisonné pour le reste du règne de Habré dans « Les Locaux ». Il affirme avoir passé du temps en Cellule C avec le frère de Goukouni Oueddei, l'ancien président tchadien que Habré avait chassé du pouvoir en 1982. Le dernier témoin a expliqué comment des missions du BSIR s'étaient déroulées sous l'ordre du président. Il a affirmé que Habré était « au courant de tout ce qui se passait chaque matin et à l'heure du déjeuner ».[28]

Son témoignage a mis fin à trois mois extraordinaires de preuves accablantes qui ont ébranlé de nombreuses personnes. Quatre-vingts témoins et victimes s'étaient présentés à la barre, ainsi que dix témoins experts. Épuisés, les avocats, les juges, les parties civiles et les victimes ont écouté le juge Kam ajourner le tribunal jusqu'à la sommation des preuves prévue en février 2016. Les faits ont montré, sans l'ombre d'un doute, la brutalité des actes de violence et des violations de droits humains perpétrés dans les années 80 au Tchad, ainsi que l'ampleur nationale des événements qui ont eu lieu. Il semblait inconcevable que la CAE puisse arriver à autre chose qu'à un verdict de culpabilité. Cependant, la grande question qui préoccupait tout le monde était de savoir si la responsabilité personnelle de Hissein Habré lui-même avait été prouvée de manière convaincante. « Il n'y a pas de preuve irréfutable », avait déclaré Reed Brody à l'époque.[29]

Pendant la phase de témoignage du procès, de nombreuses tentatives ont été faites pour apporter la preuve d'un lien direct entre le président et les violations de droits humains au-delà des dispositions générales de la clause de responsabilité du commandement. L'expert en graphologie Tobin Tanaka a été appelé pour donner son avis sur la question de savoir si certains des ordres écrits tirés de la pile de documents de la DDS pouvaient être remontés jusqu'au président. Le plus notoire était une lettre effrayante en réponse à une demande du CICR de rendre visite à des prisonniers de guerre, où l'on pouvait lire : « Aucun prisonnier de guerre ne doit quitter la maison d'arrêt, sauf cas de décès ». Tanaka a confirmé dans son avis d'expert que l'écriture de cette lettre correspondait à celle d'un certain nombre de documents connus pour avoir été signés par le président. Il y a eu bien sûr le fameux décret présidentiel n° 5 de janvier 1983 portant création de la DDS, et dix témoins ont attesté avoir rencontré Habré en prison, ou y avoir été envoyés par lui.

Olivier Bercault de HRW qui, avec Reed Brody, avait découvert l'énorme cache de documents de la DDS jetés dans l'ancien quartier général de la DDS à N'Djaména, a confirmé au tribunal qu'ils avaient découvert 1.265 communications directes entre la DDS et le président sur les situations individuelles de 898 détenus. Il a cité en exemple un document qui décrit en détail la fourniture frauduleuse de papier hygiénique et de quelques pots de tomates saisis par la DDS, comme preuve du niveau de détail que Habré avait reçu.[30] Le tribunal a également entendu des témoignages détaillés de la contre-attaque contre Faya-Largeau, ville prise par le GUNT en 1983 (de nombreux témoins ont déclaré que c'est Habré lui-même qui avait commandé les FANT au combat et qu'il avait été présent pendant de longues périodes). Mianmbaye Djetoldia Dakoye a témoigné qu'il avait vu l'ancien président dans la salle où un certain nombre de prisonniers de guerre étaient gardés et l'avait entendu dire aux gardes que ces prisonniers étaient des « bambins » et que les soldats pouvaient « faire ce qu'ils voulaient » avec eux.[31] Le massacre du village de Ngalo au sud, où soixante-dix personnes ont été tuées par les FANT en 1985, était également un cas important. Selon un témoin, les troupes étaient revenues une semaine plus tard avec un message direct de Habré affirmant qu'il n'avait pas ordonné le massacre (ce qui fut utilisé par l'équipe de la défense pour démontrer que Habré avait essayé de faire cesser les abus). Cependant, selon les témoins, le président a ordonné que les deux soldats qui avaient permis le massacre soient eux-mêmes exécutés comme preuve de sa bonne volonté envers les villageois. Ils furent tués.

La plaidoirie

Le 8 février 2016, les avocats de la CAE entament une semaine de synthèse. Deux mois se sont écoulés depuis la fin de la phase de témoignage, mais les émotions sont encore vives. Au cours de la phase de synthèse, les avocats des parties civiles sont revenus sur la question de démontrer sans aucun tout doute possible le lien entre l'ancien président et les crimes. Marchant en toute confiance jusqu'à la barre, Jacqueline Moudeina a présenté à la cour un organigramme expliquant comment la DDS avait été créée. Cet organigramme place Habré au centre de la police secrète, avec un lien direct de communication avec des personnalités telles que Saleh Younouss et El Djonto. L'avocat tchadien, Maître Philippe Houssine, également au nom des parties civiles, a rappelé à la cour comment Saleh Younouss, ancien directeur de la DDS, a expliqué aux commissions d'enquête de 1992 comment Habré avait personnellement défini les objectifs de la DDS, que « petit à petit, le président lui-même a donné une nouvelle orientation à sa direction et en a fait un instrument de terreur ».[32] El Djonto a dit à la même équipe d'enquête que c'était le président lui-même qui donnait les ordres. Les nombreux témoignages attestent avoir vu Habré en personne au siège de la DDS près du palais présidentiel, son pouvoir de nommer les directeurs (dont, par exemple, son propre neveu Guihini Korei) et comment il considérait la DDS comme sa propriété. L'avocat suisse Alain Werner, directeur du groupe de plaidoyer Civitas Maxima et représentant les parties civiles, a brandi la note trouvée dans les archives de la DDS décrivant l'agence comme la « toile d'araignée qui couvrira tout le territoire tchadien » et comme les « yeux et oreilles du Président ». Il a également attiré l'attention sur une interview de l'ancien président au journal tchadien *Al-Watan* dans les années 1980, déclarant que ses ennemis seraient démasqués, détruits et « écrasés ». Parfois, la synthèse des avocats des parties civiles a frôlé le mélodrame. L'avocat tchadien Maître Laminal Ndintamadji a rappelé à la cour les faits incontestables de soldats abattus à Ambing, mais a ajouté que la DDS était comme la Gestapo et a comparé Habré à Hitler. L'avocat des parties civiles Assane Dioma Ndiaye a déclaré que ce qui s'est passé au Tchad était pire qu'au Rwanda et au Congo. Là encore, la question de l'absence d'attention particulière accordée au viol et à la violence sexuelle dans le procès a été portée à l'attention des juges.

La synthèse des parties civiles a été suivie des conclusions de l'équipe d'accusation. Le procureur en chef Mbacké Fall a conclu que les preuves étaient accablantes et a rappelé au tribunal que la DDS a été créée par un décret présidentiel. L'accusation a soutenu que Habré est individuellement responsable par sa complicité et son incitation à ces activités, même s'il ne les a pas toutes menées personnellement. Fall a requis une peine d'emprisonnement à vie pour l'ancien président, ainsi que la confiscation de ses biens. Le procureur Moustapha Ka a de nouveau clarifié le concept juridique de responsabilité de commandement ou « supérieur hiérarchique », ce qui signifie qu'en tant que chef de l'État et de l'armée, Habré était le garant ultime des obligations conventionnelles internationales du Tchad, y compris celles édictées par la CAT des Nations unies. Il a fait valoir qu'il n'avait pas fait assez pour faire cesser les crimes commis pendant son mandat et que, sur cette seule base, la preuve de sa culpabilité est « indéniable ».[33]

Le dernier jour, l'équipe de défense nommée par le tribunal a pris la parole. L'argument de leur défense repose en partie sur la remise en cause de la crédibilité de certains témoins critiquant, par exemple, le travail du chef de la Commission Vérité de 1992, Mahamat Hassan Abakar. Leur deuxième stratégie consiste à soutenir qu'il est impossible de prouver que l'ancien président était au courant de tout ce qui se passait à tout moment sur l'immense territoire tchadien, y compris les massacres dans le sud qui, d'après eux, se sont déroulés pendant son pèlerinage du Hajj en 1984. À l'issue de leur déposition, le juge Gustave Gberdao Kam a clos la session et informé le tribunal qu'il se retirait pour délibérer sur le verdict qui serait rendu le 30 mai 2016.

Le verdict et la condamnation

Le jour du verdict, un lundi, l'atmosphère dans la grande salle d'audience du Palais de Justice de Dakar est tendue. L'accusation et les parties civiles avaient-elles assez prouvé la responsabilité directe de Habré dans les crimes commis par la DDS au Tchad dans les années 1980 ? Jusqu'à présent, les CAE se sont montrées remarquablement disciplinées et ont maintenu un calendrier serré, mais on craint le report du verdict. Comment réagiraient les différentes parties ? Hissein Habré brisera-t-il enfin son silence ? « Nous ne pouvions pas envisager la possibilité qu'il ne soit pas reconnu coupable (les preuves étaient si solides) », a déclaré Reed Brody.[34]

D'habitude, nous préparons deux communiqués de presse au cas où l'affaire tournerait dans le mauvais sens – comme dans *Citizen Kane* où il y a deux premières pages prêtes à partir, l'une annonçant sa victoire politique et l'autre son échec possible (mais cette fois nous n'avons pas prévu un communiqué de presse disant que nous avions perdu). Nous sommes confiants, pourtant les juges n'avaient jamais montré leur main, il y avait eu des erreurs dans les preuves et des choses qui n'avaient pas été révélées. Nous craignions qu'il ne prenne que cinq ans ou qu'il soit libéré sous caution.

En fin de compte, ces craintes sont apaisées pour la plupart. L'allocution du juge Kam a été brève et concise. Habré est reconnu coupable sur la base de sa participation à une entreprise criminelle conjointe contre l'humanité, comprenant les crimes sous-jacents de meurtre, d'exécutions sommaires, de disparitions forcées, de torture et d'actes cruels et inhumains. Il est condamné pour le crime autonome de torture. La Chambre a en outre conclu que Habré était lié par la responsabilité de commandement des crimes de guerre, consistant en meurtres, traitements cruels et inhumains, détention illégale et torture. Il est acquitté de l'accusation de transfert illégal de prisonniers. Il est par ailleurs reconnu coupable, au titre de la responsabilité pénale individuelle, d'avoir, en sa qualité de commandant en chef de l'armée, ordonné l'exécution de soldats à Ngalo.

De grandes avancées ont été obtenues sur la requalification des accusations de viol et de violence sexuelle qui avaient été omises dans les actes d'accusation initiaux. Premièrement, l'ancien président est reconnu coupable d'avoir directement commis un viol et des actes de torture contre Khadidja Hassan Zidane, la femme qui l'avait accusé de manière si choquante d'avoir, à quatre reprises, personnellement abusé d'elle. Malgré l'affirmation de la défense selon laquelle son témoignage n'avait pas été fiable, le tribunal a conclu que la raison pour laquelle elle n'avait pas parlé des viols avant que l'affaire ne soit portée devant le tribunal était sa pudeur et qu'elle avait peur des conséquences pour sa famille. Il a été rappelé à la cour qu'elle avait immédiatement après, parlé à une amie des agressions. Sur le type de responsabilité que Habré portait pour les autres crimes de violence sexuelle en évidence, le tribunal a noté que si le viol, la violence et l'esclavage sexuels ne relevaient probablement pas du but criminel commun de l'entreprise criminelle commune, qui était de réprimer toute opposition, ils constituaient néanmoins un risque prévisible volontairement pris par Habré. Il a donc été reconnu coupable de ces crimes dans le cadre de la « troisième catégorie » d'entreprise criminelle conjointe, où la responsabilité est fondée sur la prévisibilité et la prise volontaire du risque qu'un crime en dehors de l'entreprise commune est commis.[35] Cependant, les CAE ne l'ont pas condamné pour avoir utilisé le viol comme crime de guerre.

Le juge a parlé de milliers de victimes et du rôle central que l'ancien président avait joué dans le contrôle des décisions de la DDS. Il a particulièrement fait remarquer l'attitude dédaigneuse de Habré à l'égard de la cour par le port persistant d'un turban couvrant son visage et son refus de parler ou de se lever à l'ouverture et à la clôture des séances. Hissein Habré a été condamné à une peine d'emprisonnement à perpétuité ; quinze jours ont été accordés à son équipe de défense pour préparer un appel. Il a soupiré fort et levé les yeux vers le plafond. Les victimes, les témoins et les avocats des parties civiles ont eu du mal à contenir leur joie. Quelques secondes après que le juge Kam eut fini de parler, la salle d'audience a petit à petit commencé à laisser éclater des cris de joie, des ululations et des chants. Clément Abaifouta, Jacqueline Moudeina, Delphine Djiraïbé et Souleymane Guengueng sourient avec lassitude, des centaines de caméras de téléphones sont allumées et les gens se serrent la main et s'embrassent. Habré est conduit hors du tribunal par ses amis sénégalais, le poing serré, une fois de plus levé en signe de défi.[36] Il est difficile de croire que c'est vraiment la fin d'une bataille de vingt-cinq ans. « Cela en valait la peine », a déclaré Jacqueline Moudeina. « Je me sentais si fière ce jour-là. Je n'ai jamais laissé tomber. Je savais qu'un jour on y arriverait ».[37]

• • •

Il a fallu plusieurs semaines avant la publication du jugement écrit complet, un document de 681 pages qui relate tous les éléments de preuve qui ont été soumis à la cour. Ce document donne le contexte juridique et historique complet du procès et décrit en détail l'affaire, le droit international et la classification juridique sur lesquels repose le statut fondateur. Il revient en détail sur l'épineuse question de la responsabilité individuelle, compte tenu du fait que l'acte d'accusation initial concernait Habré et cinq coaccusés sur la base d'une « entreprise criminelle commune », les cinq coaccusés de la DDS n'ayant pas été présents à Dakar lors du procès. Finalement, il a conclu que Habré avait fait partie d'une entreprise criminelle commune, avec le BSIR et la DDS, dont l'objectif était de sévir contre les opposants, et a de nouveau jugé Habré responsable de leur création en publiant le décret présidentiel du 18 octobre 1982 et en nommant tous les agents d'élite de la DDS. L'argument de la défense selon lequel l'organisme était sous le contrôle du ministre de l'Intérieur a été rejeté. Il a conclu que Habré avait « exercé un contrôle direct et total sur la DDS depuis sa création » et qu'il avait été prouvé qu'il recevait quotidiennement des dossiers détaillés de ce qui se passait dans les prisons.[38]

Sur la question de la responsabilité du supérieur hiérarchique, le jugement revient aux exigences selon lesquelles l'accusé doit être déclaré responsable s'il sait ou a des raisons de savoir qu'un crime a été commis par des subordonnés sous sa responsabilité et qu'il n'a pas pris de mesures suffisantes pour empêcher la perpétration de ce crime. Le tribunal a estimé que, de par son rôle de chef des armées et, à partir de 1986, en tant que ministre de la Défense, il avait été suffisamment prouvé qu'il existait une ligne de commandement directe entre lui et la DDS. Il est conclu qu'il avait la responsabilité directe de la DDS et des FANT, ce qui conférait le niveau de connaissance requis sur ce que faisaient les agences. Il est constaté que l'ancien président est physiquement présent lors de plusieurs batailles contre le GUNT près de Faya-Largeau en 1983 et qu'il avait parfois dirigé personnellement les FANT, et qu'il n'y a aucun doute qu'il était au courant du nombre de prisonniers de guerre et de mauvais traitement que ses soldats leur avaient réservé. En outre, il a conclu qu'il avait des raisons de savoir que les massacres de prisonniers de guerre tels que ceux d'Ambing pourraient avoir lieu. En effet, le tribunal a prouvé que Habré était responsable des violations de droits humains au Tchad dans les années 1980 selon trois modes de responsabilité – responsabilité de commandement, responsabilité personnelle et dans le cadre d'une entreprise criminelle commune. Toutefois, il est important de garder à l'esprit que si le tribunal avait été suffisamment en mesure de prouver la responsabilité de commandement – ce qu'il semble avoir fait, et que la défense n'a même pas essayé de contester cette responsabilité [39] – cela seul aurait suffi comme preuve de la culpabilité de Habré.

Les appels à l'indemnisation

Une fois le verdict rendu, les CAE se sont penchées sur la question difficile de l'indemnisation des victimes. Tous les avocats des différents groupes de parties civiles ont demandé à la Cour des réparations « adéquates, efficaces et rapides » pour 1.049 victimes directes et 3.684 victimes indirectes, proportionnelles au degré de gravité des crimes commis contre elles.[40] HRW avait déjà fait valoir que des régimes d'indemnisation similaires avaient été efficaces pour les victimes de violations de droits humains en Argentine et au Chili dans les années 1970, et que la CVR (Commission Vérité et Réconciliation sud-africaine) avait fait des suggestions similaires. Les victimes de Habré ont été classées en fonction de ce qui leur était arrivé – par exemple, victimes de viol, victimes d'esclavage sexuel, et victimes d'arrestations arbitraires. Les avocats représentant Clément Abaifouta et ses collègues ont également déposé une requête pour que 30% de la valeur totale de ces sommes disponibles pour les réparations soient affectés à la construction d'un monument et d'un musée pour les victimes de Habré au Tchad et garantissent que le règne de Habré soit enseigné comme une période historique dans les écoles tchadiennes. En fait, la question de « restitution, d'indemnisation et de réadaptation » collective ou individuelle, est prescrite dans le Statut des CAE et est un principe du droit international.[41] Le Statut ordonne également la création d'un Fonds au profit des victimes afin d'inviter les contributions volontaires de donateurs étrangers et d'ONG en soutien aux victimes.

Il fallut encore deux mois au juge Kam pour rappeler le tribunal et annoncer les conclusions des CAE sur l'indemnisation des victimes. Le tribunal a ordonné à Habré de verser au total environ 81 millions d'euros (97 millions de dollars) à ses victimes, avec des montants allant de 30.490 euros (36.600 dollars) aux victimes de viol, 22.865 euros (27.440 dollars) aux victimes de torture, de détention arbitraire et chaque ancien prisonnier de guerre maltraité et évadé, à 15.243 euros (18.290 dollars) pour chaque victime indirecte, dont la plupart étaient les proches des personnes disparues, incarcérées ou torturées. Ces sommes ont été accueillies avec tiédeur par plusieurs avocats des parties civiles, comme Jacqueline Moudeina, qui avait initialement réclamé environ 270 millions d'euros (324 millions de dollars) d'indemnisation. Elle est également déçue qu'aucune indemnisation collective ne soit accordée et que certaines victimes n'aient pas été en mesure de se porter parties civiles, ou de prouver suffisamment leur identité et ne soient donc pas indemnisées. D'autres sont plus philosophes : « L'argent ne ramènera jamais mes amis », a déclaré Souleymane Guengueng sur le site web Justice Hub, « mais l'argent est important pour guérir les blessures, sortir les victimes de la pauvreté et montrer que nous avons des droits qui doivent être reconnus ».[42]

Malgré le verdict rapide de la Cour, la question de savoir d'où viendrait l'argent de l'indemnisation allait prendre plus de temps. Peu de progrès ont été réalisés dans l'exécution d'une ordonnance rendue par le tribunal de N'Djaména en 2015 à l'issue du procès des agents de la DDS. L'État tchadien a été condamné à 75 milliards de francs CFA (125 millions de dollars) de dommages et intérêts, mais le pays traverse toujours une grave crise économique causée par la baisse mondiale du prix de pétrole. Au moment de la rédaction du présent ouvrage, peu de progrès ont été réalisés dans la mise en place du Fonds d'affectation spéciale au profit des victimes, qui invite les dons volontaires de partenaires étrangers. L'un des principaux écueils est l'imprécision du Statut des CAE sur les responsabilités de la création du Fonds fiduciaire, et sur l'endroit où il doit être accueilli.[43] Bien que le Fonds ait été créé sur le papier par l'UA en juillet 2016, après la dissolution de la Chambre d'appel des CAE, il a été résolu que la question sera tranchée par un « comité de pilotage ». Toutefois, cet organe n'a pas encore été mis en place, plusieurs réunions étant prévues à l'UA et une conférence des donateurs ayant été reportée. L'organisation britannique de défense des droits humains Redress, qui aide les victimes de torture à obtenir justice et réparation, a envoyé un mémoire d'« amicus curiae » aux CAE avec des conseils sur l'établissement de précédents fonds fiduciaires, dont un en Afrique du Sud après la CVR. Selon Nader Diab de Redress, le statut temporaire des CAE a rendu difficile la poursuite des réparations : « Le problème que nous avons, c'est que le tribunal se trouve dans un pays et rend une ordonnance de réparation dans un autre pays (Tchad). Cela soulève des questions de souveraineté ».[44]

Il s'est également avéré extrêmement difficile de retracer les actifs de Habré. La question du recouvrement de l'argent volé par Habré a été abandonnée, car les CAE ont dû limiter la portée de leurs enquêtes par manque de budget et de temps. La trace écrite découverte par Mahamat Hassan Abakar au début des années 1990, qui portait principalement sur la nuit où Habré a ordonné à son frère d'encaisser un chèque à la BEAC avant son départ en exil, n'avait identifié qu'environ 6 millions d'euros (7,2 millions de dollars) comme ayant été volée. La Commission Vérité a également identifié quelques autres petites sommes, dont un don d'un million de dollars de Saddam Hussein à l'ancien président. Bien qu'il s'agisse de sommes importantes au Tchad en 1990, son PIB étant à peine de 0,5 milliard de dollars, elles sont loin des réparations ordonnées par les CAE. À l'annonce du verdict d'indemnisation, une seule maison de luxe appartenant à Habré et deux petits comptes bancaires avaient été saisis par le tribunal, pour un montant total inférieur à 900.000 euros (1,08 million de dollars).[45] Au-delà de cela, il existe remarquablement peu d'informations sur ce qui est arrivé à l'argent. Une équipe de chercheurs de HRW a jusqu'à présent fait des découvertes de peu d'importance. Vingt-cinq années d'obscurité politique à Dakar ont été largement suffisantes pour que Hissein Habré se mette à l'aise grâce à un réseau complexe d'investissements, souvent au nom des membres de sa famille. Au fil des années, il y a eu de nombreuses accusations (voir chapitre 2) selon lesquelles il avait pu utiliser ses gains mal acquis pour rembourser une série de personnalités juridiques et politiques afin de s'assurer de ne jamais être traduit en justice. Selon Nader Diab, le traçage des avoirs est généralement effectué par des équipes juridiques spécialisées, mais il s'agit souvent d'activités extrêmement coûteuses. Bien qu'il soit possible d'engager un organisme des Nations unies comme l'Office des Nations unies contre la drogue et le crime pour mener une enquête, peu de choses ont été fait jusqu'à présent. Il y a aussi une question morale délicate (et non résolue) de savoir si les biens volés à l'État (comme l'étaient les millions de Habré) devaient être rendus à l'État ou accordés aux victimes. En l'absence d'organe permanent chargé de surveiller et d'assurer le suivi de ces questions, il semble difficile d'imaginer que les victimes obtiennent réparation dans un avenir proche. « Je suis étonné de voir à quel point nous en savons peu sur l'argent de Habré », a dit Nader Diab.[46] « Nous pouvons habituellement commencer ces choses avec quelques pistes, mais dans ce cas-ci, nous n'avons vraiment pas grand-chose ».

L'appel

En décembre 2016, les trois avocats de la défense nommés par le tribunal sénégalais ont officiellement notifié aux CAE qu'ils souhaitaient faire appel du jugement et de la condamnation à perpétuité de Hissein Habré. Une audience formelle d'appel doit débuter le 9 janvier 2017. Une fois de plus, Moudeina, Abaifouta, Guengueng et Brody, ainsi qu'une poignée de braves victimes, ont fait leurs valises et sont partis pour Dakar. La Chambre d'appel est composée d'un président, le Malien Wafi Ouagadeye, et de deux juges « assesseurs », Matar Ndiaye et Bara Guèye, tous deux Sénégalais, et ont tous été nommés par l'UA. C'est dès le début un processus étrange, car Habré lui-même semble ne pas vouloir faire appel. Poursuivant sa politique obstinée de non-coopération depuis sa cellule de prison, il refuse simplement de parler, mais les avocats ont quand même décidé d'y aller et de lancer l'appel en son nom.

Le Statut des CAE prévoit des appels fondés sur des questions de procédure, des erreurs factuelles et lorsque les droits de l'accusé sont considérés comme violés. La demande de la défense s'articule principalement autour d'objections pour des motifs techniques. La plus importante d'entre elles était que l'un des juges sénégalais siégeant à la Cour des CAE, Amady Diouf, n'avait pas les dix années d'expérience requises par le statut fondateur des CAE. Le fait que le juge d'instruction belge Daniel Fransen ait été autorisé à témoigner devant le tribunal, en violation de la séparation au Sénégal entre le juge d'instruction et le juge de poursuite, a également fait l'objet d'objections, ce qui a mis en lumière une confusion sur qui du droit sénégalais ou international devait avoir la priorité. Deux autres objections sont liées au fait d'une part que les victimes ont été autorisées à se présenter au tribunal avant leur témoignage, ce qui, selon la défense, peut « contaminer » leur témoignage,[47] et d'autre part au fait que le témoignage de Khadidja Zidane, la femme qui a directement accusé l'ancien président de viol, déviait des allégations de sa déclaration sous serment d'avant le procès.[48]

Plus généralement, certains thèmes de la ligne de défense abordés par la Chambre de première instance sont apparus dans l'appel. Il s'agit notamment de la notion de conspiration entre la Commission Vérité de 1992, la Cour et HRW, des points d'interrogation sur la responsabilité ultime de la répression exercée par l'armée en septembre 1984 et de l'argument selon lequel la DDS était en fait placée par le président sous le contrôle du ministre de l'Intérieur de l'époque. Il y avait également une allégation selon laquelle généralement les droits de Habré ont été violés par diverses erreurs de procédure, y compris des erreurs dans l'identification des victimes. Dans le même temps, les parties civiles ont également déposé un recours devant la Chambre d'appel au motif que les réparations accordées par la Cour en juillet 2016 étaient insuffisantes et devaient être réexaminées. Ils ont de nouveau demandé l'octroi de réparations collectives.

L'audience en appel a duré quatre jours et elle a plutôt concerné les groupes de victimes. À son retour au Tchad après l'audience d'appel, Jacqueline Moudeina m'a dit qu'elle craignait « qu'il n'obtienne une réduction de peine, quelque chose d'insignifiant comme cinq ans », et Reed Brody a exprimé sa crainte que les peines plus légères ne n'obèrent en grande partie la guérison inspirée par la condamnation initiale. Ces craintes semblent avoir été aggravées par la déclaration du ministre sénégalais de la Justice Sidiki Kaba, au lendemain du verdict de culpabilité de mai 2016, selon laquelle Habré pourrait bénéficier d'une grâce présidentielle de Macky Sall une fois le tribunal des CAE dissolu.[49] De plus, le statut fondateur des CAE prévoyait qu'en cas de condamnation, Habré devait effectuer sa peine au Sénégal ou dans un autre pays membre de l'UA, alimentant les spéculations qu'il pourrait être transféré dans un pays tiers comme le Maroc, bénéficiant éventuellement de conditions plus souples telles que la résidence surveillée où sa famille pourrait le rejoindre.

En fin de compte, comme pour la conviction initiale, ces craintes étaient infondées. Le jeudi 27 avril 2017, la longue saga de la bataille pour traduire Hissein Habré en justice prend enfin fin. Lors d'une brève audience à laquelle Habré a refusé d'assister, la Chambre d'appel des CAE a confirmé la majorité des verdicts de culpabilité prononcés contre lui, rejetant tout appel de l'équipe de la défense fondé sur une erreur technique et procédurale. Le seul point faible a été la décision d'annuler la condamnation pour la commission directe d'un viol contre Khadidja Zidane, l'affaire qui a électrisée le tribunal lorsque cette dernière avait, au cours de la phase de témoignage des CAE et contre toute attente, accusé Habré de l'avoir personnellement violé à quatre reprises lors de son témoignage. En expliquant sa décision, le juge malien Wafi Ouagadeye a déclaré que, bien que le tribunal ait cru au récit de Zidane, la condamnation ne pouvait pas être confirmée, car le Statut des CAE ne permettait pas l'ajout de nouveaux faits ne figurant pas dans l'acte d'accusation initial.[50] En confirmant la majorité du verdict, le tribunal a conclu qu'il ne devait y avoir aucune réduction de peine, même en cas de rejet de la condamnation pour viol. Habré semblait finalement condamné à passer le reste de sa vie derrière les barreaux.

Pour les victimes, ce fut un grand soulagement. Devant le tribunal, portant une grosse bague en or massif et un chapeau de feutre sombre, marchant avec après des années en détention, Souleymane Guengueng a dit aux journalistes : « Je me bats pour ce jour depuis ma sortie de prison, il y a plus de vingt-six ans. Aujourd'hui, je me sens enfin libre ».[51] Toutefois, l'annulation de la condamnation pour viol a laissé un goût amer à certains, en particulier après ce qui avait été salué comme le succès notable de la Cour dans la requalification des charges initiales – qui avaient omis le viol et la violence sexuelle. L'affaire Khadidja n'a pas été explorée aussitôt après ses allégations inattendues devant le tribunal. L'arrêt de la Chambre d'appel a souligné avec force qu'il la considérait comme un témoin crédible, mais la condamnation annulée a conduit au soupçon de possibles pressions politiques pour épargner à Habré la honte d'entrer dans l'histoire comme un violeur condamné. « Je suis toujours ravie que les aspects de violence sexuelle aient été reconnus par le tribunal – il s'agit d'un élément majeur de jurisprudence », m'a dit, après le verdict Kim Thuy Seelinger. « Mais je ne comprends toujours pas pourquoi la violence sexuelle en tant que crime de guerre a été rejetée par le tribunal. Il reste un certain nombre de points obscurs ».[52]

Le verdict de la Cour d'appel a également statué sur un certain nombre de dispositions concernant réparations, ce qui pourrait maintenant impulser de sérieux progrès dans l'indemnisation des victimes, conformément au mandat de la Cour. En réponse à l'appel introduit par les parties civiles, le verdict a permis aux victimes qui n'avaient pas participé à la procédure ou qui n'ont pas pu prouver leur identité de demander des réparations au Fonds fiduciaire, élargissant les règles applicables à ceux qui avaient droit à une indemnisation pour inclure ceux qui ne pouvaient se constituer « partie civile ». Conformément à l'augmentation attendue du nombre de demandeurs, la décision a revu à la hausse le montant de l'indemnisation accordée, qui est passé d'environ 81 millions d'euros à environ 125 millions d'euros. La Chambre d'appel a demandé à l'UA d'activer le Fonds fiduciaire, et d'exécuter l'ordonnance de réparation et de commencer la recherche des biens non saisis de Habré. On ne sait toujours pas clairement qui est responsable en dernier ressort de ce Fonds d'affectation spéciale, même si les questions juridiques seront traitées par le Tribunal de Grande instance de Dakar. Au moment où j'écris ces lignes, aucune décision concrète n'a encore été prise quant à son lancement.[53] La Chambre d'appel a de nouveau rejeté les réparations collectives, et des fonds pour financer un mémorial dédié aux victimes et un musée – une demande essentielle du document d'appel des parties civiles. Il a également refusé d'aborder les questions de souveraineté concernant l'octroi de réparations par un tribunal basé au Sénégal aux victimes basées au Tchad, ou l'exécution de l'indemnisation accordée aux victimes par le tribunal de N'Djaména en 2015. Au début de 2017, Redress et ses partenaires ont envoyé un courrier au Rapporteur spécial des Nations unies sur la promotion de la vérité, de la justice, de la réparation et des garanties de non-répétition, accompagné d'une communication de Jacqueline Moudeina, exhortant le Rapporteur spécial à intervenir auprès du gouvernement tchadien et à faire appliquer ces réparations. En novembre 2017, Redress a également soutenu Clément Abaifouta, au nom de 7.000 victimes, en déposant une plainte contre le gouvernement du Tchad devant la Commission africaine des droits de l'homme et des peuples.

« Sans pouvoirs coercitifs ni accord avec le Tchad, la mise en œuvre des réparations ne peut avoir lieu », a déclaré Nader Diab de Redress peu après le verdict. « Il n'y a pas de loi contraignante qui oblige le Tchad à consentir à quoi que ce soit ».[54] Le verdict de la Cour d'appel a jeté les bases de l'établissement du Fonds d'affectation spéciale et a fourni aux avocats qui se battent pour l'argent des outils plus efficaces, mais la question de la mise en œuvre de l'octroi d'indemnités semble appelée à se poser pendant encore un certain temps.

Notes

1. https://www.youtube.com/watch?v=5oH7mBf651I
2. http://www.bbc.com/news/world-africa-33592142
3. http://www.lemonde.fr/afrique/article/2015/07/27/proces-Habre-c-estnotre-strategie-une-defense-de-refus_4700251_3212.html
4. Clément Abaifouta, entretien 2015 ; Blaise Djinadoum, entretien 21 juillet 2015.
5. Ibid.
6. Ibid.
7. http://www.bbc.com/news/world-africa-34172456
8. http://forumchambresafricaines.org/jours-7-8-mike-dottridge-temoinrigoureux-sur-les-crimes/
9. Mike Dottridge, entretien décembre 2016.

10 https://www.youtube.com/watch?v=D5u6BL2bvxw&list=PLdiYVTzvsP
WFD8s9yATKcapYT7keDWIb4&index=142
11 Mike Dottridge, e-mail 28 février 2017.
12 http://forumchambresafricaines.org/synthese-devant-les-cae-mahama-
thassan-abakar-chiffre-lhorreur-a-40-000-morts/
13 Mahamat Hassan Abakar, entretien janvier 2017.
14 http://forumchambresafricaines.org/synthese-devant-les-cae-mahama-
thassan-abakar-chiffre-lhorreur-a-40-000-morts/
15 Bronner 2014.
16 http://forumchambresafricaines.org/un-ancien-agent-de-la-dds-te-
moigne-jedemande-a-Habre-de-prendre-ses-responsabilites/
17 http://forumchambresafricaines.org/
laccuse-Habre-interpelle-sur-lesrepressions-contre-les-hadjarais/
18 https://www.hrw.org/sites/default/files/reports/chad1013frwebwcover_0.
pdf, p. 332.
19 Human Rights Watch 2013.
20 https://www.hrw.org/reports/2005/chad0705/chad0705.pdf, p. 10.
21 https://www.hrw.org/report/2016/06/28/enabling-dictator/
united-statesand-chads-Hissene-Habre-1982-1990
22 http://forumchambresafricaines.org/synthese-devant-les-cae-quatre-
femmesdeportees-a-ouadi-doum-temoignent-dabus-sexuels/
23 http://forumchambresafricaines.org/docs/Statute_of_the_Extraordinary_
African_Chambers.pdf, p. 2, Article 6.
24 http://www.refugee-rights.org/Assets/PDFs/2015/Open%20letter%20
-%20sexual%20violence.pdf
25 https://www.theguardian.com/global-development/2015/dec/22/
chad-Hissene-Habre-lawyers-sexual-slavery-rape-charges-trial
26 https://www.law.berkeley.edu/wp-content/uploads/2015/04/
MICUSCURIAE-BRIEF-OF-THE-HUMAN-RIGHTS-CENTER-
AT-THE UNIVERSITY-OF-CALIFORNIA-BERKELEY-
SCHOOL-OF-LAW-AND- INTERNATIONAL-EXPERTS
-ON-SEXUALVIOLENCE-UNDER-INTERNATIONAL-
CRIMINAL-LAW-Eng.pdf, p. 2.
27 https://www.theguardian.com/global-development/2016/feb/08/
Hissene-Habre-war-crimes-trial-defence-lawyers-begin-summing-up
28 http://forumchambresafricaines.org/
synthese-fin-des-temoignages-auproces-de-hissein-Habre/
29 Reed Brody, entretien février 2016.

30 http://forumchambresafricaines.org/un-ancien-agent-de-la-dds-temoigne-jedemande-a-Habre-de-prendre-ses-responsabilites/
31 http://www.chambresafricaines.org/pdf/Jugement_complet.pdf, p. 295.
32 http://www.usip.org/sites/default/files/file/resources/collections/commissions/Chad-Report.pdf, p. 66.
33 http://forumchambresafricaines.org/synthese-requisitoire-du-parquet-dansle-proces-de-hissein-Habre/, plus me at the court session.
34 Reed Brody, entretien mars 2017.
35 http://ilareporter.org.au/2016/07/the-case-of-Hissene-Habre-before-theextraordinary-african-chambers-alexis-brassil-hedger/
36 https://www.theguardian.com/world/2016/may/30/chad-Hissene-Habreguilty-crimes-against-humanity-senegal
37 Jacqueline Moudeina, entretien 2017.
38 http://www.chambresafricaines.org/pdf/Jugement_complet.pdf, p. 449.
39 Ibid., annexe I, p. 578.
40 Ibid., annexe I, p. 578.
41 http://forumchambresafricaines.org/docs/Statute_of_the_Extraordinary_African_Chambers.pdf, articles 27, 28.
42 https://justicehub.org/article/ex-chadian-dictator-Hissene-Habre-orderedpay-millions-victims
43 Nader Diab, entretien Skype, mars 2017.
44 Ibid.
45 https://justicehub.org/article/ex-chadian-dictator-Hissene-Habre-orderedpay-millions-victims
46 Nader Diab, entretien téléphonique mars 2017.
47 http://forumchambresafricaines.org/communique-de-presse-verdict-du-proces-en-appel-dans-laffaire-hissein-Habre-devant-les-cae/
48 Actes d'appel de la défense, p. 4.
49 http://www.lesoleil.sn/component/k2/item/50400-sidiki-kaba-ministre-dela-justice-c-est-un-proces-juste-et-equitable.html
50 https://www.theguardian.com/world/2017/apr/27/conviction-chad-Hissene-Habre-crimes-against-humanity-upheld
51 Ibid.
52 Kim Thuy Seelinger, entretien Skype, avril 2017.
53 http://www.redress.org/downloads/1704-Habre.pdf
54 Nader Diab, e-mail 4 mai 2017.

4

GUÉRISON À DOMICILE

C'est peut-être le tribunal le plus filmé de N'Djaména. Caché sous les pieds en béton d'un nouveau viaduc construit par les Chinois, grands investisseurs dans les gisements pétroliers du sud du Tchad, le siège de l'Association des victimes des crimes du régime Habré est un petit bâtiment en pisé avec une lourde porte qui semble presque constamment en usage. Chaque fois que je me suis rendue à la cour, elle bourdonnait d'activité comme présenté dans de nombreux documentaires et reportages au fil des années. En ce matin de janvier particulièrement lumineux et ensoleillé, un groupe de femmes est assis sur des nattes de raphia colorées, à même le sol poussiéreux, versant lentement le thé et partageant le pain, cousant et bavardant, repoussant les mouches sous une chaleur inhabituelle. Quelques hommes assis sur des chaises en plastique blanc parlent à voix basse. Un simple toit de tôle est tout ce qui protège la foule assemblée du soleil brûlant.

La planification est parfois informelle au Tchad, et j'avais supposé que le rendez-vous de 10 heures ne serait pas pris au pied de la lettre, mais il était évident dès mon arrivée que tout le monde m'attendait depuis un moment. J'ai reconnu plusieurs des femmes du film de Mahamat-Saleh Haroun, Hissein Habré : Une tragédie tchadienne.

Je suis retournée au Tchad en janvier 2017 pour savoir comment se sentaient les infatigables victimes de Habré huit mois après le verdict. Je voulais savoir si elles avaient pu passer à autre chose. Les horreurs du passé avaient-elles commencé à s'estomper des mémoires ? Habré, figure de terreur pour beaucoup, avait-il été neutralisé dans leurs imaginaires ? Le jour de mon arrivée 'était le lendemain de la clôture de l'audience d'appel à Dakar et tout le monde suivait nerveusement, craignant que l'ancien président obtienne une réduction de sa peine. Jean Noyoma Kovousouma, vice-président de l'association et adjoint de Clément Abaifouta, me serra la main et me sourit chaleureusement. Je l'ai reconnu à partir des vidéos de la procédure judiciaire à Dakar et je me suis souvenue de son témoignage sur ses sept mois à la prison du Camp des Martyrs après avoir été accusé d'être un collaborateur libyen. Il m'apportait une chaise en plastique de derrière un bureau dans une pièce en béton à l'intérieur du bâtiment, qui allait devenir mon bureau de fortune pendant les deux jours suivants. Hawa Guankargue, elle-même victime, m'apportait une grande bouteille d'eau, un plat en métal contenant une salade détrempée et une bouteille de yaourt à l'ananas sucré. Il y a une affiche annonçant le film de Mahamat-Saleh Haroun sur le mur. Je me suis mise au travail.

Le sentiment accablant que j'ai ressenti en m'adressante à la vingtaine de victimes réunies pendant deux jours pour me raconter leurs expériences était celle d'une patience à toute épreuve. J'étais consciente qu'ils avaient raconté leurs histoires à maintes reprises à tous les journalistes et cinéastes qui ont parcouru N'Djaména au fil des ans, et pourtant ils sont quand même venus. Nombre de ces victimes et proches de disparus ont voyagé à leurs frais pour assister au moins en partie à la phase de témoignage du procès à Dakar. Il semble extraordinaire pour qu'ils aient pu voir Hissein Habré dans le box des accusés, et que leurs histoires aient été prises au sérieux et leurs souffrances reconnues. « C'était horrible de le voir là-bas », a déclaré Khaltouma Daba, dont le mari a été arrêté par la DDS et a disparu à jamais, « mais nous étions satisfaits d'avoir obtenu justice à la fin. Cela a été une grande guérison pour moi ».

« J'ai pleuré quand je l'ai vu là-bas. C'était la première fois que je pleurais en public », a déclaré Naomi Minguebeye, une belle femme d'une cinquantaine d'années, veuve, qui a trouvé le corps de son mari ligoté et criblé de balles quatre jours après son arrestation par la DDS en 1984, lors du Septembre noir. « Tout le monde au

Tchad avait besoin de voir le procès. Je pense que cela va changer les choses ici, et dans le reste de l'Afrique. Maintenant, même les présidents savent qu'ils ne peuvent pas s'en tirer après avoir commis un meurtre ».

« Le procès m'a libérée. C'était comme si j'avais une faim qui ne pourrait jamais être rassasiée. Je devais voir cela se produire pour enfin être libre », a dit Fatimeh Tchanjdoum. « Je n'ai jamais cru qu'il serait vraiment là ; il était comme un Dieu au Tchad, et tout le monde était terrorisé par lui. Je l'ai vu assis là en train de se tortiller et de tripoter son écharpe, il était visiblement troublé. Cela m'a donné de l'espoir et a changé ma vie. Depuis le procès, j'ai recommencé à prendre du poids après de nombreuses années, et je me sens calme dans mon esprit ».

« Tout le monde se moquait de nous, les victimes », a dit un enseignant, Mahamat Moussa Mahamat, portant un boubou et un turban blancs typiquement tchadiens. « Ils pensaient que nous étions fous de croire qu'il serait un jour jugé. Maintenant, nous n'avons plus peur. Cela a tout changé – nous pouvons à nouveau faire confiance à nos amis et à nos familles ».

Mais malgré le fait que le jugement et la condamnation à perpétuité de Habré aient été très satisfaisants en ce qui concerne la correction de l'injustice historique, beaucoup de ceux à qui j'ai parlé à N'Djaména continuent d'être frustrés par l'absence de progrès sur les compensations. Comme nous l'avons vu au chapitre 3, une partie de l'arrêt des CAE rendu en mai 2016 promettait à près de 5.000 victimes directes et à leurs proches, des montants allant de 15.000 à 30.000 euros (18.000 à 36.000 dollars). De plus, un tribunal de N'Djaména a ordonné au gouvernement tchadien de verser la moitié de l'indemnisation de 150 millions de dollars promise aux victimes après la conclusion du procès des anciens agents de la DDS début 2015. Bien qu'il s'agisse là de mesures positives, peu de progrès ont été réalisés jusqu'à présent pour obtenir l'argent promis. Les CAE ont eu du mal à retracer les biens de Habré, et un fonds au profit de ses victimes, mandaté par le statut de la Cour, n'a toujours pas été établi. Le gouvernement tchadien n'a pas non plus été en mesure d'honorer ses engagements ; il est en prise avec une grave crise financière depuis 2014, lorsque le prix mondial du pétrole s'est effondré, laissant les finances publiques en lambeaux. Le pays dépend de l'argent du pétrole pour 70% des recettes publiques, et le gouvernement a été contraint de réduire les budgets, d'annuler des projets d'infrastructure et de suspendre le paiement des salaires des fonctionnaires, enseignants et magistrats. Le versement d'une indemnisation aux victimes de Habré n'est pas une priorité, et il semble peu probable que qui que ce soit reçoive cet argent dans un proche avenir.

De nombreuses victimes estiment que ces retards signifient que la justice n'est pas encore achevée et qu'une forme de restitution est nécessaire. « J'ai besoin de cet argent. J'ai tout perdu quand mon mari a disparu et je n'ai pu élever mes six enfants qu'avec l'aide de membres de ma famille », raconte Fatimah Oumar, dont le mari nigérian a disparu en 1989 après avoir été accusé de soutenir Idriss Déby et la rébellion Zaghawa. « Le gouvernement ne nous parle pas. Ils ne veulent pas nous aider avec de l'argent. Tous les jours, je vais m'asseoir près du pont de Kousseri pour vendre de l'huile d'arachide. C'est tout ce que j'ai ». « Avant, je valais des milliers de dollars. J'étais un grand homme d'affaires », affirme Hassan Ibrahim Adam, un homme un peu âgé qui marche avec une canne. Il a été fait prisonnier après s'être battu avec le GUNT près d'Adé et de Goz Beïda en 1984. « Ils ont tout pris chez moi après mon incarcération. Tous mes biens. Regarde-moi maintenant, je ne suis rien, je suis rabaissé. Je ne peux pas lui pardonner après tout ce que j'ai traversé ».

« Si j'ai un accident dans ma voiture, vous me payez une assurance. Une vie humaine ne vaut-elle pas tant que ça ? », questionne Mokhtar Abdellah, dont le frère aîné a disparu à Faya-Largeau en 1987. « Habré a volé notre argent, et nous voulons le récupérer. Les CAE doivent travailler plus fort pour recouvrer l'argent. Pourquoi n'y a-t-il rien dans le Fonds en fiducie ? Je n'accepte pas qu'il n'y ait pas d'argent disponible pour nous ».[1]

La société en général

Au-delà des réseaux de victimes directes, de témoins et de familles endeuillées qui ont su faire entendre leur voix partout dans le monde, il est plus difficile d'évaluer l'impact du procès Habré sur la société tchadienne dans son ensemble. Bien que le Consortium de sensibilisation des CAE (voir ci-dessous) ait produit plusieurs rapports sur les réactions et les émotions qu'ils ont rencontrées dans l'accomplissement de leur travail, aucune recherche académique sérieuse sur les retombées du procès au Tchad n'a été menée jusqu'ici. Une grande partie des points de vue tchadiens entendus sur le verdict vient du petit groupe de militants, d'avocats et de victimes aujourd'hui assez célèbres, tels que Jacqueline Moudeina, Clément Abaifouta et Souleymane Guengueng. (J'ai choisi de visiter le groupe de Guengueng et d'Abaifouta parce qu'ils sont les plus connus et les plus accessibles, bien qu'il existe en fait un autre groupe de victimes importantes qui n'a pas obtenu la même attention médiatique que celui de Guengueng et d'Abaifouta, ce qui soulève certaines questions sur qui choisit de parler pour les victimes et comment émerge un discours dominant.)

Afin d'approfondir l'impact du procès sur ceux qui ne sont pas directement touchés, j'ai décidé de demander à un assistant de recherche au Tchad, Augustin Zusanne, de recueillir un petit échantillon d'opinions de Tchadiens ordinaires de toutes conditions sociales. Je lui ai demandé de poser cinq questions sur le procès à vingt Tchadiens de N'Djaména, riches et pauvres, jeunes et vieux, femmes et hommes, employés et chômeurs. Ces questions sont : « Avez-vous suivi le procès Habré et pourquoi ? » ; « Quel impact le procès Habré a-t-il eu sur la justice tchadienne ? » ; « Les cinq autres coaccusés auraient-ils dû être envoyés à Dakar et pourquoi ? » ; « Est-ce que quelque chose aurait pu être fait différemment ? » ; « Que pensez-vous du rôle des États-Unis et de la France dans le maintien au pouvoir de Habré ? » Bien entendu, la portée de cette enquête était extrêmement limitée en raison de contraintes de temps et de budget et ne se voulait en aucun cas une analyse scientifique. Elle a néanmoins permis d'obtenir un certain nombre d'aperçus fascinants.

D'une manière générale, la plupart des personnes interrogées avaient suivi le procès de Hissein Habré avec une attention toute particulière à la télévision et dans la presse, avaient une connaissance impressionnante du tribunal et de son fonctionnement, et étaient satisfaites des CAE et du verdict prononcé. J'ai été impressionné par l'éloquence et les opinions confiantes exprimées par des gens ordinaires interrogés dans mon petit échantillon. Un commentaire très typique était celui de Christian Mbaidoum, un enseignant :

« Cela m'a vraiment rendu fier, non seulement de moi, mais aussi des victimes et de toute l'Afrique. Voir un homme qui avait fait tant de dégâts sur le banc des accusés, la tête baissée, même incapable de parler, c'est un signal très clair et réconfortant ». Un point de vue similaire a été exprimé par Bany Gonzemai, un jeune homme d'affaires : « Je pense que le jugement peut montrer que personne n'est intouchable, que chacun peut s'attendre à être un jour jugé pour ses actes ». « Il envoie un message à d'autres dirigeants africains qu'un mauvais leadership politique pourrait conduire à un procès similaire à l'avenir », a déclaré Gertrude Dany, étudiante.

Questions sans réponses

Malgré le succès manifeste des CAE dans la condamnation de Habré, les victimes et de nombreuses personnes interrogées dans les rues de N'Djaména par Augustin Zuzanne ont mentionné un certain nombre de problèmes liés à la prétendue « exhaustivité » du verdict. Pour les Tchadiens ordinaires, le plus important travail inachevé semble avoir été l'échec de l'extradition des cinq complices présumés de Habré – Guihini Korei, Saleh Younouss, Abakar Torbo Rahama, Mahamat Djibrine et Zakaria Berdei – pour être jugés aux côtés de l'ancien président.

Beaucoup ont le sentiment que sans leur témoignage, la vérité ne sortira jamais pleinement. Il est important de rappeler qu'en vertu de l'article 3 du Statut des Chambres, les CAE peuvent poursuivre

« le ou les principaux responsables » des crimes internationaux commis au Tchad entre le 7 juin 1982 et le 1er décembre 1990, mais la condamnation et les peines à vie de Djibrine et de Younouss à N'Djaména fin 2014 ont mis un terme aux espérances que ces deux personnes clés répondent à Dakar des crimes qu'elles avaient commis, le Tchad ayant refusé leur extradition (voir chapitre 2). L'endroit où se trouvent les trois autres, Guihini Korei, Zakaria Berdei et Abakar Torbo Rahama, est encore officiellement inconnu. Habré aurait presque certainement été condamné sur la seule base de la responsabilité de commandement, mais le fait que les cinq autres n'aient pas fait l'objet d'enquête par le tribunal a laissé des questions en suspens pour les Tchadiens ordinaires interviewés lors de l'étude sur l'identité des personnes réellement responsables et la responsabilité personnelle d'auteurs d'actes de torture. Par exemple, Modou Ousmane, ingénieur des travaux publics, a souligné : « Si les autres agents de la DDS avaient été présents au procès, cela aurait influencé le verdict. Je pense que le fait qu'ils n'étaient pas là était peut-être la raison pour laquelle il a refusé de parler ». Christian Mbaidoum a noté qu'« il n'a pas tué tout seul, il n'a pas torturé tout seul, il n'a pas tranché la gorge des gens tout seul ».

Beaucoup se sont demandé pourquoi les CAE n'ont pas fait plus d'efforts pour obtenir le transfèrement des cinq autres accusés, en particulier après que l'ancien ministre tchadien de la Justice Jean-Bernard Padaré (voir chapitre 2) eut affirmé qu'il était sur le point de signer un accord pour transférer Younouss et Djibrine au Sénégal après le procès de N'Djaména, mais qu'il avait reçu un appel mystérieux d'un haut responsable de l'administration tchadienne l'appelant à annuler ce transfert. « Cela m'a laissé un très mauvais pressentiment », a déclaré Jacqueline Kounou, une vendeuse de poisson travaillant dans le quartier de Kousseri. « Les autres agents de la DDS sont toujours en liberté au Tchad et cela signifie que nous aurons toujours peur d'eux ». « Les gens devraient être obligés de payer pour leurs crimes », a déclaré Maimonne Jacques.

Comme nous l'avons vu au chapitre 3, au fur et à mesure que l'affaire progressait, on avait le sentiment que les autorités tchadiennes commençaient à se sentir mal à l'aise face à sa portée croissante, avec des rumeurs persistantes de préoccupation au plus haut niveau selon lesquelles les enquêtes pourraient révéler des preuves de la participation aux crimes de Habré d'autres personnes encore en liberté au Tchad. Ces soupçons reposent principalement sur le fait que la vingtaine d'anciens agents de la DDS, emprisonnés à N'Djaména deux mois seulement avant l'ouverture des CAE, ont été jugés « à la sauvette ». Le Tchad a refusé de laisser ces condamnés se rendre à Dakar ou de participer au procès par liaison vidéo. Certains soupçonnent également que la demande de l'État tchadien de s'enregistrer comme partie civile auprès des CAE, invoquant des souffrances économiques, financières et morales lorsque l'ex-président s'est réfugié au Sénégal en 1990, était motivée par un désir d'accéder aux documents disponibles au tribunal.[2] Cette demande fut rejetée par les avocats des CAE dès l'ouverture du procès. Même après le succès des quatre premières commissions rogatoires qui ont effectué des missions d'enquête au Tchad en 2013–2014, une cinquième a été mystérieusement annulée. Certains ont émis l'hypothèse que Mbacké Fall avait exprimé un intérêt à interviewer Younouss et Djibrine en prison, ce qui avait fait craindre qu'ils ne détiennent de dangereuses informations privilégiées.[3]

Au fil des années, des rumeurs ont circulé, peut-être plus controversées, sur l'implication de l'actuel président tchadien Idriss Déby dans des violations de droits humains. Bien que Déby ait été considéré par beaucoup comme un héros pour sa décision de se rebeller avec Hassan Djamous en 1989, et qu'il ait été célébré comme l'homme qui a renversé Habré, ouvert les prisons de la DDS dans les années 1990 et mis fin aux pires violations de droits humains, les Tchadiens n'ont pas oublié que Déby a servi loyalement pendant presque toutes les années 1980 sous l'ancien président. Après d'impressionnantes campagnes militaires à la fin des années 1970 et au début des années 1980 qui ont attiré l'attention de Habré, tout aussi avide de batailles, Déby a été nommé général et commandant en chef de l'armée de février 1983 à novembre 1985. Il aurait probablement joué un rôle dans le commandement des FANT aux côtés de Hassan Djamous contre l'agression libyenne à l'est en 1984, puis de nouveau en 1987 pendant la phase « guerre des Toyota », avant de devenir conseiller militaire du président.

Il y avait aussi un manque de clarté persistant sur le rôle de l'armée et de sa structure de commandement pendant Septembre noir en 1984. L'équipe de défense nommée pour le procès de Habré a tenté de suggérer au cours des audiences des CAE qu'on pouvait s'interroger sur le lieu où se trouvait l'ancien président lors du tristement célèbre massacre de la Ferme de Deli commis par les FANT en septembre 1984.

La défense a affirmé que Habré se trouvait à La Mecque pour le Hajj lorsque cela s'est produit, ce qui rendait pratiquement impossible, à une époque où les téléphones portables n'existaient pas encore, qu'il ait personnellement ordonné l'attaque. En essayant d'établir la véracité de cette affirmation, les CAE ont fait de leur mieux pour reconstituer méticuleusement la chaîne exacte des événements qui ont mené au Septembre noir, en utilisant des documents de la Commission Vérité de 1992, des témoignages d'Amnesty International et de déclarations de témoins. Elle conclut qu'avant la campagne de répression, Habré avait dépêché des envoyés politiques dans le sud tout au long de 1983 pour négocier avec les dirigeants des rebelles Codos. Ces missions politiques ont, dans une certaine mesure, mené à des accords de désarmement des rebelles et à leur réintégration dans l'armée nationale. Cependant, à la veille de la signature finale des accords de réintégration en août 1984, nombre de rebelles Codos ont déserté leurs camps et disparu dans la brousse pour reprendre les armes et ont mené plusieurs embuscades meurtrières contre les FANT. Les CAE ont conclu, à partir de nombreux témoignages, qu'une délégation présidentielle, incluant Habré lui-même, s'était effectivement rendue dans le sud à un moment donné plus tard en septembre. Cela suggère que l'ancien président était présent pendant au moins une partie de la répression.⁴

Le massacre de la Ferme de Deli, qui aurait fait plus de 200 morts, semble avoir eu lieu le 17 septembre. Les CAE ont finalement établi que les dates auxquelles Habré s'est rendu à La Mecque étaient en fait du 29 août au 9 septembre, ce qui montre clairement qu'il aurait pu ordonner lui-même l'attaque de Ferme de Deli.⁵ À ce jour, aucune preuve n'a relié Déby aux crimes des pires périodes du Septembre noir. Il est important de se rappeler qu'il n'a pas été inculpé par la CAE. En outre, comme les CAE l'ont conclu, Habré lui-même a été considéré comme « commandant en chef » des forces armées dans son rôle de chef d'État, ce qui le rendait responsable en dernier ressort du comportement des forces armées – y compris de n'importe lequel de ses commandants – et a ensuite été condamné en vertu des dispositions du concept juridique de « responsabilité du commandement ».

La décision obstinée de Habré de garder le silence dès le jour de son arrestation a également mis en colère de nombreuses victimes et les a privées d'explications sur les violations de droits humains commises dans les années 1980. Il a même été suggéré qu'il existe un pacte de silence entre l'ancien président et les anciens agents de la DDS condamnés à N'Djaména en mars 2015, qui ont également refusé de parler ou de faire la lumière sur leurs relations et sur les mécanismes de la DDS. « Tellement de choses auraient dû être révélées au procès. Tant de vérités, mais malheureusement ce n'est que l'Afrique », a déclaré Mansa Gaston, fonctionnaire à la retraite, en réponse à l'une des questions de mon enquête. « À mon avis, le fait que le procès ait échoué à faire parler Habré signifie qu'il s'agit d'un échec », a soutenu Youssouf Ahmad, vendeur de téléphones à N'Djaména, « C'est le seul procès international dont j'aie entendu parler où l'accusé n'a pas parlé ».

Beaucoup de victimes reviennent encore et encore sur cette question. Je leur ai demandé si elles étaient frustrées de n'avoir jamais eu l'occasion d'entendre ce qu'il pense de son mandat et qu'il n'ait jamais donné aucune explication. J'ai demandé si elles pensaient que c'était une stratégie délibérée pour faire dérailler le processus judiciaire et à faire abandonner les poursuites contre lui. Presque tous ceux que j'ai interviewés n'étaient pas d'accord avec cette explication. « C'est parce qu'il savait ce qu'il avait fait », raconte Paulette Ngakoutou, dont le père, policier à Sarh, a disparu en 1984 et n'a jamais été revu. « S'il ne l'avait pas fait, il aurait essayé de le nier. Il se serait défendu. Il ne pouvait rien dire. Peut-être que s'il avait dit quelque chose, j'aurais pu envisager le pardon, mais maintenant c'est trop dur de lui pardonner ».

« J'étais en colère qu'il ne parle pas. C'était irrespectueux envers ceux qui avaient souffert. Je voulais savoir comment il pouvait faire cela à d'autres êtres humains », a dit Masme Menal Elisabeth, qui a subi des violences et des abus sexuels à la prison de Kalaït quand elle n'avait que quinze ans et était encore vierge. « Mais il savait ce qu'il faisait. Il n'a pas donné de réponses. Que pouvait-il dire pour se défendre ? Rien ».

« Je pense qu'il avait honte de parler », pense Naomi Minguebeye.

« Il ne pouvait pas accepter ce qu'il avait fait, alors il est resté silencieux. Je ne me soucie pas de ses excuses... S'il avait essayé de se défendre, je ne m'en serais pas souciée », dit Hawa Guankargue. « Je me demande encore ce qui est arrivé à mon frère. Mais maintenant, je n'ai plus d'espoir. Je ne saurai jamais ce qui lui est arrivé et je ne pourrai jamais lui dire au revoir ».

« En se taisant, il accepte son destin. Un homme plus fort se serait levé et aurait admis avoir commis une erreur », a conclu Ousmane Abakar Tahir, qui a passé quatre ans et demi comme prisonnier de guerre après avoir combattu avec le GUNT à Faya-Largeau en 1983.

• • •

Il y a aussi un certain nombre de questions qui sont restées sans réponse et qui n'ont pas fait l'objet d'une enquête approfondie, principalement en raison de contraintes de temps et de budget. Il y a notamment l'épineux problème du manque de clarté quant au nombre exact de victimes. Olivier Bercault de HRW a confirmé aux CAE lors de son témoignage que les communications secrètes de la DDS découvertes au siège de l'organisation en 2000 ont révélé les noms de 1.208 personnes tuées ou mortes en détention et 12.321 victimes de torture, détention arbitraire et autres violations de droits humains. À l'autre extrémité du spectre, le chef de la Commission Vérité de 1992, Mahamat Hassan Abakar, a témoigné devant les CAE que son équipe avait estimé à au moins 40.000 le nombre des victimes (ces calculs étaient basés sur le fait que l'auteur avait interrogé 4.000 victimes et supposé qu'il avait seulement pu toucher 10% du nombre total des victimes).

Alors que le chiffre de 40.000 semble avoir été remis en question au cours du procès, Mahamat Hassan Abakar s'en tient fermement à ses calculs.

L'accent mis sur le nombre de victimes peut sembler un peu exagéré, mais il est important de donner une image fidèle de la façon dont les violations de droits humains commises dans les années 1980 au Tchad peuvent être comparées à d'autres événements traumatisants dans d'autres pays – en particulier lorsque les avocats des parties civiles aux CAE ont comparé plus d'une fois Habré à Hitler et le Tchad au Rwanda.

Des éléments de preuve importants n'ont pas été présentés au procès. Par exemple, Gali Gatta Ngothé, ancien conseiller spécial de Habré, qui s'est ensuite joint à la rébellion Hadjerai et qui a été présenté comme l'un des « témoins vedettes » dans cette affaire, ne s'est jamais rendu à Dakar pour le procès. Ngothé, qui avait auparavant longuement parlé aux enquêteurs des habitudes de travail de Habré, de son souci du détail et de son refus de tolérer l'insubordination, a également mentionné l'existence d'un « cabinet parallèle » composé d'Anakaza Gorane (groupe ethnique de Habré). Il allègue qu'au cours de son propre interrogatoire par la DDS après qu'il eut été victime du système pendant la rébellion, il avait entendu la voix du président sur un talkie-walkie qui donnait des instructions à l'interrogateur.⁶ « Ce fut une grande déception qu'il n'ait pas témoigné », a déclaré Henri Thulliez de HRW, qui a estimé que le témoignage de Ngothé aurait pu faire la lumière sur le fonctionnement interne de la DDS.

Dans le même temps, les CAE n'ont pas réussi à faire la lumière sur le contexte politique international général des années 1980, en particulier dans quelle mesure Habré et la DDS ont été aidés et même encouragés par les puissances internationales. Comme nous l'avons vu au chapitre 1, une étude de HRW publiée juste après le verdict de juin 2016 a montré l'étendue de l'aide financière et militaire apportée à Habré par l'administration américaine de Reagan dans les années 1980, et dans une moindre mesure par la France. Les documents recueillis par la Commission d'enquête de 1992 ont révélé un soutien financier direct à la DDS des États-Unis et la présence de « conseillers spéciaux » américains au siège de la DDS. Cependant, aucune de ces preuves n'a été présentée aux CAE, l'acte d'accusation de février 2013 et le statut fondateur des CAE évitant tous deux complètement cette question. Le contexte politique des années 1980 n'a pas non plus été mentionné dans le jugement écrit de 680 pages, qui est entré dans des détails incroyables pour établir le contexte de nombreux crimes commis sous Habré. Un seul témoin a mentionné le soutien américain à Habré à la barre des témoins à Dakar. Comme dans d'autres situations similaires à travers le monde où les dictateurs sont autorisés par le consentement tacite des puissances internationales à continuer d'abuser de leur peuple, l'apparente confiance de Habré en ses puissants partisans continue de frustrer l'avocate des parties civiles, Jacqueline Moudeina : « Habré n'a pas agi seul. Son silence n'était pas libre. Il couvrait les États-Unis et la France. Il avait un pacte. Les CAE n'étaient tout simplement pas assez fortes pour faire face à ce problème ».⁷

Lors de l'ouverture des CAE en juillet 2015, je n'ai pu m'empêcher de ressentir un sentiment d'ironie à l'apparition de Stephen Rapp, ancien ambassadeur itinérant et chef de l'Office of Global Criminal Justice au département d'État américain. En tant qu'observateur du procès, il tenait à suivre son déroulé et à découvrir comment le procès pourrait offrir les opportunités de développement pour les systèmes judiciaires au Sénégal et au Tchad, ainsi que son potentiel en tant que nouveau modèle de justice dans d'autres conflits africains, y compris au Soudan du Sud.[8] Lorsque je lui ai parlé au téléphone après l'ouverture du procès, il n'a fait aucune mention des relations historiques de proximité entre les États-Unis et Habré. Je lui ai posé des questions sur l'implication de la CIA et sur le rôle des États-Unis dans le soutien du régime de Habré, mais il a fait valoir que ce n'était pas une question importante. De même, étant donné l'implication de la France dans nombre de ses anciennes colonies, dont le Tchad, la présence officielle française était manifestement absente. Les seuls visages français étaient l'avocat de Habré, François Serres, et l'avocat William Bourdon, qui représentait les parties civiles.

Cette occasion manquée par la cour de faire la lumière sur la façon dont Habré a été soutenu par des puissances étrangères, et peut-être de mettre en garde contre une situation similaire à l'avenir, n'est pas passée inaperçue au Tchad. La question a été soulevée à plusieurs reprises au cours de conversations avec d'anciennes victimes et des observateurs lors de ma dernière visite au Tchad en janvier 2017. Les Tchadiens ordinaires ont également exprimé leur déception en répondant à mes questions : « Ces États ont donné à Habré son zèle, leur responsabilité est claire », a affirmé Mahamat Moustapha Kochi. Koyasta Adeline, enseignante, a déclaré : « La France et les États-Unis ne peuvent pas nous dire aujourd'hui qu'ils ne savaient pas ce qui se passait à l'époque ». Et lors d'un débat à Londres à la suite de la projection du film de Mahamat-Saleh Haroun fin 2016, un étudiant a demandé si la France et les États-Unis avaient l'obligation morale d'être les principaux contributeurs au Fonds toujours vide d'indemnisation des victimes institué par le statut fondateur.[9] D'autres, dont Kim Thuy Seelinger, qui a participé au dossier de l'*amicus curiae* pour les victimes de violences sexuelles, ont exprimé des opinions similaires.

Toutefois, il semble qu'une exposition complète de l'implication internationale ait été simplement considérée comme irréaliste pour les CAE qui fonctionnent avec un budget et un calendrier serrés. En décidant de publier son rapport « Un dictateur soutenu » après le procès qui s'est achevé en 2016, HRW semble avoir décidé de concentrer son attention pendant la phase du procès sur l'objectif plus réalisable d'obtenir la condamnation de l'homme considéré comme étant au cœur de l'opération.

« Le soutien des superpuissances n'était tout simplement pas considéré comme assez important », a déclaré Reed Brody. « Il s'agissait du procès de Hissein Habré, et non des États-Unis. Peut-être que s'il avait parlé et essayé de se défendre, la question aurait été soulevée, mais il n'y avait ni le temps ni l'envie de s'en occuper ».[10] Il est intéressant de spéculer sur les raisons du refus de Habré de dénoncer le rôle de la France et des États-Unis dans la création d'un environnement permissif pour que les abus se produisent ; peut-être parce que cela allait à l'encontre de sa critique de la cour en tant qu'institution « impérialiste ».

Ce que ressentent les États-Unis à propos de leur responsabilité envers le Tchad est une question qui risque d'être balayée avec le temps. L'arrivée de Donald Trump dans le Bureau ovale, un personnage connu pour manque d'intérêt pour l'Afrique et encore moins pour les détails de la politique étrangère américaine d'il y a trente ans.

Incidence d'une défense nommée par le tribunal

Il est probable que nous ne saurons jamais à quoi pensait Hissein Habré lorsqu'il a pris la décision cruciale de garder le silence pendant le procès. Près de deux ans après le début de sa peine d'emprisonnement à perpétuité et après l'échec de l'appel, il a toujours refusé de se prononcer sur le procès ou de faire la lumière sur la logique politique des années de répression au Tchad. Après plusieurs tentatives complexes pour perturber la mise en place des CAE au tribunal de la CEDEAO en 2014, il est intéressant de spéculer sur les raisons pour lesquelles l'avocat français de Habré, François Serres, a conclu qu'il était dans le meilleur intérêt de son client d'être presque entièrement absent du processus des CAE à Dakar. Dans le passé, Serrès a été célèbre pour un style connu sous le nom de « théorie de la rupture » popularisé par l'avocat français Jacques Verges dans sa défense des militants algériens, qui visait à discréditer les processus institués par les anciennes puissances coloniales.

La décision de Habré de dénoncer les « impérialistes » au début de son procès pourrait en être la preuve. Si, pour beaucoup de victimes, ce silence constituait un aveu clair de culpabilité et une reconnaissance que ce qu'il avait fait était indéfendable, il semble plus plausible de voir son refus de coopérer avec la défense nommée par le tribunal comme visant à faire obstacle au procès et, avec un peu de chance, le faire dérailler. S'adressant au journal *Le Monde* dans les jours qui ont suivi l'ouverture initiale des CAE en septembre 2015, Serres a déclaré que sa stratégie était une « défense de refus », qualifiant le procès de « farce » et Habré de « bouc émissaire ».[11] Il a alors cessé de parler de l'affaire, mais on ne sait s'il a continué à conseiller Habré en privé. La décision de ne pas coopérer était audacieuse, mais ses conséquences se sont avérées désastreuses. Il s'est retrouvé avec une équipe de trois avocats sénégalais (Maîtres Mbaye Sène, Abdou Gning et Mounir Ballal) – qui n'avaient pas une connaissance approfondie de la politique et des relations ethniques au Tchad, et avaient du mal à communiquer avec l'accusé et peu de temps pour préparer sa défense.

Il est important de noter que les trois avocats de la défense se sont vu confier une tâche presque impossible, mais l'insuffisance de la défense a laissé subsister des doutes et des questions sur les mécanismes quotidiens des abus. L'équipe de la défense a choisi de ne pas se concentrer sur la contestation de la culpabilité de Habré sous la responsabilité du commandement, bien que, selon Emmanuelle Marchand, avocate qui a travaillé avec Alain Werner pour préparer la représentation des parties civiles, certains points techniques auraient pu être soulevés et contestés par celles-ci. Le fait qu'ils aient choisi le cas du massacre de Ngalo pour prouver qu'il avait tenté de mettre fin aux abus des FANT était plutôt ironique, car ils semblaient accepter que cela signifiait qu'il avait également ordonné le meurtre des soldats responsables. Plutôt que de contester les détails techniques, la principale stratégie de la défense était de construire un argument rhétorique pour essayer de saper l'affirmation selon laquelle Habré à tout le moment avait connaissance de tout ce qui se passait et de soutenir qu'il existait peu de preuves qu'il ait personnellement commis des crimes. L'équipe a essayé à plusieurs reprises d'affirmer que la DDS était en fait sous le contrôle du ministre de l'Intérieur de l'époque. En particulier, ils ont essayé de faire valoir que Habré avait été au Hajj à La Mecque pendant l'une des pires périodes de répression contre le sud au mois de septembre 1984, et n'aurait pas pu personnellement donner les ordres de massacre des rebelles Codos à la ferme de Deli (une théorie discréditée par les CAE). Plus largement, ils ont tenté de dresser le portrait d'un « patriote » qui avait défendu le Tchad contre l'envahisseur libyen en période de crise existentielle, et dont les seules victimes étaient des insurgés.[12] Ils ont affirmé qu'il avait été victime d'une campagne politique concertée lancée par des groupes comme Amnesty International, avec la complicité de la Commission Vérité de 1992, qui s'est poursuivie avec l'actuel gouvernement tchadien et HRW.

Comme nous l'avons vu, la défense a également choisi de s'en prendre à un certain nombre de témoins clés pour tenter de miner leur crédibilité. En particulier, ils ont pris pour cible le chef de la Commission Vérité tchadienne Mahamat Hassan Abakar, alléguant qu'il avait été trop proche du président Déby lorsqu'il avait rassemblé ses preuves ; ils l'ont accusé de ne pas être impartial et ont affirmé qu'il avait seulement recueilli les témoignages des agents de la DDS qui avaient été « réhabilités » sous le nouveau régime.[13] Ils ont également interrogé la témoin clé Khadidja Hassan Zidane qui avait elle-même déclaré que Habré l'avait violée. Ils semblaient mépriser sa décision de n'avoir pas révélé le viol avant le début du procès, et ont souligné le fait qu'il n'y avait pas d'autres témoins du crime allégué. Ballal semblait incrédule à l'idée qu'elle ne se souvenait pas de dates précises, y compris celle de sa propre naissance. À un moment donné, ils ont fait le commentaire offensant qu'un président ne pouvait pas s'intéresser sexuellement à une femme qui ne se lave pas.[14]

Après que « le site web officiel du président Hissein Habré » eut tenté de dénigrer le témoignage de Zidane en la traitant de « pute folle » et de « prostituée nymphomane »,[15] et qu'elle et d'autres femmes témoins aient été interpellées par la femme de Habré et ses partisans en dehors du tribunal, ce commentaire rétrograde était peut-être attendu. La défense a demandé aux CAE d'accorder un examen médical des cicatrices que Zidane prétendait avoir reçues lorsque l'ancien président lui a poignardée la jambe, mais cette demande a été rejetée. D'autres témoins ont été interpellés, dont le chef traditionnel et ancien ministre Facho Balaam, qui a été contre-interrogé après avoir accepté de travailler pour l'État tchadien tout en tentant d'organiser des rencontres secrètes avec les représentants de Khadafi.

Ces contre-interrogatoires ont parfois semblé incommoder le tribunal, mais ont montré que la défense faisait de son mieux pour contester les arguments de l'accusation. Cependant, elle a mis en évidence le manque de faits et de preuves documentaires de l'innocence de Habré, ou encore d'informations sur les rôles des cinq autres coaccusés et des autres agents de la DDS incarcérés au Tchad. Sans une compréhension complète de la structure du pouvoir au Tchad dans les années 1980, et seulement quarante-cinq jours pour se préparer, alors que les groupes de défense de droits humains travaillaient sur cette affaire depuis vingt-cinq ans, il leur était difficile de ne pas s'attacher à repérer les trous et les contradictions apparentes dans les témoignages individuels d'événements survenus plus de trente ans auparavant. Plus fondamentalement, cela a montré combien il était difficile de défendre un homme qui refusait de leur parler et qui apparemment ne voulait pas être défendu. « C'était un travail impossible », a déclaré Reed Brody, qui estime que l'équipe de la défense nommée par le tribunal s'appuyait trop fortement sur d'anciens arguments des propres avocats de Habré, selon lesquels toute tentative de le poursuivre relevait d'une conspiration politique entre le nouveau gouvernement du Tchad et les organisations internationales. « Ils n'ont pas pu aller plus loin que la suggestion selon laquelle Amnesty et la Commission Vérité avaient menti dans les années 1990 et persistaient dans ce mensonge ».

L'importance de la sensibilisation

Alors que la justice internationale s'est développée au cours des vingt dernières années, l'accent a porté de plus en plus sur l'adhésion de la communauté et le soutien aux processus judiciaires. Une partie des critiques formulées à l'encontre des procès ad hoc internationaux du début des années 90, tel que ceux du TPIY et du TPIR, était qu'ils étaient perçus comme n'ayant pas réussi à relier les personnes touchées par les atrocités aux procès qui ont été menés en leur nom. Ces procès se sont souvent déroulés loin du lieu des crimes allégués et « [ont été] considérés comme dépourvus de légitimité parce que ceux qui ont été le plus directement touchés par les crimes manquaient "de sentiment d'adhésion" dans les procès ».[16] À la suite de ces observations, l'idée d'intégrer des programmes de « sensibilisation » aux travaux des tribunaux spéciaux a véritablement vu le jour au cours de la « génération suivante » de procès hybrides, le TSSL qui a ouvert ses portes en 2002, et les CETC ouvertes en 2004. L'universitaire Jane Stromseth, de l'Université de Georgetown, soutient que les hybrides avaient beaucoup à faire dans ce domaine. Elle peint une métaphore colorée :

> Les procès criminels internationaux et hybrides peuvent n'être qu'un phénomène de « vaisseau spatial » ; ils arrivent, font leurs affaires et s'envolent, laissant une population nationale embrouillée se grattant la tête et se demandant ce que cela avait à voir avec les réalités terribles sur le terrain...[qui] comprennent des systèmes judiciaires nationaux qui manquent cruellement de ressources, une limite à la sensibilisation du public ou à la diffusion des lois, une pénurie de juges, policiers, procureurs ou avocats de la défense compétents.[17]

Le programme de sensibilisation du TSSL, qui a été décrit comme « beaucoup plus vaste et ambitieux que tout ce qui avait été entrepris auparavant »,[18] devait établir un lien entre le peuple sierra-léonais et le tribunal en diffusant des informations et en encourageant un dialogue franc et une communication à double sens. Il impliquait une série « d'assemblées publiques » novatrices au cours desquelles le greffier et procureur en chef de la Cour, David Crane, s'est rendu dans des communautés éloignées pour rencontrer des gens ordinaires et discuter du travail de la Cour avant son inauguration officielle, ainsi que des spots radio et télé, des programmes scolaires et des ateliers de formation.

Ce programme a été entravé par le manque de financement et les difficultés à se déplacer en Sierra Leone et à communiquer avec un grand nombre de personnes n'ayant qu'une éducation de base, mais il a été crédité de la diffusion d'informations de base sur le tribunal et du message que le tribunal « avait pour objectif de mettre fin à l'impunité ».[19] Selon un rapport, 96% des personnes interrogées avaient au moins entendu parler du procès. Néanmoins, plusieurs rapports sur l'efficacité des programmes de sensibilisation donnent à penser que la connaissance détaillée du fonctionnement interne de la Cour est généralement limitée et que les participants aux recherches ont souvent des opinions complexes, négatives et parfois contradictoires.

Plusieurs années plus tard, la CETC a lancé un programme de sensibilisation médiatique, comprenant la production de spots radiophoniques et télévisés, l'organisation de débats communautaires et la formation de groupes spécifiques tels que les avocats et les jeunes. Plus de 150.000 personnes ont visité le tribunal entre 2009 et 2014, et l'accent a été mis sur la documentation des expériences vécues sous les Khmers rouges et sur l'offre des conseils aux personnes souhaitant former des parties civiles pour participer au procès. Les CETC ont suscité un vif intérêt de la part du public, en particulier le premier cas très médiatisé de Comrade Duch, qui avait été responsable d'un camp de prisonniers bien connu. Son cas a fait l'objet d'un témoignage sur les conditions de détention choquantes dans la prison ; il a été suivi avidement dans tout le pays et Duch a finalement été condamné à la réclusion à perpétuité. Cependant, l'intérêt semble s'estomper à mesure que d'autres cas sont portés devant la Cour – le programme de sensibilisation a souffert d'un manque important de financement et d'une répartition peu claire des responsabilités entre les participants internationaux et cambodgiens à la Cour, en raison de son statut « hybride », qui a entraîné « confusion et inefficacité ».[20] Il a également été entravé par les difficultés à atteindre les communautés rurales lointaines et isolées, ainsi que par les problèmes d'analphabétisme et de manque d'accès à Internet. De nombreuses personnes se méfiaient également des médias officiels et semblaient craindre que le tribunal soit aussi de la propagande. Dix ans après son ouverture, les recherches de l'Open Society Justice Initiative (OSJI) suggèrent que le soutien à la Cour a baissé et que les gens ordinaires ont le sentiment de ne pas connaître les principales affaires portées devant les Chambres extraordinaires au sein des tribunaux cambodgiens (CETC) ;[21] l'OSJI recommande que les efforts de sensibilisation de la Cour soient renforcés.

Bien que les hybrides aient fait quelques progrès, la CPI a également été limitée dans son travail de communication et de sensibilisation. En 2013, Herman von Hebel, greffier de la Cour, a déclaré à l'International Justice Monitor que « nous ne sommes même pas en mesure de nous approcher du niveau de sensibilisation et de communication du Tribunal spécial [pour la Sierra Leone] »,[22] reconnaissant les difficultés rencontrées par une institution basée à La Haye en Europe, avec un budget limité et de nombreuses affaires à examiner en différents lieux au même moment. Selon Phil Clark, il n'y avait personne sur le terrain pour mener un programme de sensibilisation pendant les trois premières années de l'enquête en Ouganda.[23] Même le rapport de la CPI de 2016 a sur la réorganisation du Greffe de la Cour a reconnu un manque de présence sur le terrain dans les communautés affectées et que globalement « la fonction de sensibilisation [est] insuffisamment développée ».[24] En outre, malgré des signes précoces encourageants indiquant que la participation des victimes devait être bien accueillie à la CPI, au fil du temps, cela devenait de plus en plus difficile à faciliter. Il était coûteux d'aider un grand nombre de victimes à se rendre à La Haye, et leur participation était considérée dans certains milieux comme lourde et difficile à gérer. Bien qu'au début, les victimes aient été autorisées à participer, la CPI a finalement été obligée de restreindre leur rôle et de créer un « conseil juridique commun » qui deviendrait un point focal et assurerait la liaison avec toutes les communautés affectées pour représenter leurs intérêts par une voix unique et unifiée. L'effet, comme l'explique Phil Clark, a été « une participation des victimes homogénéisée et aseptisée ». Une fois de plus, la justice a reculé vers un concept lointain appliqué dans les salles d'audience européennes.

Le bilan des CAE

Bien qu'il ait été largement établi que les CAE avaient de la valeur parce qu'elles étaient un tribunal africain sur le sol africain, pour certains Tchadiens au moins le phénomène du « vaisseau spatial » décrit par Stromseth s'applique toujours, puisque l'affaire a eu lieu au Sénégal, un pays plus développé, à des milliers de kilomètres. Certaines personnes impliquées dans l'affaire ont déploré le manque général de connaissances culturelles sur le Tchad au Sénégal.[25] « Le procès aurait dû avoir lieu au Tchad, car c'est là que les choses se sont passées », a déclaré Guerende Ngue en réponse à une question d'enquête. « Le procès semblait n'avoir rien à voir avec notre propre système judiciaire, il n'a eu aucun impact positif, car il s'est déroulé à des milliers de kilomètres », a déclaré Mahamat Moustapha, un fonctionnaire à la retraite.

Néanmoins, malgré une certaine déconnexion avec les Tchadiens en raison de l'emplacement des CAE, elles ont connu un réel succès dans le domaine de la sensibilisation. Dès le début, l'engagement que le procès de Habré soit largement compris par les Tchadiens, et que la justice soit plus visible et plus pertinente pour les communautés affectées – en d'autres termes, non seulement la justice doit être rendue, mais elle doit être perçue comme telle. Reconnaissant les problèmes liés à la tenue du procès au Sénégal et non au Tchad, le statut fondateur des CAE prévoyait de « mener des activités de sensibilisation et d'informer le public africain et international sur le travail des CAE ».[26] Une part très importante, 10% du budget total des CAE, a été consacrée à la sensibilisation.[27] Le Statut prévoit aussi explicitement le droit au libre accès de toutes les parties concernées, y compris les journalistes, les observateurs et les membres de la société civile, et l'enregistrement de l'intégralité des débats sur bandes-vidéo. Il était, en effet, très facile d'assister au procès et d'en suivre chaque détail en ligne. Par ailleurs, les CAE ont pris un départ impressionnant dans le développement de leurs relations avec le Tchad, lors des quatre missions d'enquête menées par le procureur en chef, le sénégalais Mbacké Fall (examinées au chapitre 2). Ces visites ont été bien suivies par les Tchadiens et ont fait l'objet de nombreuses discussions dans les médias locaux, et semblent avoir beaucoup contribué à donner une voix aux gens ordinaires et à les aider à voir dans le tribunal un processus sérieux. Mais le tribunal semble vraiment avoir voulu aller plus loin afin que le procès implique ceux qui, par manque de moyens ou de mobilité, étaient physiquement incapables de se rendre au tribunal de Dakar.

Le Consortium de sensibilisation des CAE a été mis sur pied en 2014. Pour la première fois, la sensibilisation a été clairement distinguée du service de communications officiel des CAE, qui était rattaché à la salle d'audience à Dakar. Le Consortium de sensibilisation est en fait un organisme indépendant ; le contrat pour la gestion des opérations a été remporté par un consortium de trois sociétés – la société de communication sénégalaise Primum Africa Consulting, la société de communication tchadienne Magi Communications, dirigée par Gilbert Maoundonodji, militant de la société civile, qui, sans relâche, a fait campagne relâche pour la transparence dans le secteur extractif au Tchad, et ONG belge, RCN Justice et démocratie, créée après le génocide au Rwanda. « C'était en fait très rentable et cela nous a permis d'aller plus loin », a déclaré Franck Petit, un spécialiste de la communication travaillant avec le Consortium. « Cela nous a aidés à démarrer plus rapidement et permis de cibler les activités parce que notre équipe connaissait déjà bien le terrain. Par exemple, il était facile de trouver des partenaires fiables dans les stations de radio et les compagnies de théâtre. Cela nous a donné de la crédibilité et de l'indépendance parce que nous n'étions pas seulement perçus comme le porte-parole de la Cour ».[28]

Le Consortium a réalisé de nombreuses activités. Il s'est principalement concentré sur la formation d'une vingtaine de journalistes tchadiens aux mécanismes du procès et sur la collaboration avec les chaînes de télévision et de radio tchadiennes pour la production de « spots », d'émissions de discussion et de conférences téléphoniques expliquant au public les procédures, les charges et les institutions judiciaires. Une attention particulière a également été accordée à l'étude de l'impact que les CAE pourraient avoir sur la justice internationale. Les douze programmes d'introduction ont été réalisés en français, en sara (l'une des langues du sud) et en arabe tchadien, produits par des journalistes de Radio FM Liberté à N'Djaména et de Radio Kar Uba à Moundou, puis partagés avec un réseau de douze stations radio communautaires partenaires. Il est difficile d'obtenir des statistiques d'écoute fiables pour les stations de radio tchadienne, mais ces programmes ont pu être entendus par des milliers de personnes. Le Consortium a également créé un site web très utile, le Forum interactif des CAE,[29] qui héberge des groupes de discussion, des forums et des nouvelles du procès. Il dispose également d'archives complètes de toutes les procédures de la Cour, y compris des vidéos des procédures journalières.

Diverses brochures ont été produites pour expliquer le statut fondateur des CAE et les droits de l'accusé. L'accent a également été mis sur des formations pour aider les militants de la société civile à comprendre le fonctionnement de la Cour afin d'encourager les victimes et les témoins à se présenter. Le travail du Consortium a changé au fur et à mesure que l'affaire avançait : au début, l'accent sur l'établissement d'un réseau national de sept coalitions de la société civile pour promouvoir le travail du tribunal à travers le pays, alors qu'aujourd'hui, il est mis sur l'explication du verdict, le processus de recours et comment les arrangements de compensation pourraient se dérouler.

En outre, quinze journalistes tchadiens ont reçu une aide financière du Consortium pour se rendre à Dakar et couvrir six moments clés du procès et leurs reportages ont été diffusés et publiés au Tchad. D'autres subventions ont été accordées par l'Open Society Initiative for West Africa, qui a contribué à hauteur d'environ 180.000 dollars. Plus intéressant encore, l'État tchadien est apparu comme l'un des principaux contributeurs à la couverture médiatique du procès, ce qui semblait être une indication de la volonté des autorités à aider les Tchadiens ordinaires à avoir un « sentiment d'adhésion » vis-à-vis du procès.

Une équipe de journalistes de l'Agence tchadienne de presse et de l'Office national de radio et télévision du Tchad (ONRTV) a été dépêchée à Dakar pour couvrir l'ensemble du procès et a travaillé en étroite collaboration avec la chaîne RTS (Radiodiffusion télévision sénégalaise), pour mettre en place un relais légèrement décalé des débats judiciaires qui ont été diffusés chaque jour à la télévision tchadienne. Malgré quelques difficultés techniques initiales qui ont été résolues à la dernière minute par un financement d'urgence du Sénégal, presque tous les débats des CAE ont été diffusés en direct sur Internet et presque toutes les sessions du tribunal ont été publiées sur la chaîne YouTube du Forum. HRW a fait observer que « [Nous] considérons qu'il s'agit là d'un grand succès, assurant que le procès est significatif pour les populations du Tchad et du Sénégal et qu'il est compris par elles ».[30]

Ce fut également une bonne expérience pour certains des journalistes tchadiens que j'ai rencontrés au Sénégal, qui avaient imaginé qu'ils n'auraient jamais les moyens de se rendre à Dakar. « C'est vraiment intéressant et important pour nous », m'a dit à Dakar en juillet 2015[31] Djimadoum Blaise, journaliste de l'Agence de presse tchadienne. « Quand j'appelle chez moi, les gens me disent qu'ils ont lu mes rapports. Ils veulent vraiment savoir ce qui se dit au tribunal ».

Le Consortium a organisé près de cinquante débats distincts au Tchad et au Sénégal, et douze « tournées » ou « caravanes » de sensibilisation entre janvier 2014 et janvier 2017, qui ont visité quinze villes du Tchad et ciblé environ 25.000 personnes.[32] Les caravanes se sont rendues dans des zones reculées où des débats publics et des séances de questions-réponses sur les procédures judiciaires ont été organisés dans les communautés. Les équipes ont montré de courtes présentations vidéo des faits saillants de l'affaire et ont exhorté les participants à poser des questions et à parler à des experts. Pour ceux qui ont participé à l'organisation de ces caravanes, débats et séances de questions-réponses, ce fut une période intéressante pour essayer de comprendre ce que les gens ordinaires pensaient de l'histoire de Habré. Il ne s'agissait pas simplement de l'histoire d'une population victime qui était immédiatement reconnaissante pour le travail de la cour. Les CAE ont reçu leur lot de critiques. Un rapport de la visite du Consortium dans la ville méridionale de Bongor en février 2016 est révélateur du type de questions et de débats qui ont fait surface. Henri Necka Soua, journaliste à Radio Terre Nouvelle à Bongor, qui a eu la chance de se rendre à Dakar pour couvrir une partie des débats, a parlé, vivement, du témoignage de Khadidja Hassan Zidane qui avait accusé l'ancien président de l'avoir violée. Il a raconté à l'auditoire comment Habré avait été « clairement embarrassé », avait bougé les pieds et détourné son regard pendant qu'elle parlait. Cela a donné lieu à un débat passionnant sur la question de savoir si l'« homme au turban » qui s'était caché le visage et avait refusé de parler pendant six mois était en fait l'ancien président et non un imposteur, ce qui montre le niveau de méfiance de certains Tchadiens envers les autorités. D'autres participants se sont demandé pourquoi Habré avait pu garder le silence tout au long du procès et ont estimé que le fait qu'il ait été porté devant le tribunal le premier jour de l'audience était comme « être porté en triomphe ».

Plusieurs personnes pensent que la cour était trop laxiste à l'égard de l'ancien président. Un débat en direct à la radio locale plus tard dans la soirée a suscité des questions sur le type de peine qu'il encourait et sur les raisons pour lesquelles il n'avait pas été jugé au Tchad. Une autre question populaire était de savoir pourquoi l'actuel président Idriss Déby n'avait pas fait l'objet d'une enquête sur des allégations d'implication dans des violations de droits humains dans les années 90.[33]

Une autre préoccupation souvent soulevée lors de ce débat public était que Habré avait été autorisé à porter son turban et ses lunettes noires pendant toute la durée du procès, ce que de nombreux Tchadiens ont jugé irrespectueux envers la cour. D'autres étaient frustrés par son refus de s'adresser à la cour. En fait, ces questions ont été abordées par le juge Kam dans son jugement final, où il a reconnu le « mépris insultant » de Habré à l'égard du tribunal, et cela a été pris en compte dans la sentence finale.

Impact sur les systèmes de justice nationaux

Les précédents procès hybrides et ad hoc ont également tenté de produire un impact réel et durable sur les systèmes de justice nationaux. Par exemple, le TSSL a formé des enquêteurs de la police nationale et le programme de sensibilisation du TPIR au Rwanda a installé des ordinateurs dans les tribunaux du pays. Les CAE n'avaient pas pour mandat manifeste d'améliorer le système judiciaire tchadien, qui était sans aucun doute faible avant le début du procès. On signale régulièrement des cas de corruption au sein de l'appareil judiciaire, des pots-de-vin versés dans le cadre d'affaires relevant du droit commercial, et des allégations répétées d'immixtion des autorités dans les affaires judiciaires.[34] Les tribunaux sont chaotiques, manquent de ressources et de personnel, et les procès sont régulièrement renvoyés – par exemple, fin 2016, tous les magistrats du pays ont déclenché une grève de deux semaines à cause du non-paiement des salaires. Peu de choses ont changé dans le fonctionnement quotidien de ces organes.

En ce qui concerne la formation du personnel national, aucun des membres de l'équipe des procureurs ou des juges de l'affaire de Dakar n'était tchadien, de sorte qu'il semble que les CAE n'aient pas beaucoup fait pour influencer le système judiciaire de l'intérieur. En fait, cet enjeu a suscité un certain nombre de réponses enthousiastes à mes questions d'enquête à N'Djaména. « Nous ne devons pas nous leurrer. Tous les Tchadiens ont perdu confiance dans le système judiciaire parce que tous ceux qui se sont rendus coupables de crimes dans les années 1980 n'ont pas été emprisonnés », a déclaré Edmond Djimnaren, un diplômé au chômage. « En fait, les choses ont empiré depuis le procès », a noté un autre répondant. « Il y a des arrestations arbitraires, des crimes, des enlèvements et de l'intimidation de gens ordinaires dans la rue. Les juges sont corrompus et la justice n'est rendue qu'à des plus hautes sphères de l'ordre social ». « Les citoyens sont persécutés par le pouvoir judiciaire pour leurs opinions, leurs choix politiques. Les choses sont pires aujourd'hui que sous Habré », a commenté un autre répondant.

Cependant, il faut reconnaître qu'un impact est observable sur les compétences individuelles et la confiance des parties civiles. Comme nous l'avons constaté au chapitre 3, d'éminents avocats tchadiens ont eu l'occasion de représenter les parties civiles sur la scène internationale, et d'apprendre du soutien et de la coopération de plusieurs avocats expérimentés tels qu'Alain Werner et William Bourdon. Des personnalités comme Jacqueline Moudeina, Delphine Djiraïbé et Phillipe Houssine ont pu se présenter devant un tribunal reconnu internationalement et plaider leur cause. « Ce fut une immense expérience d'apprentissage pour les équipes tchadiennes », a déclaré Emmanuelle Marchand, qui a travaillé avec Alain Werner. « Ils ont beaucoup appris sur le droit international, les différents modes de responsabilité, comme la responsabilité du commandement qui n'existe pas dans le droit national. C'était un véritable échange de connaissances ». Jacqueline Moudeina m'a dit qu'elle avait beaucoup appris sur le droit international en participant à cette affaire. Jean-Bernard Padaré, ministre de la Justice du Tchad au moment de l'arrestation et de l'inculpation de Habré, a reconnu : « Cela a eu un impact significatif sur notre compréhension du rôle de la justice. Cela nous a fait comprendre que les tribunaux peuvent être indépendants et que personne n'est au-dessus de la loi ».[35]

De plus, le tableau devient plus intéressant si l'on examine le cas des vingt-trois anciens agents de la DDS, qui, à partir de novembre 2014, ont été jugés pour torture par le tribunal pénal de N'Djaména. D'abord, cette affaire a été un immense test énorme pour le tribunal de N'Djaména, à la fois dans la gestion de la charge de travail dans des délais très courts et dans la démonstration de son indépendance politique. Au début du procès, le procureur en chef, Bruno Louapambe Mahouli, a déclaré que l'affaire permettrait au « système judiciaire tchadien de montrer ses capacités » et de répondre aux attentes d'un procès équitable.[36] Malgré une suspension au milieu du procès, des juristes se sont mis en grève pour des salaires impayés, le tribunal a, en général, pu entendre tous les témoins et victimes et conclure l'affaire en quelques mois. Bien qu'il soit possible de supposer que le tribunal ait, en toute confidentialité, reçu le feu vert des autorités tchadiennes de procéder et peut-être même avec un résultat favorable à l'esprit, le tribunal pénal a néanmoins rendu un jugement très important en déclarant coupables vingt des accusés – des personnes qui avaient peut-être côtoyé Déby quand il était chef d'état-major et qui avaient vécu en liberté pendant plusieurs années. Le tribunal a confisqué les biens immobiliers et personnels des personnes condamnées et les a dépouillées de toute distinction, et surtout, il a jugé que l'État tchadien était responsable des actes des agents de la DDS et a ordonné que le gouvernement verse la moitié des 125 millions de dollars d'indemnisation accordés.

Cela n'impliquait pas que le tribunal juge le gouvernement actuel responsable en dernier ressort, mais il a néanmoins démontré une tendance encourageante à prendre des décisions judiciaires indépendantes (et quelque peu inconfortables).

L'impact a été beaucoup plus visible sur le système judiciaire sénégalais, qui s'est montré capable de juger efficacement les crimes internationaux graves. Pour permettre aux tribunaux sénégalais de juger les crimes internationaux, le Code pénal a été amendé à plusieurs reprises, notamment par une nouvelle loi adoptée en 2007 pour que le Sénégal puisse juger les crimes contre l'humanité, les crimes de guerre et la torture, même lorsqu'ils sont commis hors du pays. Un nouvel amendement constitutionnel permet également de juger rétroactivement de possibles cas et clarifie l'application du principe de compétence universelle. Ce nouveau cadre offre au Sénégal de grandes possibilités de développer et, à l'avenir, d'élargir son expérience en matière de jugement des crimes internationaux, promouvant son objectif ambitieux d'être un leader de la justice africaine. « Pour le Sénégal, il est inhabituel et très significatif que cette législation reste en vigueur après la conclusion de l'affaire », a déclaré Phil Clark.[37] Et ce n'est pas seulement la législation. Comme la plupart des juges et des équipes de procureurs des CAE étaient sénégalais, il y a eu un effet direct sur l'expérience professionnelle de ces personnes. Plusieurs de ceux qui ont travaillé aux CAE ont dit que leur confiance s'est accrue. Le procureur en chef Mbacké Fall m'a dit qu'il était ravi d'avoir été impliqué : « Cela m'a fait réaliser que je voulais travailler en droit international et m'a donné la confiance pour soumettre une candidature à la CPI, ce à quoi je n'aurais jamais pensé auparavant ».[38]

Bien qu'il n'ait pas obtenu le poste, M. Fall s'est dit déterminé à tirer parti de l'expérience acquise en travaillant sur l'affaire Habré. Même s'il est peu probable qu'une réplique des CAE émerge dans un avenir immédiat, ces succès personnels montrent qu'un nombre de personnes clés peut maintenant avoir les compétences et la confiance nécessaires pour commencer à influencer la justice interne dans leur propre pays, et éventuellement pour prendre d'autres affaires internationales dans l'avenir.

Notes

1. Les entretiens à N'Djaména le 16 et 17 janvier 2017.
2. Reed Brody, entretien mars 2017.
3. Henri Thulliez, entretien Skype, janvier 2017.
4. http://www.chambresafricaines.org/pdf/Jugement_complet.pdf, p. 226.
5. Ibid., p. 234.
6. http://www.rfi.fr/afrique/20150908-senegal-tchad-justice-Hissene-Habretemoignage-ancien-presidence
7. Jacqueline Moudeina, entretien janvier 2017.
8. http://admin.gga.org/stories/editions/aif-35-balancing-justice/crossborder-justice
9. Soulevé au débat du Film Africa debate, Hackney Picturehouse, London 9 novembre 2016.
10. Reed Brody, entretien Skype, 10 mars 2017.
11. *Le Monde,* http://www.lemonde.fr/afrique/article/2015/07/27/proces-habrec-est-notre-strategie-une-defense-de-refus_4700251_3212.html
12. https://www.hrw.org/news/2016/05/03/qa-case-Hissene-Habreextraordinary-african-chambers-senegal#14
13. http://www.chambresafricaines.org/pdf/Jugement_complet.pdf p65
14. Ibid, p. 406.
15. https://www.hrw.org/news/2015/10/22/senegal-Hissene-Habre-trial-sexualslavery-accounts
16. Nouwen 2008, p. 1.
17. Stromseth 2009, p. 89.
18. http://www.rscsl.org/Documents/slfinalreport.pdf, p. 11.
19. Ibid., p. 25.
20. https://www.opensocietyfoundations.org/sites/default/files/performance-perception-eccc-20160211.pdf, p. 85.
21. https://www.ijmonitor.org/2014/03/khmer-rouge-tribunal-urged-to-step-upoutreach/
22. https://www.ijmonitor.org/2013/08/q-a-with-international-criminal-courtregistrar-herman-von-hebel-part-ii/
23. Phil Clark, entretien janvier 2017.
24. https://www.icc-cpi.int/itemsDocuments/ICC-Registry-CR.pdf, p. 157.
25. Stromseth 2009.
26. http://forumchambresafricaines.org/docs/Statute_of_the_Extraordinary_African_Chambers.pdf Article 10, p. 3.
27. Franck Petit, entretien Skype, février 2017.
28. Ibid.

29 http://www.forumchambresafricaines.org
30 https://www.hrw.org/news/2016/05/03/
qa-case-hissene-habre-extraordinaryafrican-chambers-senegal
31 Blaise Djimadoum, entretien July 2015.
32 Franck Petit, entretien Skype, 16 février 2017.
33 https://justicehub.org/article/
are-extraordinary-african-chambers-soft-Habre
34 http://www.business-anti-corruption.com/country-profiles/chad
35 Jean Bernard Padare, entretien janvier 2017.
36 Magnien 2015.
37 Phil Clark, entretien mars 2017.
38 Mbacke Fall, entretien Skype, mars 2017.

5

LE CONTEXTE INTERNATIONAL

À peine le verdict contre Habré avait-il été rendu que l'excitation a commencé à monter, en particulier parmi les observateurs africains, autour du modèle de tribunal hybride des CAE qui pourrait changer la donne pour la justice africaine. « Cette décision historique devrait [...] inciter l'Union africaine ou certains États africains à redoubler d'efforts pour rendre justice aux victimes dans d'autres pays du continent », a déclaré Gaëtan Mootoo[1], d'Amnesty International, qui a travaillé sur le dossier du Tchad dans les années 1980 et au début des années 1990. Un certain nombre d'observateurs et de médias ont commencé à se demander si l'on pouvait s'attendre à ce que des tribunaux hybrides similaires soient créés en Afrique pour juger d'autres cas de violations de droits humains.[2]

C'était là l'incarnation même d'une cause perdue, avec un homme qui avait, pendant près d'un quart de siècle, échappé à la justice ; mais, avec la temps, elle s'est transformée en une conviction et un jugement décisifs. Malgré les tentatives de l'ancien président de discréditer et de faire dérailler le processus au début, les CAE en ont surpris plus d'un en restant sur la bonne voie, dans le respect du calendrier et du budget. L'ensemble de l'affaire a été entendu en dix mois et avec un coût total d'environ 9,5 millions de dollars, soit un douzième du coût d'une affaire portée devant la Cour pénale internationale, selon Thierry Cruvellier.[3] Elle a été dirigée par des juges et des procureurs africains, des avocats tchadiens ont plaidé au nom des parties civiles et le tribunal a eu lieu sur le sol africain, et non dans des pays européens lointains. La reconnaissance du viol et de la violence sexuelle comme crimes contre l'humanité a connu des développements passionnants, et les victimes et les témoins ont joué un rôle crucial dans la poursuite de la lutte pour la justice et dans la préparation des parties civiles. « Jamais auparavant, au niveau international, les voix des victimes n'avaient été aussi dominantes », a déclaré le journaliste Thierry Cruvellier, qui a beaucoup écrit sur la justice internationale, plus particulièrement sur les CETC au Cambodge.[4]

Avant d'analyser le rôle potentiel des tribunaux hybrides, il est toutefois important de contextualiser les CAE dans l'expérience plus large de l'administration de la justice dans le contexte africain. L'enthousiasme suscité par l'expérience des CAE s'explique en partie par le fait que le procès Habré s'est déroulé à un moment où grandissait en Afrique le sentiment de déception à l'égard de la CPI. Après beaucoup d'optimisme au début des années 2000 quant au fait que la CPI pourrait devenir un outil puissant pour mettre fin à l'impunité et aux violations des droits humains dans le monde, lorsque les CAE ont ouvert ses portes à Dakar en 2015, la CPI avait subi des revers humiliants dans ses tentatives d'inculpation de dirigeants africains, et était sur le point d'être rejetée par plusieurs États africains. Bien que rien n'indique que les négociations techniques pour la création des CAE à l'UA aient été menées en réaction aux difficultés politiques avec la CPI, il est néanmoins utile d'examiner la Cour et de comprendre les défis auxquels elle a fait face.

La création de la CPI

Le Statut de Rome portant sur la création de la CPI a été ouvert à la signature et à la ratification en juillet 1998. Les normes de la Cour ont été qualifiées d'« idéalistes »[5] et découlent du consensus sur les droits humains qui s'est dégagé après la Seconde Guerre mondiale et qui a donné lieu au procès de Nuremberg en 1948 et à l'élaboration et à la clarification de concepts tels que ceux de crimes contre l'humanité et de génocide. Son orientation et sa structure ont également été influencées par les enseignements de l'expérience du TPIY (qui a fermé ses portes en 2017 après vingt-cinq ans de fonctionnement) et du TPIR. Ces deux institutions ont connu des succès sans précédent – toutes les cibles du TPIY ont été jugées ou sont mortes, et le TPIR a procédé à cinquante poursuites et condamné vingt-neuf personnes. Le TPIR a également été le premier à poursuivre et à condamner un auteur de viol pour crime de génocide, ce qui a joué un rôle clé dans l'élévation de la violence sexuelle au rang de crime international.

Néanmoins, le TPIY a souffert de retards, d'un manque de soutien administratif et de ressources financière, alors même que la guerre et les crimes qui y sont associés se poursuivaient. Les forces de l'OTAN et les forces françaises basées dans la région semblaient réticentes à arrêter tout suspect de crimes de guerre, et deux des dirigeants les plus craints, Radovan Karadžić et Ratko Mladić, sont restés en fuite, respectivement jusqu'en 2008 et 2011. Cela a conduit à demander l'accélération des poursuites internationales. Le TPIR s'est également opposé aux autorités rwandaises, dirigées par le Front patriotique rwandais (FPR) de Paul Kagame – qui avait mené la lutte contre les génocidaires en 1994 – sur des questions de souveraineté, de localisation (il était basé à Arusha, Tanzanie) et d'application équitable de la justice aux deux protagonistes du conflit. Par exemple, le projet de la procureure générale Carla del Ponte d'enquêter sur un massacre présumé de civils hutus par le FPR en 1994 « a provoqué l'indignation et le mépris à Kigali ».[6]

Les tribunaux hybrides tels que le TSSL et les CETC étaient considérés, dans une certaine mesure, comme une « évolution naturelle de la justice pénale internationale » et promettaient une alternative aux poursuites purement internes, souvent politiquement impossibles, sans avoir à recourir à de grands procès internationaux. Le TPIY et le TPIR se sont déroulés très loin des lieux où les crimes avaient été effectivement commis et ont été critiqués pour avoir donné la priorité aux procureurs et juges internationaux sur le personnel national. Cela a amené certains à conclure que ces procès n'ont pas réussi à aider les personnes touchées par les crimes à ressentir un « sentiment d'adhésion » de la justice. Les procès hybrides, en revanche, seraient susceptibles d'avoir un impact positif sur les normes nationales de justice, les juristes internationaux travaillant aux côtés des juristes nationaux. On a également pensé que cela devait permettre aux populations locales de se sentir plus étroitement liées à la justice qui s'exerce en leur nom. « Il était largement estimé que les tribunaux hybrides pouvaient laisser un héritage, à travers une réforme holistique de l'état de droit... au-delà de l'impact sociologique général des procès », déclare l'universitaire Padraig McAuliffe.[7] Cependant, au fil des années 2000, les procès hybrides ont perdu de leur popularité alors que la CPI assumait ses pleins pouvoirs. Certains les ont ignorés parce qu'ils avaient « l'impression qu'ils avaient trahi leurs espoirs antérieurs ».[8] En outre, ils ont été critiqués pour leur partialité politique et leur ingérence au niveau national et, dans certains cas, n'ont pas été en mesure d'engager des poursuites ou de faire des progrès significatifs.

Alors que la justice internationale s'est développée au cours des années 1990 et 2000, la CPI a été conçue comme une institution *permanente* qui remplacerait les tribunaux « ad hoc » et hybrides qui avaient tous été mis en place à partir de zéro pour traiter des cas individuels de violations de droits humains. Elle a été décrite comme « l'étape suivante logique et presque naturelle »,[9] offrant les moyens de traiter les abus où ils se produisent, d'agir comme un moyen de dissuasion et d'améliorer les procès hybrides critiqués pour avoir trop promis tout en étant incapables de résister à l'intimidation politique intérieure. Au cours des premières années de fonctionnement de la CPI, il a été largement admis que le modèle hybride combinant des éléments nationaux et internationaux cesserait, car la CPI n'interviendrait que dans les cas où les juridictions nationales ne pourraient tenir leurs propres procès (principe dit de « complémentarité »).

Les documents fondateurs de la CPI cherchaient à éloigner la Cour de « plans de procédure contradictoire de *common law*, soumis à la médiation de juges "arbitres neutres" » au profit de la tradition du droit civil, en mettant l'accent sur la création d'une justice « réparatrice » davantage axée sur la victime.[10] Les réparations ou indemnisations deviendraient centrales grâce à la création de nouveaux « fonds d'affectation spéciale » pour les victimes, renforçant les « anciennes » approches consistant simplement à poursuivre les délinquants et à les emprisonner.[11] Les victimes ont bénéficié d'une plus grande visibilité dans les affaires en encourageant la participation des parties civiles (voir chapitre 2). Des systèmes sont mis en place pour régulariser le financement et limiter la durée des affaires et des recours.

Le Statut de Rome entre en vigueur le 1er juillet 2002, lorsque le nombre nécessaire de signatures est obtenu, beaucoup plus tôt que prévu. La plupart des premiers signataires sont des États européens et de petits pays d'Amérique latine et d'Afrique réunis au sein d'un « groupe ayant des vues communes » (*Like-Minded Group* ou LMG). Toutefois, quatre des cinq membres permanents du Conseil de sécurité de l'ONU ne soutenaient pas ouvertement la Cour, et seul le Royaume-Uni rejoint le groupe LMG. La Chine, la Russie et l'Inde ne signent pas et, en fait, lorsque la CPI commence ses travaux, plus des deux tiers de la population mondiale se trouvent hors de sa juridiction. L'un des États les plus critiques à l'égard de la Cour est initialement les États-Unis, qui n'étaient pas à l'aise avec la menace que la CPI faisait peser sur la souveraineté nationale et la possibilité que des responsables américains puissent être convoqués devant elle. Bien que Bill Clinton ait eu une attitude plus favorable et qu'il ait signé, mais pas ratifié, le Statut de Rome, lorsque George W. Bush assume la présidence, son administration, en particulier avec John Bolton, est devenue un adversaire acharné du traité. L'après 11 septembre 2001, alors que certaines méthodes de torture sont approuvées par les autorités américaines et que la question de la légalité de l'invasion de l'Irak par les États-Unis et le Royaume-Uni en 2003 suscite des tensions internationales, la compétence potentielle de la Cour semble constituer une menace majeure. Cependant, le comportement de la CPI au cours des années 2000 semble avoir lentement convaincu les États-Unis qu'elle ne deviendrait pas une cible manifeste. En effet, l'institution ne semblait pas désireuse d'enquêter sur les guerres en Irak ou en Afghanistan (les États-Unis n'en étaient pas membre et ne relevaient donc pas de sa juridiction), et comme nous allons le voir, ses premières cibles en Afrique (par exemple, la LRA) reflètent souvent les préoccupations de politique étrangère américaine. Lorsque Barack Obama accède au pouvoir en 2008, l'attitude des États-Unis à l'égard de la Cour était beaucoup plus favorable. « Il y a de fortes preuves circonstancielles que le tribunal a fait usage de son pouvoir discrétionnaire dans l'ouverture des enquêtes pour éviter des complications avec les grandes puissances et pour les rassurer sur ses intentions », affirme l'auteur David Bosco. « Les signaux que le procureur a adressés aux États-Unis au sujet de l'Irak en 2003 ont été une première preuve de cette tendance ».[12]

La CPI et l'Afrique

Au départ, de nombreux pays africains sont favorables à l'idée d'un tribunal universel comme moyen de lutter contre l'impunité et les violations de droits humains sur le continent. C'est ce qui ressort d'initiatives telles que la Déclaration de Dakar de 1998, adoptée par vingt-cinq pays africains, qui appelait à la création d'une cour pénale internationale indépendante et efficace, et la participation de nombreux pays africains aux premières discussions qui ont abouti à l'élaboration du Statut de Rome. « L'appel de l'Afrique en faveur de la création de la CPI a été lancé par les plus hautes instances dirigeantes du continent », affirme l'universitaire Rowland J.V. Cole.[13] La Commission africaine des droits humains et des peuples a appelé les États africains à ratifier le Statut de Rome, et le Sénégal a été le premier pays à le faire en février 1999. La Cour a également été soutenue par beaucoup d'ONG africaines et de groupes de la société civile agissant au nom de victimes de violations de droits humains. Trente-quatre pays africains deviennent membres de la CPI, et cela semble indiquer que la Cour pourrait devenir un acteur important sur le continent.

En RDC et en Ouganda

Les deux premières affaires examinées par le tribunal concernent l'Ouganda et la RDC. En décembre 2003, le président ougandais Yoweri Museveni adresse une lettre à Luis Moreno-Ocampo, procureur en chef de la CPI, pour lui faire part de la situation dans le nord du pays. Dirigée par Joseph Kony, un guérisseur spirituel qui a émergé d'un précédent mouvement à la fin des années 1980 dans la région Acholi, et qui affirme que la société doit être purifiée par la violence, l'Armée de résistance du Seigneur attaque et terrorise la population civile du nord de l'Ouganda et combat le gouvernement ougandais depuis plusieurs années.[14] Se disant animée par le christianisme, ses tactiques incluent l'enlèvement d'enfants pour les faire combattre, l'esclavage sexuel des filles, l'attaque des villages et la mutilation et le massacre de leurs populations. Des centaines de milliers de personnes sont forcées de se réfugier dans des camps du nord de l'Ouganda (chiffre qui a atteint 1,5 million de personnes en 2004) en raison de la violence et de l'insécurité. La riposte de l'armée ougandaise (UPDF, Uganda People's Defence Force) a été contrainte par le fait que le groupe a traversé les frontières pour entrer dans des territoires largement non gouvernés en RDC et au Soudan ; au cours des années suivantes, le groupe a même pu opérer aussi loin que dans les forêts de l'est de la RCA.

Le président Museveni jouissait encore à l'époque, en Occident, d'une réputation de héros de l'indépendance, enclin à traiter avec les puissances internationales, et Kony « était un paria international ».[15] Après une coopération étroite entre le procureur général et le président, la CPI a lancé, en juillet 2005, des mandats d'arrêt contre Joseph Kony, son adjoint Vincent Otti et trois autres hauts responsables de la LRA, dont l'ancien enfant soldat devenu chef de la LRA, Dominic Ongwen. L'enquête est inhabituelle dans la mesure où elle est ouverte avant une véritable cessation des combats, mais elle a des répercussions en Ouganda, où la CPI était aux prises avec un débat complexe sur l'importance relative de la recherche de paix sur la recherche de justice. Les négociateurs, dont l'infatigable Betty Bigombe, en contact avec les rebelles dans le nord de l'Ouganda depuis plusieurs années, et qui avait commencé à obtenir des résultats avec les programmes d'amnistie et de cessez-le-feu pour les anciens combattants, craignaient que cette décision ne provoque l'échec des pourparlers. « La commission d'amnistie du gouvernement craignait que l'annonce de la CPI ne rende impossible une résolution pacifique de ce conflit qui durait depuis dix-huit ans », a déclaré Tim Allen.[16]

Kony a disparu dans la brousse, annonçant qu'il résisterait à l'arrestation et qu'il serait entré en RDC. Vincent Otti aurait été tué par Kony, et les attaques contre les villages se sont poursuivies. En 2006, Kony a déclaré à Jan Egeland, diplomate de haut rang de l'ONU, qu'il voulait la levée des mandats d'arrêt comme condition préalable à la reprise des pourparlers. Les ONG et les organisations de défense des droits humains ont commencé à critiquer l'enquête de la CPI et les mandats d'arrêt, certains soulignant que la majorité de l'armée rebelle était composée d'enfants, d'autres craignant qu'elle n'interrompe le travail des systèmes judiciaires traditionnels et se demandant pourquoi les allégations d'abus contre l'UPDF ne faisaient pas l'objet d'enquêtes. Dans le même temps, la CPI semble faible dans ses rapports avec le gouvernement. La volonté de Moreno-Ocampo de travailler avec Museveni a initialement rendu de nombreux défenseurs de la Cour mal à l'aise, mais l'ancien président, d'abord partisan de la CPI, semble changer d'avis sur son implication. Par exemple, en 2004, lorsque les pourparlers de paix reprennent, il déclare que « L'État pourrait retirer sa plainte et nous pourrions informer la CPI que nous avons une solution au problème Kony ».[17] La menace perçue de la CPI sur la capacité souveraine de l'Ouganda à résoudre la crise devient un problème ; comme l'a affirmé Tim Allen, « Il [...] semble peu probable que le président Museveni engage des poursuites s'il pense ne pas pouvoir les contrôler ».[18] Peu à peu, la rhétorique se durcit, Museveni accusant la CPI de néocolonialisme et offrant à Kony et à ses associés l'immunité contre des poursuites. Comme l'a fait valoir Benjamin

Schiff, « le renvoi de l'Ouganda semble être une excellente première occasion... mais le Bureau du Procureur découvre de plus en plus de complexités ».[19] Peu à peu, il devient évident que la CPI aurait des difficultés en Ouganda. Aujourd'hui, douze ans après l'émission de ces mandats d'arrêt, seuls deux des hommes inculpés à l'origine – Joseph Kony et Dominic Ongwen – sont encore vivants.

Dominic Ongwen s'est livré et a été jugé à La Haye à la fin de 2016. Son procès, qui a été un succès en soi, a néanmoins soulevé des problèmes complexes, car il a fait valoir qu'en tant qu'ancien victime d'enlèvement d'enfants lui-même, il n'était pas responsable des crimes dont il était accusé.[20] Quant à Joseph Kony, il y a eu un certain nombre d'initiatives internationales très médiatisées pour arrêter la LRA, notamment la controversée campagne américaine « Kony 2012 » et un déploiement des forces spéciales américaines dans la forêt dense de la RCA. Au moment où ces lignes sont écrites, il est toujours en fuite.

En avril 2004, le gouvernement congolais dirigé par Joseph Kabila a demandé à la CPI de mener les enquêtes sur son territoire. Depuis 1996, le pays est ravagé par une guerre civile dévastatrice provoquée par les mouvements de population régionaux à la suite du génocide rwandais et de la désintégration du pouvoir de Mobutu Sese Seko ; le conflit a sévi dans neuf pays africains et a causé la mort de millions de leurs citoyens. Des trêves fragiles ont été signées, mais nombre de milices antigouvernementales continuent d'opérer dans le nord-est du pays avec le soutien du Rwanda et de l'Ouganda. Parmi elles, l'Union des patriotes congolais, dirigée par Thomas Lubanga, dans la province agitée d'Ituri. Comme la plupart des commandants de milices de la région, Lubanga a été accusé de recruter des enfants-soldats et d'exactions contre des civils, mais sa chute a commencé lorsque sa faction a attaqué un groupe de soldats de la paix des Nations unies en février 2005 et tué neuf Bangladais. Lorsqu'il a été arrêté et emmené à Kinshasa, la CPI y a vu sa chance. Début 2006, un mandat d'arrêt est lancé contre lui pour recrutement d'enfants-soldats. Kabila, dont « la volonté d'engager la justice internationale pourrait améliorer son statut international », a rapidement accepté le transfert de Lubanga à La Haye.[21] Celui-ci devenait ainsi le premier suspect en détention de la CPI, ce qui est décrit comme un tournant historique par Moreno-Ocampo.

Cependant, cette affaire a également rencontré des problèmes. Il y a eu des retards au début du procès, et même une tentative d'annulation des charges. Certains critiques se sont plaints que Lubanga était un personnage relativement mineur et que les accusations de recrutement d'enfants-soldats, bien que graves, n'étaient pas de l'ampleur de celles pour laquelle la CPI avait été conçue. « La sélection des affaires par la Cour a convaincu certains observateurs que la Cour avait réduit ses enquêtes pour correspondre aux réalités politiques régionales et internationales », déclare David Bosco.[22]

Néanmoins, des succès notables ont suivi. Le tribunal a arrêté un autre suspect, Mathieu Ngudjolo Chui, un autre seigneur de guerre d'Ituri, et en 2008, il émet un mandat d'arrêt contre Bosco Ntaganda, dont les forces s'étaient, pendant plusieurs années, déchaînées dans l'est de la RDC. Un moment très important est survenu en mai 2008 lorsque la police belge arrête Jean-Pierre Bemba, un chef de milice de l'est arrivé deuxième lors des élections de 2006 en RDC. Il est transféré à La Haye pour avoir commis des crimes de guerre en RCA voisine de 2002 à 2003, lorsque le président de la RCA de l'époque a demandé à sa milice de l'aider à réprimer une rébellion. Il y a des avancées sur presque tous ces fronts : Thomas Lubanga a finalement été reconnu coupable en mars 2012 et condamné à quatorze ans de prison, et Bemba a été condamné à dix-huit ans d'emprisonnement en 2016. En 2013, Bosco Ntaganda s'est rendu volontairement à l'ambassade des États-Unis au Rwanda pour demander d'être transféré à la CPI, et son procès a commencé en septembre 2015. Mathieu Ngudjolo Chui a été acquitté après que le tribunal eut conclu que l'accusation n'avait pas prouvé sa responsabilité au-delà de tout doute raisonnable. En 2018, le jugement rendu contre Jean-Pierre Bemba a été annulé en appel, et il a libéré pour retourner en RDC.

Au Soudan

La tension entre la CPI et les dirigeants africains s'est exacerbée lorsqu'il s'est agi du Darfour. Fin 2003, le gouvernement soudanais commence à sévir énergiquement contre des groupes rebelles, dont le MJE (Mouvement pour la justice et l'égalité) dirigé par Khalil Ibrahim, et le SLM (Mouvement de libération du Soudan) dirigé par Minni Minnawi, basé dans l'ouest du Soudan, dans les trois provinces du Darfour. Ici, un certain nombre de groupes ethniques africains pour la plupart non arabophones, dont les Four, les Massalit et les Zaghawa, étaient mécontents du contrôle exercé par les élites arabophones de la lointaine ville de Khartoum. La sécheresse, la pauvreté et la dégradation des terres d'élevage, combinées, avaient créé un dangereux sentiment de marginalisation. Leurs attaques contre la police et l'armée ont déclenché une campagne de représailles par la « terre brûlée » menée par des cavaliers « Janjawid », pour la plupart des milices arabes, qui ont tué des milliers de personnes et poussé des centaines de milliers de réfugiés dans l'est du Tchad. Grâce en partie à une campagne très médiatisée menée principalement par des militants de droits humains aux États-Unis, la crise du Darfour a rapidement fait la une des journaux.

Au début, la CPI ne s'est pas activement intéressée à l'affaire. Le Soudan n'était pas signataire de la Cour et n'avait donc pas compétence, à défaut d'un renvoi du Conseil de sécurité de l'ONU, qui était bien sûr fortement influencé par les États-Unis, moins qu'enthousiastes. Cependant, lorsque le sort des réfugiés dans l'est du Tchad est devenu public et que les rapports ont commencé à faire état de massacres, de viols et de pillages, le mouvement a pris de l'ampleur pour qualifier la crise de génocide. L'utilisation de ce mot a délibérément créé une obligation d'action pour les acteurs internationaux et, en mars 2005, le Conseil de sécurité de l'ONU a voté le renvoi de la situation devant la CPI. Lors du vote, les États-Unis ont décidé avec tact de s'abstenir plutôt que provoquer un blocage complet, de même que la Chine, un autre détracteur majeur de la CPI et un proche allié du Soudan grâce à ses projets pétroliers situés dans le sud. Le renvoi semble avoir changé la donne en ce qui concerne le profil et l'influence de la CPI et « semble avoir transformé la relation entre la superpuissance et le tribunal... au moins la possibilité de se diriger vers une politique de laisser-faire (des États-Unis) ».[23]

La cour a ouvert une enquête au Soudan, mais a été gênée par son désir de ne pas aliéner le gouvernement soudanais à un stade précoce. Les enquêteurs ne se sont pas rendus au Darfour, mais ont plutôt cherché des preuves parmi les populations déplacées dans les camps de réfugiés de l'est du Tchad. Cependant, une fois que la cour a décidé, au début de 2007, de délivrer des mandats d'arrêt contre deux personnes proches du président Omar al-Bashir pour des accusations détaillées de financement, d'organisation et d'autorisation d'attaques contre la population civile – Ali Kushayb, leader d'une milice Janjawid et Ahmed Haroun, ancien ministre de l'Intérieur – la collaboration entre les autorités soudanaises et la cour a tout bonnement été rompue. Khartoum a commencé à entraver l'enquête et a refusé de livrer Ali Kushayb, brièvement détenu par le gouvernement. De vives proclamations dénonçant la décision de la CPI et des manifestations « spontanées » contre le tribunal ont éclaté à Khartoum et dans tout le pays. Une fois de plus, la Cour a semblé être au centre d'un dilemme international complexe entre la paix et la justice – certains acteurs internationaux estimant que les mandats d'arrêt non exécutés ne faisaient que provoquer les autorités soudanaises. Le nombre de victimes au Darfour a continué d'augmenter.

Et puis, en juillet 2008, Luis Moreno-Ocampo lâche sa bombe. Il a annoncé qu'il cherchait à obtenir un mandat d'arrêt contre le président soudanais en exercice Omar al-Bashir pour génocide, crimes contre l'humanité et crimes de guerre. Il a accusé le président d'avoir dirigé la politique de destruction des groupes ethniques basés au Darfour. Bien que cette initiative ait été accueillie avec joie par de nombreux militants, la communauté internationale semblait s'inquiéter des effets possibles d'un antagonisme à l'égard du président : « Ces conversations ont clairement montré que les diplomates n'appréciaient pas l'idée de faire du président Bashir un fugitif international ».²⁴ Le gouvernement de Khartoum a réagi avec colère à la menace d'arrestation, et certaines organisations internationales ont retiré leur personnel du Soudan et du Darfour par précaution. Moreno-Ocampo était déterminé face à une forte opposition internationale, en particulier de l'UA qui, pour la première fois, n'était pas favorable, affirmant que le procureur agissait imprudemment avec le processus diplomatique. Il y a même eu une tentative infructueuse menée par des diplomates britanniques et français de faire reporter l'enquête sur Bashir en échange de l'autorisation du Soudan d'envoyer des troupes de maintien de la paix.

Le procureur a répondu aux critiques de la communauté internationale en accusant l'Occident d'être faible à l'égard d'Omar al-Bashir. En mars 2009, le mandat d'arrêt a finalement été délivré pour sept chefs d'accusation : cinq de crimes contre l'humanité et deux de crimes de guerre (l'accusation de génocide a été émise pour un deuxième mandat d'arrêt). « L'argument d'Ocampo était que [...] en tant que commandant en chef au sommet de la structure militaire et politique du Soudan, il était, en dernier ressort, responsable de ce massacre ».²⁵ J'étais dans l'est du Tchad pour visiter les camps de réfugiés du Darfour lorsque la décision a été prise. J'ai été inondée d'appels enthousiastes de la part d'organisations internationales de presse qui voulaient entendre les réactions des personnes déplacées. Me promenant au milieu des tentes poussiéreuses et balayées par le vent du camp de réfugiés de Goz Beïda avec un micro à la main, la réaction était mitigée. Bien que j'aie effectivement trouvé quelques manifestations apparemment spontanées en faveur de la CPI, un drapeau de l'ONU flottant en haut d'une des tentes et plusieurs personnes exprimant leur joie et un optimisme plutôt tragique de voir bientôt le président, qu'ils accusaient de tous leurs problèmes, sur le quai de La Haye, beaucoup de gens dans les camps ne semblaient pas montrer beaucoup d'émotion. Alors qu'au Tchad, c'était très probablement dû au fait que les nouvelles ne passaient tout simplement pas, de l'autre côté de la frontière au Soudan, c'était la peur pure et simple. Selon le journaliste Rob

Crilly, qui se trouvait au Darfour à l'époque, les autorités avaient averti les personnes déplacées vivant dans les camps qu'elles auraient les mains coupées si elles réagissaient à la nouvelle de l'inculpation. Et dès l'annonce du mandat d'arrêt, les responsables soudanais ont répondu par la menace d'expulser plus d'une douzaine d'agences humanitaires internationales travaillant au Soudan et au Darfour, avec des conséquences dramatiques pour les personnes bloquées dans les camps, qui en dépendaient entièrement.

« Les résultats ont été immédiats... [Bashir] tournait la vis. Des millions de personnes – des familles qui avaient déjà perdu leur maison et qui faisaient face à une bataille quotidienne pour leur survie – se trouvaient dans une situation bien pire », a déclaré Rob Crilly.[26]

Bashir ne semblait pas inquiété par le mandat d'arrêt. Quelques jours plus tard, en présence de membres du corps diplomatique, il s'est rendu au Darfour où il a serré la main des ambassadeurs et promis la paix ; des foules se sont rassemblées devant les journalistes pour dénoncer la décision de la CPI et pour chanter ses louanges. Il semblait suffisamment confiant dans sa position pour organiser des visites à l'étranger. Selon les termes du mandat d'arrêt, tout État membre de la CPI avait l'obligation de l'arrêter s'il arrivait sur son territoire. Son premier voyage a eu lieu en Érythrée, puis en Égypte, en mars 2009, mais aucun des deux pays n'avait ratifié le Statut de Rome. Il quitte ces deux pays en homme libre.

En juillet 2010, il effectue un voyage controversé au Tchad, signataire de la CPI. La position du Tchad à l'égard du Soudan était à l'époque était tout à fait extraordinaire. Les deux pays ont longtemps été des alliés en raison de leur frontière commune et de leurs liens culturels, ethniques et linguistiques.

Toutefois, le Darfour a poussé cette relation trop loin. Le dirigeant du MJE, Khalil Ibrahim, était un parent Zaghawa d'Idriss Déby, qui avait subi d'énormes pressions de la part de son groupe ethnique pour fermer les yeux sur l'infiltration du MJE chez les populations réfugiées à l'est du Tchad et sur la création de bases arrière. En représailles, le Soudan a commencé à financer et à armer des groupes rebelles tchadiens basés au Darfour, qui ont pu lancer des attaques éclair contre N'Djaména en 2006 et 2008, et ont failli faire tomber Déby.

Les relations diplomatiques entre les deux pays ont été interrompues à plusieurs reprises et le Tchad a permis le déploiement d'une mission de maintien de la paix UE/ONU (MINURCAT - Mission des Nations unies en République centrafricaine et au Tchad) à la frontière en 2008, ce qui a profondément contrarié Khartoum. Le Tchad était soupçonné d'être à l'origine d'une attaque du MJE contre Omdurman en 2008. En 2008, lorsque le mandat d'arrêt de la CPI contre Bashir est délivré pour la première fois, le Tchad est ouvertement ravi, car il essayait de faire face à l'afflux de réfugiés et à la guerre par procuration avec le Soudan. Le pays s'est montré disposé à l'arrêter, ce qui le mettait en conflit avec l'UA, intrinsèquement opposée à l'idée d'arrêter des chefs d'État en exercice, et qui avait déjà critiqué la décision du procureur de compromettre le processus de paix au Darfour. Cependant, en 2010, les relations entre le Tchad et le Soudan sont complètement bouleversées. Les deux pays ont presque miraculeusement accepté de mettre de côté leurs divergences à la fin de 2009 ; Déby s'est rendu à Khartoum et, en quelques semaines, a mis à la porte la mission MINURCAT de l'ONU, la remplaçant par une force frontalière commune. Quand Bashir arrive à N'Djaména pour une réunion de la CEN-SAD (Communauté des États sahéliens) en juillet 2010, il est accueilli comme un vieil ami par Déby. Après avoir semblé être celui qui trahirait Bashir, le Tchad ignore désormais catégoriquement tous les mandats d'arrêt lancés dans le monde contre lui.[27]

Ce précédent a été rapidement suivi de plusieurs voyages provocateurs au Kenya, à Djibouti et au Malawi, tous États membres de la CPI. Il semble alors que Bashir est devenu très confiant sur le fait qu'il ne serait arrêté par aucun de ses alliés africains. L'incapacité de la CPI à exécuter ses mandats d'arrêt a été mise en évidence de façon dramatique par la visite de Bashir en Afrique du Sud en 2015, où il a participé à un sommet des chefs d'État de l'UA. Cette visite a suscité une controverse mondiale, puisque l'Afrique du Sud a été au départ l'un des plus ardents défenseurs de la CPI. Bien qu'une ordonnance de la Haute Cour soit rendue pour son arrestation quelques heures à peine avant qu'il ne quitte Johannesburg, les autorités sud-africaines l'ont autorisé à partir au motif qu'en tant que chef d'État, Bashir jouissait d'une immunité d'arrestation.[28] Bien que la CPI ait visé très haut en ciblant Bashir, ses tranquilles pérégrinations ont clairement montré combien il pouvait être difficile de faire exécuter un mandat d'arrêt. Le changement radical opéré dans l'appui initial de certains pays africains à l'institution devenait douloureusement évident.

Au Kenya

En mars 2010, la CPI ouvre une enquête sur les violences qui ont ravagé le Kenya à la suite des élections présidentielles contestées de décembre 2007. Les partisans du candidat de l'opposition Raila Odinga sont descendus dans la rue pour dénoncer la fraude, ce qui a provoqué des émeutes et des affrontements avec les partisans du président sortant Mwai Kibaki. La situation a rapidement dégénéré en tueries interethniques, violences sexuelles, destructions de biens et déplacements. Fin février 2008, on estime à 1.200 le nombre de personnes décédées. Dans ce cas, le Kenya était un État membre de la CPI, mais jusqu'en 2010, peu de progrès avaient été réalisés localement dans la poursuite des personnes soupçonnées d'être à l'origine de la violence. En l'absence d'un renvoi par le Conseil de sécurité, Luis Moreno-Ocampo a lui-même ouvert l'enquête en utilisant ses pouvoirs *proprio motu*.[29] L'enquête a été rapidement suivie de convocations pour six personnes : le vice-Premier ministre Uhuru Kenyatta, le secrétaire de cabinet Francis Muthaura et le commissaire de police Mohammed Hussein Ali du côté du Parti de l'unité nationale de Kibaki, le ministre de l'Éducation William Ruto, le ministre de l'Industrie Henry Kosgey et l'animateur radio Joshua Arap Sang du côté du Mouvement démocratique orange de Raila Odinga. L'affaire a immédiatement fait l'objet de controverses.

Certains se sont félicités de cette décision, mais d'autres l'ont accueillie avec stupeur. Les observateurs internationaux se sont interrogés sur le fait que la CPI focalise de manière répétée des cas africains, alors qu'elle avait refusé d'enquêter sur deux autres conflits de même ampleur qui avaient éclaté à peu près au même moment que les violences au Kenya : la guerre entre la Russie et la Géorgie d'août 2008 et la guerre à Gaza à la fin 2008.

Au début, l'affaire du Kenya a pris un relativement bon départ. Tous les suspects se sont rendus volontairement à La Haye en avril et septembre 2011 pour assister aux audiences préliminaires. La Chambre préliminaire a refusé de confirmer les charges retenues contre Ali et Kosgey en 2012 et celles retenues contre Muthaura ont été abandonnées en 2013, mais la Cour a poursuivi Ruto et Sang pour meurtre, transfert forcé et persécution, et Kenyatta pour meurtre, transfert forcé, viol, persécution et autres actes inhumains.[30] Le procès de Ruto et Sang a commencé en septembre 2013 et le procès de Kenyatta devait commencer en 2014.

Cependant, des fissures sont rapidement apparues. À partir de 2013, nombre de témoins initiaux dans l'affaire ont commencé à se rétracter. Des allégations de corruption et d'intimidation et des menaces d'incendie de maisons ont commencé à faire surface.[31] Le procureur général a déclaré que le Kenya n'en faisait pas assez pour protéger les témoins,[32] mais d'autres ont estimé que le tribunal lui-même devait davantage s'impliquer. Un mandat d'arrêt à l'encontre de trois personnes accusées d'intimidation de témoins n'a pas été exécuté par le Kenya, et huit autres témoins clés se sont retirés en avril 2014, ce qui a compromis l'accusation. Un rapport de la CPI suggérait une campagne systématique d'intimidation et de corruption.[33] De plus, il y avait quelques doutes quant à la fiabilité de certains témoins Mungiki « clés » qui étaient au cœur de l'affaire.[34] Fatou Bensouda, qui, en 2012 a pris la relève de Luis Moreno-Ocampo, s'est plainte du refus du gouvernement du Kenya de coopérer ou de remettre des preuves essentielles.

Les problèmes des témoins ont été suivis d'une extraordinaire confrontation entre la justice et la politique. En 2013, Kenyatta et Ruto – rivaux aigris lors des élections de 2007 – s'associent pour battre campagne sous la bannière de la Coalition du Jubilee, en affrontant à nouveau Raila Odinga. Ils réussissent à se présenter comme les victimes d'une chasse aux sorcières internationale et intensifient la rhétorique anti-CPI en soulignant son incapacité à poursuivre quiconque en dehors de l'Afrique. Le 9 mars, Kenyatta est proclamé vainqueur, William Ruto devenant son vice-Premier ministre. Une fois de plus, la CPI est confrontée au dilemme de poursuivre un chef d'État élu non coopératif. Le procès de Kenyatta devait commencer à La Haye en septembre 2014, mais a été renvoyé à la dernière minute après une demande d'ajournement de Bensouda, car elle n'avait pas été en mesure de réunir suffisamment de preuves pour démontrer sa culpabilité hors de tout doute raisonnable.[35]

Finalement, la pression sur la CPI s'est avérée trop forte et les poursuites contre Kenyatta ont été abandonnées en décembre 2014. Bensouda a de nouveau accusé le Kenya de bloquer son travail, mais des questions ont également été soulevées sur les faiblesses apparentes et le manque de préparation du dossier d'accusation, largement monté par Luis Moreno-Ocampo.[36] Lorsque la nouvelle est diffusée, Kenyatta et Ruto sont accueillis par une foule de supporteurs enthousiastes. Kenyatta, clairement joyeux, twitte pour dénoncer le « manque flagrant d'impartialité » de la cour,[37] que tous les deux nomment « le jouet de puissances impériales en déclin ».

En avril 2016, l'inévitable se produit, et l'affaire contre Ruto et Sang est rejetée par la Cour, les juges ayant de nouveau dénoncé « l'incidence troublante d'ingérence de témoins et d'ingérence politique intolérable », ce qui a provoqué son effondrement.[38] Bien que Ruto n'ait pas été acquitté des charges, l'échec du procès fut un coup terrible pour la CPI et une victoire éclatante pour le contrecoup africain. Beaucoup ont dit que la CPI avait été « discréditée » par cette affaire. Une fois de plus, des milliers de victimes d'atrocités sont abandonnées, avec apparemment peu d'espoir d'obtenir justice.

∙ ∙ ∙

La CPI a réussi, dans une certaine mesure, à surmonter ces difficultés. En 2014, le gouvernement de transition de la République centrafricaine (RCA), dirigé par Catherine Samba Panza, s'adresse à la CPI pour obtenir l'ouverture d'une enquête. Le tribunal ouvre une nouvelle enquête sur toutes les violations de droits humains perpétrées dans le pays depuis 2003, en particulier les violences interethniques qui ont éclaté dans le pays à partir de 2012, après le renversement de l'ancien président François Bozizé par une alliance rebelle. Des milliers de personnes ont été tuées et, à un moment donné, un cinquième de la population a été déplacé après des heurts dans tout le pays entre les milices chrétiennes de défense et les rebelles, principalement musulmans. Cette enquête sur le rôle d'un petit nombre de personnalités de haut rang se poursuit parallèlement à la création d'un tribunal spécial général en RCA. Début 2016, l'ancien président ivoirien Laurent Gbagbo est jugé à la CPI, à La Haye, aux côtés de son allié Charles Blé Goude, accusé de crimes contre l'humanité à la suite d'une élection présidentielle contestée en 2010, qui a fait environ 3.000 morts. Le procureur de la CPI a allégué que Gbagbo avait tenté de rester au pouvoir en utilisant les forces de défense et de sécurité de l'État et les milices politiques, en prenant pour cible les partisans de son rival Alassane Ouattara, aujourd'hui président de la Côte d'Ivoire. Si cette affaire a été saluée par certains comme un signal clair que les anciens chefs d'État ne peuvent s'attendre à échapper à des poursuites une fois hors du pouvoir, le processus a également été critiqué parce que le camp adverse n'a pas été inquiété, ce qui a suscité des critiques de la justice du vainqueur.[39] Simone, épouse de Gbagbo, également convoquée par la Cour, n'a pas été remise aux autorités ivoiriennes et fut acquittée par un tribunal à Abidjan en 2017. Les charges contre Gbagbo ont été annulées par le CPI en 2019.

En septembre 2016, la CPI a remporté une victoire significative avec la condamnation d'Ahmad al Faqi Al Mahdi comme coauteur du crime de guerre consistant à diriger, intentionnellement, des attaques contre des bâtiments religieux et historiques.[40] Al Mahdi, qui appartenait au groupe djihadiste Ansar Dine lors de la prise de pouvoir du nord du Mali par les rebelles islamistes en 2012, a plaidé coupable de destruction d'anciens sanctuaires et tombeaux soufis dans la ville historique de Tombouctou, que son groupe considérait comme idolâtriques. Sa condamnation est historique dans la mesure car c'est la première fois que la destruction du patrimoine culturel fait l'objet de poursuites judiciaires, que l'instance juge un radical islamique et que quiconque plaide coupable (il a été enregistré devant une caméra en train de détruire des tombes, et les images ont été largement diffusées sur Internet, rendant difficile un déni). L'affaire suscite néanmoins des critiques de certains observateurs, comme l'analyste juridique Mark Kersten qui affirme qu'« il a probablement été ciblé par la CPI en partie parce qu'il a promis de coopérer avec les procureurs ».[41] Kersten souligne que la CPI avait échoué à poursuivre des accusations de violences sexuelles au Mali.

Objections africaines à la CPI

Il est important de souligner que la situation sur le continent africain n'est pas uniforme. La CPI continue de bénéficier d'un large soutien de certains pays africains, dont la Côte d'Ivoire, le Nigeria, le Mali, le Ghana et la RDC, qui ont, avec force, tous défendu l'institution lors de sa réunion annuelle en fin 2016. Le Nigeria, le Sénégal et d'autres ont dénoncé la « Stratégie de retrait de l'UA de la CPI » annoncée lors du sommet de l'UA à Addis-Abeba en juillet 2017.[42] Des organisations telles que HRW continuent de soutenir son travail au nom de plusieurs organisations de la société civile africaine, qui considèrent la Cour comme un des outils les plus puissants offrant un espoir aux victimes ordinaires d'abus de droits humains en Afrique. « Certains dirigeants africains se sont battus contre la société civile pour faire passer leur message », déclare William Nyarko, du Centre africain pour le droit international (Ghana). « Lorsque nous faisons participer le public et que nous l'aidons à comprendre le tribunal d'une manière non abstraite, nous constatons qu'il nous soutient largement ».[43]

Néanmoins, il est important d'analyser les objections politiques à l'encontre de la CPI afin de comprendre ce qui pourrait s'avérer utile ou attrayant à partir de l'expérience du modèle de tribunal hybride des CAE. Les objections africaines à la CPI se répartissent en trois grandes catégories : le préjugé « anti-africain », la menace qui pèse sur le principe d'immunité du chef de l'État en exercice, et le risque que les mandats d'arrêt et les poursuites judiciaires lancés avant la fin des combats entravent les efforts de paix.

Une grande partie des critiques de l'UA, en particulier celles exprimées par des personnalités comme Omar al-Bashir et Uhuru Kenyatta, ont trait au fait que toutes les enquêtes de la CPI, à l'exception d'une seule (celle sur la guerre entre la Russie et la Géorgie en Ossétie du Sud en 2008, qui a été annoncée en janvier 2016), ont été menées en Afrique. Jusqu'à présent, les trente-neuf personnes passées sur le banc des accusés à La Haye étaient toutes originaires d'Afriques,[44] bien que des examens préliminaires soient en cours dans d'autres régions, y compris celui des fonctionnaires russes en Ukraine. De manière significative, en novembre 2017, le procureur général a demandé l'autorisation d'enquêter sur le personnel militaire américain et des membres de la CIA au sujet d'allégations de crimes de guerre en Afghanistan, ainsi que sur les membres des forces de sécurité afghanes, les talibans et le réseau Haqqani.

Cet accent mis sur les crimes d'Africains a conduit à des accusations de néocolonialisme. S'il ne faut pas oublier que plusieurs cas (l'Ouganda, la RDC, la Côte d'Ivoire, la RCA et le Mali, par exemple) ont tous fait l'objet de saisines de dirigeants africains, ces accusations de partialité se sont révélées particulièrement pernicieuses lorsque des personnalités comme Ruto et Kenyatta les ont émises dans leurs batailles politiques contre la CPI. La CPI semble également offenser certains pays africains par son interprétation du principe de « complémentarité », en particulier parce qu'elle est parfois perçue comme étant intervenue trop rapidement, prenant le pas sur les processus nationaux en cours et leur laissant le sentiment qu'ils étaient jugés inadéquats. Par exemple, en RDC, des procès nationaux étaient déjà en cours contre les quatre chefs de guerre de l'Ituri inculpés par la CPI, mais ces procès n'ont pas abouti avant le transfert rapide des quatre hommes à La Haye (avec l'apparente coopération du gouvernement). De telles mesures sont utilisées comme preuve que les dirigeants et systèmes judiciaires africains sont en train d'être compromis.

Pour désamorcer les critiques, il a été avancé que la CPI ne peut pas être partiale, ni même raciste, parce qu'elle a en son sein des fonctionnaires africains, dont la nouvelle procureure en chef, Fatou Bensouda, qui a remplacé Luis Moreno-Ocampo en 2012. Cependant, cela est également rejeté par plusieurs analystes, dont Tor Krever, qui affirme qu'« identifier des responsables africains dans la direction de la cour est un faux-fuyant... Insister sur le fait que Bensouda n'a pas d'agenda biaisé est très différent de suggérer que la cour... [est] soumise à des pressions politiques ».[45]

Cette impression de partialité s'est renforcée au fil des années alors que les États-Unis semblent échapper à la justice sur la guerre en Irak, et ont commencé à influencer le travail de la Cour en courtisant les opinions publiques nationales pour faire arrêter des bandits comme Joseph Kony, et résoudre le conflit « génocidaire » au Darfour. En même temps, il y a eu peu de progrès dans la tentative d'inculper Bachar al-Assad en Syrie (bien que la Syrie ne soit pas signataire), des responsables russes en Ukraine (encore une fois non-signataire), tandis que Luis Moreno-Ocampo enquête sans relâche sur les crimes commis par les autorités libyennes sous le colonel Khadafi après le printemps arabe. Une enquête qui, selon certains, a été menée parallèlement au bombardement de la Libye par l'OTAN. Le renvoi d'affaires au Conseil de sécurité de l'ONU (dont trois membres ne sont même pas eux-mêmes membres de la Cour) a également provoqué des accusations d'attitude néocolonialiste.

« Aucun avocat honnête et réfléchi de la justice pénale internationale ne peut dire qu'il ou elle est satisfait de la portée de la CPI », affirme Mark Kersten. « Elle *est* sélectif et c'est *ça* le problème ».[46]

La menace qui pèse sur le principe d'immunité des chefs d'État en fonction (principe central de l'UA) a également contribué à attiser le ressentiment. Les actes d'accusation contre Uhuru Kenyatta et Omar al-Bashir se sont révélés profondément impopulaires dans certains milieux et semblent avoir été un facteur majeur dans la décision de l'Afrique du Sud de se retirer, en particulier après le refus très critiqué du pays d'arrêter Bashir lors de sa visite à Pretoria en 2015.[47] En 2009, l'UA décide que ses membres n'ont aucune responsabilité légale d'arrêter le président du Soudan, ce qui encouragea sans doute ses voyages sur le continent et conforte les gouvernements de le laisser quitter leur territoire en homme libre. Alors que le Statut de Rome a été rédigé pour refléter l'idée que la communauté internationale a la responsabilité de veiller à la punition des crimes internationaux, « les dirigeants africains semblent incapables d'accepter les atteintes à l'immunité des chefs d'État en exercice par le mandat contre Bashir », affirme Rowland J.V. Cole.[48]

Autre enjeu : les effets de menaces de poursuites judiciaires à l'encontre d'une partie d'un conflit en cours sur les chances de paix. Cela a été clairement démontré par l'insistance de Joseph Kony pour la levée des mandats d'arrêt avant l'ouverture des pourparlers de paix avec les négociateurs du gouvernement ougandais. Comme l'explique Phil Clark : « L'affaire Kony a été un tournant décisif. Une fois qu'un mandat d'arrêt de la CPI est délivré, il est presque impossible de s'en débarrasser ».[49] Le débat sur les mérites relatifs de poursuites pénales par rapport à d'autres approches de résolution des conflits, y compris l'amnistie et la réintégration des anciens combattants, est encore loin d'être réglé, comme l'ont montré les difficultés récentes à faire passer le référendum sur un accord de paix qui a accordé une amnistie à certains membres du mouvement rebelle colombien FARC (Forces Armées Révolutionnaires de la Colombie). En 2008, le Conseil de paix et de sécurité de l'UA a déclaré que le mandat d'arrêt contre Omar al-Bashir constituait une menace pour les négociations de paix en cours au Darfour, bien que jusqu'alors le processus de paix de l'UA ait eu peu d'impact. Comme le montre le cas des travailleurs humanitaires expulsés du Darfour, les mandats d'arrêt ont même menacé de raviver le conflit et d'aggraver la situation de ceux qui avaient survécu aux atrocités avant qu'une paix globale ne soit établie. « Avec les mandats d'arrêt qui pèsent sur lui, Bashir pourrait-il penser que le moment était venu de lancer une offensive générale pour trouver une solution militaire en Afrique ? » a demandé le journaliste Rob Crilly.[50] De nouveau, lorsque Kenyatta et Ruto sont convoqués à La Haye, les procédures sont considérées par l'UA comme un obstacle aux efforts de négociation d'une coalition gouvernementale.

L'analyse du conflit au Darfour par Rob Crilly et les appels lancés par des groupes basés aux États-Unis, tel que la coalition Save Darfour, en vue de poursuivre en justice des despotes africains alors même que les combats font rage, met clairement en évidence les attitudes « noires et blanches » envers le juste et le faux et l'impératif de justice.[51] Il soutient que ces simplifications excessives risquent de compromettre des solutions complexes et fragiles au conflit, adaptées aux conditions locales. Tim Allen, au sujet de l'Ouganda, a fait référence aux « dangers du fondamentalisme du droit international »,[52] où, ces dernières années, la nécessité d'engager des poursuites semble avoir pris le pas sur les processus traditionnels de réconciliation communautaire et les sources alternatives de justice. Même des processus comme la Commission Vérité et Réconciliation d'Afrique du Sud en 1994, qui s'est concentrée sur les témoignages d'expériences de victimes et de témoins comme forme de justice réparatrice, et les Gacaca, tribunaux « communautaires » d'après génocide rwandais, qui étaient conçus pour promouvoir la réconciliation, ont été remis en question et considérés comme « illégitimes » par certains.

En outre, il semble que l'enthousiasme initial de la CPI pour la promotion du rôle des victimes dans les procès, sur lequel la Cour espérait au départ se concentrer, s'est émoussé. Comme Phil Clark l'explique, la participation des victimes devenait difficile à gérer. En dépit des grandes promesses faites très tôt sur les « fonds d'affectation spéciale », la CPI a mauvaise réputation en matière de réparations pour les victimes. Par exemple, le chef de guerre de la RDC Thomas Lubanga a été condamné en 2012, mais au moment de la rédaction du rapport, le tribunal n'avait même pas encore formellement dressé la liste complète des victimes ayant droit à une indemnisation.

• • •

Malgré des débuts prometteurs, en quinze ans seulement, la CPI est passée d'un rôle d'espoir pour de nombreux pays africains aux prises avec la violence et les violations de droits humains à ce qui semble résolument être un conflit avec certains pays du continent. En octobre 2016, le Burundi, la Gambie et l'Afrique du Sud ont tous annoncé leur intention de se retirer de la CPI. La décision burundaise semble être liée à l'ouverture d'une enquête de l'ONU sur les violations présumées de droits humains commises lors d'un mouvement de protestation contre la tentative de Pierre Nkurunziza de se présenter pour un troisième mandat présidentiel. La décision de la Gambie, qui a porté un coup personnel à Fatou Bensouda, qui est gambienne, a été, en tous points, sauf pour les mots, une accusation de racisme contre la Cour.[53] La Gambie a déclaré qu'il était malheureux que la CPI refuse d'enquêter sur la mort de milliers de migrants d'Afrique subsaharienne essayant de traverser la Méditerranée pour se rendre en Europe. Cependant, la décision de se retirer est inversée en 2017 par Adama Barrow, le nouveau président du pays, qui a battu Yahya Jammeh aux élections de fin 2016. La décision de l'Afrique du Sud (qui a par la suite fait l'objet d'une contestation judiciaire et constitutionnelle) a été déplorée en raison de la position de ce pays en tant que leader en matière de droits humains et de justice de la période post-apartheid, et du fait qu'il avait été l'un des premiers pays à soutenir la Cour. Ces trois pays ne sont pas les seuls ; l'Ouganda, la Namibie et le Tchad ont manifesté leur intérêt à se retirer, tout comme le Kenya, sans doute marqué par sa propre expérience avec cette institution. Et l'idée de quitter la CPI semble être à l'ordre du jour aux plus hauts niveaux de la politique africaine. Lors du sommet de l'UA en janvier 2017, des États ont annoncé une « Stratégie de retrait de la CPI ». Le document fait expressément référence à la question controversée de l'immunité des chefs d'État, bien qu'il semble non contraignant,[54] sans mesures concrètes ni calendrier.

Évaluation du modèle hybride régionalisé des CAE

Les CAE étaient un procès ad hoc hybride conçu à une époque où la littérature académique pensait que les hybrides cesseraient d'être pertinents au fur et à mesure que la CPI prendrait ses pleins pouvoirs. En fait, comme le dit Phil Clark, « les hybrides ont survécu et nous voyons maintenant un véritable catalogue de modèles ».[55] Il devient évident qu'il existe de nombreuses situations dans lesquelles la CPI pourra ni d'enquêter ni engager des poursuites, et le succès des CAE est une preuve supplémentaire que les procès hybrides ont encore un rôle à jouer.

De plus, certaines caractéristiques particulières des CAE les ont rendues populaires en Afrique, et celles-ci doivent également être prises en compte dans les futures ouvertures de poursuites. Dès le début, les CAE semblaient à l'abri de l'accusation grave de partialité institutionnelle, voire de racisme : il s'agit d'un tribunal créé par des Africains et qui ne pouvait donc être accusé de cibler des Africains. Si certains ont critiqué l'internationalisation « limitée » des CAE, qui se résumait en fait à deux juges extérieurs au Sénégal, ils n'en étaient pas moins des fonctionnaires africains et non européens. Il s'agissait d'une victoire symbolique et politique, un tribunal qui pouvait se défendre contre les accusations d'impérialisme. Si elles ont obtenu l'approbation des autorités tchadiennes (qui n'ont pas contesté leur légitimité et leur ont accordé 35% de leur budget), c'était aussi la première fois que l'UA elle-même s'impliquait dans la création d'un tribunal pénal internationalisé. Tous les juges et l'équipe des procureurs étaient africains, et les seuls visages blancs étaient une poignée d'avocats européens qui aidaient à la représentation des parties civiles. C'était une formule politiquement acceptable qui a montré la capacité de l'UA à juger les crimes internationaux les plus graves.

Néanmoins, certains des manquements des CAE montrent que, comme tous les tribunaux, y compris la CPI, elles se heurtent encore à des réalités politiques qui compromettent leur travail. Par exemple, elles n'ont pu obtenir l'extradition des cinq coaccusés et beaucoup ont laissé entendre que c'était en raison de blocages politiques au plus haut niveau de la politique tchadienne. C'est un point intéressant, car la CPI n'a jusqu'à présent réussi qu'à emprisonner des individus de faible rang, tels que Lubanga et Bemba, deux chefs rebelles qui opéraient quelque peu en marge de conflits géopolitiques plus importants. Ses tentatives de s'attaquer aux dirigeants du Soudan et du Kenya ont échoué. Les CAE, en revanche, ont pris le plus haut responsable, ce qui est une grande réussite, mais n'ont pas réussi à attraper les personnes de rang intermédiaire qui pourraient bien avoir été responsables de violations quotidiennes de droits humains et qui auraient plus de réponses que Habré lui-même. Reste la question de savoir si un tribunal doit s'occuper d'affaires politiquement difficiles et très médiatisées, au risque de réactions immédiates en cas d'échec, ou si ses procureurs doivent viser les affaires qu'ils savent pouvoir gagner. Il peut sembler que, quel que soit son choix, un tribunal ne peut pas vraiment gagner.

Justice différée

Le succès des CAE dans la poursuite d'abus commis par un dirigeant qui pensait vraisemblablement qu'il n'aurait jamais à répondre d'actes vieux de trente ans est un cas type intéressant, et soulève la question de savoir si un tel modèle de procès hybride pourrait être utile dans les cas d'abus historiques. Depuis le TPIY et le TPIR, une partie du débat a porté sur la nécessité de poursuivre plus rapidement les crimes internationaux graves, sachant que justice différée est justice refusée, comme dans le cas de Slobodan Milosevic, qui est mort avant la fin de son procès. Comme nous l'avons vu, le statut permanent de la CPI a été considéré comme un plus, car il lui a permis d'ouvrir des enquêtes avant la fin des conflits civils. Cependant, comme l'a fait valoir Alex Whiting, professeur à la faculté de droit de Harvard, tout retard dans les cas de crimes de guerre n'est pas nécessairement une mauvaise chose : « Lorsque les États, les groupes non étatiques et les individus sortent du conflit, ils peuvent être plus enclins à fournir des informations et des preuves pour les enquêtes pour crimes de guerre, soit parce que, à terme, ils reconnaissent que c'est dans leur propre intérêt de le faire, ou que les passions sont moins vives pour permettre une coopération ».[56]

En ce qui concerne l'objection de l'UA à l'idée de poursuivre des chefs d'État *en exercice*, le succès des CAE suggère que la volonté politique au niveau régional pourrait, à terme, être plus forte pour s'attaquer aux dirigeants après leur départ du pouvoir. Cela peut parfois prendre des décennies, mais les procès politiques ne peuvent avoir lieu que lorsque les conditions politiques sont réunies, ce qui est également lié aux critiques sur les mandats d'arrêt de la CPI qui semblent, dans certains cas, à la fois interférer dans les initiatives diplomatiques de paix de haut niveau en cours, et dans les efforts communautaires visant à amener la réconciliation.

Bien entendu, la menace rétroactive de poursuites doit être mise en balance avec le danger de l'impression de ne rien faire lorsque des crimes sont commis. Cela crée également une situation précaire dans laquelle un chef d'État en exercice peut avoir le sentiment que, sans les attributs du pouvoir et l'immunité liés à sa fonction du chef de l'État, il pourrait un jour avoir à répondre de ses crimes.

C'est ce qui s'est passé fin 2016, lorsque le président gambien Yahya Jammeh a brusquement décidé de s'accrocher au pouvoir, après avoir d'abord promis de respecter les résultats d'une élection remportée par son rival Adama Barrow. Certains ont suggéré que la menace de poursuites contre Jammeh pour violations de droits humains et pour le vol des biens de l'État par les partisans de Barrow était un facteur clé dans sa tentative de s'accrocher au pouvoir.[57] Bien que Jammeh ait finalement été persuadé de démissionner par ses collègues d'Afrique de l'Ouest, et qu'une décision opportune a été prise de retirer la menace de poursuites, ce n'est peut-être pas un hasard s'il a choisi de s'exiler en Guinée équatoriale, qui ne reconnaît pas la CPI.

Peut-on envisager la reproduction ?

Les CAE offrent la perspective de juger des cas historiques de violations de droits humains, en utilisant un modèle de procès hybride « panafricain » politiquement légitime. Mais avant de conclure que le statut des CAE devrait simplement être dépoussiéré et réutilisé (par exemple dans une poursuite contre Jammeh), il est important de se rappeler que les CAE, en tant qu'institution, étaient une réponse très particulière à un ensemble de circonstances non moins très particulières. Hissein Habré était un personnage exceptionnellement isolé au moment où le procès s'ouvre finalement, près de vingt-cinq ans après son éviction. Il est en exil, abandonné par ses anciens partisans comme les États-Unis et la France, et pendant la majeure partie des années 2000, son seul protecteur puissant est Abdoulaye Wade. Nombre de ses compatriotes africains contemporains sont morts ou ont été chassés du pouvoir. Lorsque Macky Sall entre en fonction en 2012, modifiant les conditions politiques au plus haut niveau au Sénégal, est sans doute « le développement le plus significatif qui a changé le cours de notre campagne », dit Reed Brody.[58] La protection de Habré s'est évaporée et il était relativement facile politiquement de le livrer. Vingt ans après son départ du pouvoir, et compte tenu de la complexité des groupes rebelles au Tchad, qui s'étaient considérablement éloignés des loyalistes de Habré, il y avait peu de danger que quiconque s'oppose aux mandats d'arrêt des CAE, en arguant qu'ils pourraient faire échouer des négociations nationales pour la paix. Au début de l'enquête, le Tchad semblait désireux d'aider et de faciliter la tenue du procès, et Habré n'avait plus assez de soutien populaire au Tchad pour le sauver. Cependant, comme nous l'avons vu, des craintes ont rapidement fait surface que le focus des CAE sur d'autres agents de la DDS encore en liberté au Tchad ne mette mal à l'aise des personnalités clés du gouvernement actuel.

En ce qui concerne la mise en place d'une réplique de procès hybride ad hoc pour juger un ancien chef d'État pour violations historiques de droits humains, il est donc difficile de penser à de nombreux autres « dictateurs attendant dans les coulisses » qui ont quitté le pouvoir depuis longtemps et seraient aussi vulnérables aux poursuites. Une possibilité serait l'ancien dictateur éthiopien Mengistu Haile Mariam, qui vit depuis de nombreuses années à Harare sous la protection de Robert Mugabe, bien que l'on ne sache pas encore très bien quel impact aura la chute de Mugabe sur la situation de l'ancien dirigeant au Zimbabwe. Juste au moment où s'achevait la recherche pour ce livre, de sérieux efforts étaient déployés pour poursuivre l'ancien dirigeant gambien Yahya Jammeh et enquêter sur les violations de droits humains et sur le vol des biens de l'État pendant ses vingt-deux années de règne. Reed Brody a fait part de son intérêt à aider les victimes gambiennes dans cette affaire,[59] et des victimes de Habré se sont rendues en Gambie au début de 2017 pour parler aux survivants d'abus en Gambie de leur propre expérience d'engagement de poursuites.[60] Néanmoins, un examen préliminaire de la situation suggère qu'il serait difficile de poursuivre Jammeh sans la coopération des autorités équato-guinéennes.

Le chemin qui a mené à la conception des CAE a été long, tortueux et très spécifique. Il s'agit d'échec des poursuites de Habré devant les tribunaux nationaux du Sénégal, de la loi belge (aujourd'hui abrogée) sur la compétence universelle et enfin d'une décision controversée du tribunal de la CEDEAO qui a mené à « l'internationalisation » d'un procès, qui, dans d'autres circonstances, aurait pu se tenir devant des tribunaux nationaux. La CPI n'a pas pu engager des poursuites parce que les crimes ont été commis avant 1998. En outre, bien qu'Idriss Déby Itno soit l'ennemi juré de Habré, le Tchad a effectivement renoncé à son droit d'inculper et de juger

Habré devant un tribunal national, peut-être par crainte que trop d'informations ne soient diffusées sur les anciens agents de la DDS et les associés de l'ère Habré. Toutes les voies futures de poursuites – CPI et nationales – seront explorées, et ne concluront nécessairement pas que la mise en place d'un nouveau tribunal à partir de zéro est la meilleure approche.

Il est également important d'examiner dans quelle mesure le soutien d'organisations internationales bien financées telles que HRW et Amnesty International a permis à l'affaire de parvenir à une conclusion. La vie de Reed Brody a été, pendant seize ans, prise par l'affaire, comme il l'avoue lui-même, parce que ses amitiés avec des gens comme Jacqueline Moudeina et Clément Abaifouta lui ont donné le sentiment d'avoir un objectif.

Les victimes tchadiennes et des personnalités comme Moudeina, Abaifouta et Souleymane Guengueng ont fait des efforts incroyables pour présenter l'affaire dans le monde entier, mais il est difficile d'imaginer qu'elles auraient pu atteindre le public mondial sans l'aide de HRW, une grande organisation américaine bien connue et ayant une équipe mondiale de communication. HRW dispose de nombreux avocats expérimentés et qualifiés qui ont eu la chance d'avoir le temps et l'argent nécessaires pour réfléchir à des solutions de rechange lorsque les poursuites engagées en Belgique, au Tchad et au Sénégal étaient au point mort. Reed Brody est suffisamment bien connu pour collecter de fonds importants auprès d'institutions internationales et de personnes influentes pour financer son propre poste et une équipe de chercheurs dans la préparation au procès, un chiffre qui aurait atteint au moins 1,5 million de dollars en seize ans.[61]

Compétence universelle

Une autre considération clé dans la duplication du modèle de CAE est de comprendre le rôle du concept de compétence universelle dans de futurs tribunaux. La compétence universelle est un pilier majeur et « unique » des CAE, parce que les tribunaux précédents étaient fondés principalement sur l'exercice de la compétence territoriale. Comme l'affirme l'universitaire Sarah Williams, « les CAE établissent maintenant un précédent pour la création d'un tribunal pénal internationalisé qui fonctionne exclusivement sur la base de la compétence universelle ».[62] En théorie, la compétence universelle est très attrayante parce qu'elle supprime la difficulté du consensus multinational pour tout type de procès, et qu'elle est en fait promue particulièrement utile par des groupes comme Africa Legal Aid.[63]

Néanmoins, tout comme les États-Unis qui craignent la création d'un poste de procureur en chef à la CPI ayant le pouvoir d'inculper des chefs d'État en exercice dans le monde entier, l'UA s'est aussi récemment méfiée de l'abus potentiel de la compétence universelle. Elle a été associée aux tentatives de juges européens d'outrepasser les procédures judiciaires ailleurs, par exemple dans l'affaire Pinochet, et de manière significative pour l'UA, à la décision prise en 2008 par un juge espagnol de délivrer des mandats d'arrêt internationaux en utilisant la compétence universelle contre quarante fonctionnaires rwandais, les accusant de meurtres de vengeance après le génocide de 1994, de crimes contre l'humanité, de génocide et de terrorisme.[64] L'une d'entre eux, Karenzi Karake, chef des services de renseignement rwandais, a été arrêté à l'aéroport de Heathrow en juillet 2015, mais sa demande d'extradition a été rejetée. Cette affaire de compétence universelle a provoqué une réaction furieuse du président rwandais Paul Kagame, qui a porté la question devant le Conseil de paix et de sécurité de l'UA. L'organisme a répondu par une critique cinglante des gouvernements occidentaux pour « une violation flagrante du principe de compétence universelle [...] non seulement une attaque contre un ressortissant rwandais, mais contre l'Afrique dans son ensemble ».[65] En d'autres termes, la compétence universelle peut être considérée comme une action malhonnête d'un État, sapant ainsi l'ordre international : il se peut fort bien que les États considèrent que les procès fondés sur la compétence universelle comme plus offensants et dangereux pour les concepts dominants de souveraineté que les procès qui ont au moins la légitimité et l'approbation de la communauté internationale.⁶⁶

La motivation de l'UA à créer les CAE était en partie due à la menace d'extradition d'un ancien chef d'État africain vers la Belgique qui exerçait sa propre juridiction universelle, et considérée par certains comme un « mouvement néocolonialiste ». C'est quelque peu troublant, car l'affaire des CAE s'est finalement arrêtée sur le droit du Sénégal à exercer sa compétence universelle. Sarah Williams a soutenu que la décision finale d'utiliser la compétence universelle au sein des CAE ne remet pas nécessairement en cause la position de l'UA parce que l'organe a influencé la création de la Cour, et parce que c'était un pays africain exerçant une compétence universelle.⁶⁷ Toutefois, il reste à voir si d'éventuels futurs procès, en particulier ceux intentés par l'UA, voudraient spécifiquement ouvrir la porte à l'utilisation future de ce concept juridique.

En conclusion, la valeur réelle des CAE est qu'elles ont obtenu une condamnation dans un délai raisonnablement court et sans drame. Alors que la CPI était accusée de partialité anti-africaine, les CAE constituent un tribunal créé par l'UA elle-même. Elles avaient une légitimité parce qu'elle permettait une participation internationale (mais surtout africaine), lui évitant ainsi l'accusation de néocolonialisme. Il n'y avait pas non plus grand-chose pour alimenter les objections politiques au niveau des dirigeants en Afrique. L'accent mis sur les abus historiques et la décision de ne pas enquêter sur Idriss Déby ont écarté la question de l'immunité du chef de l'État, et son mandat rétroactif a laissé passer suffisamment de temps pour calmer les passions au Tchad, ce qui a limité son impact sur la politique tchadienne contemporaine. Habré peut être considéré comme un sacrifice politiquement acceptable, aidant l'UA à montrer qu'elle est disposée et capable de lutter contre l'impunité dans les crimes les plus graves, notamment la torture, les crimes contre l'humanité et les crimes de guerre.

Alors que le modèle de tribunal « unique permanent » de la CPI basée en Europe continue d'être remis en question dans toute l'Afrique, le chemin sinueux vers la création des CAE est une leçon intéressante de solutions pragmatiques, souples et novatrices aux impasses politiques. Elle remet en question l'idée selon laquelle les dirigeants autoritaires peuvent raisonnablement se retirer à l'ombre et n'ont pas à répondre de leurs crimes. Par ailleurs, elle montre que les gens ordinaires peuvent se réunir, se lever et affronter d'anciens dirigeants qui les ont jadis terrorisés. Bien qu'il soit peu probable d'assister à une réplique exacte de son mécanisme judiciaire en raison de l'impopularité du principe de compétence universelle, le succès des CAE a montré que les tribunaux hybrides ad hoc créés par l'UA peuvent jouer un rôle important dans les efforts futurs d'obtention de justice sur le continent africain.

Notes

1. http://www.amnestyusa.org/news/press-releases/Hissene-Habre-verdict-is-alandmark-decision-bringing-justice-for-tens-of-thousands-of-victims
2. http://www.reuters.com/article/us-africa-justice/chad-war-crimes-verdict-amilestone-on-long-road-to-african-rights-court-idUSKCN0YP1PP
3. http://www.worldpoliticsreview.com/articles/18983/is-Habre-s-landmarkconviction-a-new-model-for-international-justice
4. https://www.nytimes.com/2016/02/16/opinion/the-landmark-trial-of-Hissene-Habre.html?_r=0
5. Schiff 2008, p. 3.
6. Bosco 2014, p. 76.
7. McAuliffe 2011, p. 5.
8. McAuliffe 2011, p. 6.
9. Bosco 2014, p. 23.
10. Schiff 2008, p. 48.
11. Schiff 2008, p. 32.
12. Bosco 2014, p. 185.
13. Cole 2013, p. 673.
14. Allen 2006, p. 37.
15. Bosco 2014, p. 97.
16. Allen 2006, p. 84.
17. Schiff 2008, p. 202.
18. Allen 2006, p. 97.

19 Allen 2006, p. 209.
20 https://www.theguardian.com/law/2017/jan/16/trial-ex-child-soldier-dominic-ongwen-to-hear-prosecution-case-icc-uganda
21 Schiff 2008, p. 213.
22 Bosco 2014, p. 142.
23 Bosco 2014, p. 113.
24 Bosco 2014, p. 142.
25 Crilly 2010, p. 212.
26 Crilly 2010, p. 211.
27 https://www.theguardian.com/world/2010/jul/22/chad-refuses-arrest-omaral-bashir
28 https://www.theguardian.com/world/2016/mar/16/south-african-courtrules-failure-to-detain-omar-al-bashir-was-disgraceful
29 https://www.icc-cpi.int/kenya
30 https://www.ijmonitor.org/kenya-cases-background/
31 https://www.nytimes.com/2016/06/26/magazine/international-criminal-court-moreno-ocampo-the-prosecutor-and-the-president.html?_r=1
32 http://www.bbc.com/news/world-africa-23359940
33 https://www.hrw.org/news/2016/04/05/icc-kenya-deputy-presidentscase-ends
34 https://www.nytimes.com/2016/06/26/magazine/international-criminal-court-moreno-ocampo-the-prosecutor-and-the-president.html?_r=1
35 http://www.bbc.com/news/world-africa-29083115
36 https://www.nytimes.com/2016/06/26/magazine/international-criminal-court-moreno-ocampo-the-prosecutor-and-the-president.html?_r=1
37 https://twitter.com/UKenyatta/status/808263974231928832
38 http://www.bbc.com/news/world-africa-35965760
39 https://www.washingtonpost.com/news/monkey-cage/wp/2016/02/03/who-is-laurent-gbagbo-and-why-is-he-on-trial-at-the-icc/?utm_term=.9aeb87824be4
40 https://www.icc-cpi.int/pages/item.aspx?name=pr1242
41 https://justiceinconflict.org/2016/08/25/the-al-mahdi-case-is-a-break-through-for-the-international-criminal-court/
42 https://www.hrw.org/news/2017/02/01/aus-icc-withdrawal-strategy-lessmeets-eye
43 William Nyarko, entretien 2017.
44 http://criticallegalthinking.com/2016/10/30/africa-in-the-dock-icc-bias/
45 Ibid.
46 https://justiceinconflict.org/2012/02/22/is-the-icc-racist/

47 https://justiceinconflict.org/2016/10/26/some-thoughts-on-south-africaswithdrawal-from-the-international-criminal-court/
48 Cole 2013, p. 687.
49 Phil Clark, entretien mars 2017.
50 Crilly 2010, p. 223.
51 Crilly 2010, p. 224.
52 Allen 2006, p. 24.
53 http://www.independent.co.uk/news/world/africa/gambia-internationalcriminal-court-hague-yahya-jammeh-south-africa-burundi-a7380516.html
54 https://www.theguardian.com/law/2017/jan/31/african-leaders-planmass-withdrawal-from-international-criminal-court
55 Phil Clark, entretien janvier 2017.
56 Whiting 2009, p. 327.
57 https://www.theguardian.com/world/2016/dec/07/the-gambias-new-rulersvow-to-prosecute-outgoing-president
58 Reed Brody, entretien téléphonique 10 mars 2017.
59 http://www.justiceinfo.net/en/justice-reconciliation/34449-lawyerwho-felled-habr%C3%A9-to-pursue-gambian-yahya-jammeh.html
60 http://www.reuters.com/article/us-gambia-justice-victims/victimsofchads-former-ruler-inspire-gambians-seeking-jammeh-justice-idUSKBN17Z1O0
61 https://www.nytimes.com/2016/02/16/opinion/the-landmark-trial-of-Hissene-Habre.html?_r=0
62 Williams 2013, p. 1140.
63 Evelyn Ankumah, entretien octobre 2017.
64 http://www.bbc.co.uk/news/world-africa-34477883
65 https://www.dailymaverick.co.za/article/2015-09-08-analysis-africa-mightnot-see-the-likes-of-habr-and-ntaganda-in-court-again-this-decade/#.WMf_039rZBI
66 Williams 2013, p. 1152 n. 67.
67 Williams 2013.

CONCLUSION

En l'absence d'autres appels interjetés en vertu des CAE, la chambre temporaire a été dissoute et le verdict final met fin à une saga extraordinaire de la politique africaine et de la justice historique. Hissein Habré, qui a inspiré la crainte et l'admiration, le « demi-dieu » qui a gouverné le Tchad d'une main de fer pendant huit ans, a été démasqué, un simple être humain, incapable de faire appel à ses anciens partisans, les États-Unis et la France, pour lui éviter de passer le reste de sa vie en prison. Les méthodes cruelles et brutales qu'il a cautionnées pour se maintenir au pouvoir ont été révélées au monde, ainsi que celles choquantes de son réseau d'agents de la police secrète et de tortionnaires qui ont renforcé son pouvoir. L'idée que les anciens dirigeants puissent espérer échapper au jugement pour leurs crimes a été contestée : « Nous avons levé le voile sur l'impunité », a déclaré Jacqueline Moudeina. « C'est de cela qu'il s'agissait en réalité ».[1] Cette réalisation remarquable est le fruit du dévouement inlassable d'un petit groupe d'avocats tchadiens et de victimes qui n'ont jamais baissé les bras. Comme Reed Brody l'a reconnu dans ses nombreuses analyses post-procès, les voix des victimes ont joué un rôle central dans ce processus, et il faut accorder un énorme crédit à ces militants qui ont traduit un dictateur devant la justice.

Dans le même temps, les CAE mises en place au sein du système judiciaire sénégalais se sont avérées, dans une large mesure, compétentes et professionnelles, évitant tant les nombreux écueils qui ont entravé la justice en Afrique dans le passé. Le tribunal a scrupuleusement respecté le calendrier et le budget, et n'a pas été dévié par le fracassant refus de Habré de coopérer dès le départ. Les CAE ont été largement perçues comme un exemple de l'engagement de l'UA à juger les personnes accusées de violations de droits humains dans le passé, et à bien des égards, comme une « solution africaine à un problème africain ». Par sa localisation sur le sol africain, le recours à des administrateurs et juges africains et la forte participation d'avocats et de victimes tchadiens enregistrés comme parties civiles, elle a offert une alternative intéressante à l'idée d'une CPI biaisée voire même « raciste », qui rend la justice dans des salles d'audience européennes lointaines. L'impact sur la justice sénégalaise s'est également fait sentir ; celle-ci a démontré de manière louable sa capacité à juger des crimes internationaux, avec des personnalités clés telles que Mbacké Fall qui peuvent désormais se targuer d'une expérience impressionnante dans le traitement d'affaires internationales.

Les CAE ont également fait des progrès impressionnants, mais moins médiatisés, dans l'élaboration du concept de sensibilisation, d'engagement communautaire et participatif dans leur travail. Une campagne de sensibilisation prolongée a été menée au Tchad même, ainsi que les quatre commissions rogatoires, dirigées par le procureur en chef Mbacké Fall, ont été très bien accueillies et semblent avoir beaucoup fait pour convaincre les victimes et les Tchadiens ordinaires qu'il était là pour les écouter et que la justice qu'il rendrait serait la leur. D'après mes entretiens avec les victimes au Tchad et de ma couverture de l'affaire, je crois que beaucoup d'entre eux sont satisfaits du verdict et de la sentence ; des personnes que j'ai interrogées à N'Djaména (bien sûr, cette liste n'est pas exhaustive), la plupart se sont dites soulagées qu'une campagne de vingt-cinq ans en faveur de la justice, avec ses impasses apparemment interminables de poursuites infructueuses et de reports, se soit soldée par un important résultat. Ces victimes ont parlé de la façon dont le verdict avait changé leur vie et leur avait permis de tourner la page sur les horreurs du passé. Comme mon enquête l'a révélé, les Tchadiens ordinaires ont également été soulagés et heureux du verdict : « Non seulement les victimes sont fières, mais tous les Tchadiens et les Africains », a affirmé Christian Mbaidoum ; « C'est un verdict historique. C'est la première fois qu'un président africain est jugé sur le sol africain », a estimé Alladoum Le-Ngarhoulem ; « C'est la preuve que nous pouvons juger des chefs d'État qui pensaient pouvoir tuer leur propre peuple. Cela montre que l'Afrique peut avoir sa propre cour pénale internationale », a déclaré Léopold Dinanou.[2]

Néanmoins, les CAE n'ont pas tout réussi. Confrontées à des contraintes budgétaires et de temps, elles ont été contraintes dès le début de limiter la portée de leurs enquêtes. On peut louer la Cour d'avoir pris conscience de l'importance d'inculper les cinq lieutenants de Habré afin de bien saisir la complexité des structures de commandement de la DDS dans les années 1980, mais elle a finalement été incapable de traduire les coaccusés en justice. De façon frustrante pour beaucoup de gens qui espéraient que le procès permettrait de faire la lumière sur qui avait donné les ordres, Habré s'est réduit à une présence silencieuse et vague enveloppée dans un boubou blanc, toujours à la marge du processus judiciaire. Nous ne connaîtrons probablement jamais toute l'ampleur de ce qui s'est réellement passé au Tchad de 1982 à 1990 et de la proportion exacte de ce qui a été fait sur le commandement personnel de Habré. Les CAE n'ont pas établi un nombre fiable de personnes qui seraient mortes d'abus, de mauvais traitements et de massacres organisés au Tchad sous le règne de Habré. Bien que l'équipe de la défense nommée par le tribunal ait fait de son mieux dans des circonstances presque impossibles, l'insuffisance de la défense était flagrante. Le tribunal a également choisi d'éviter d'examiner le rôle du soutien international des États-Unis et de la France dans la perpétuation des violences accompagnant les tortures commises par la DDS. « J'avais des sentiments mitigés lorsque le verdict a été rendu », a dit Gaëtan Mootoo, chercheur à Amnesty International qui a travaillé sur le Tchad durant les années 1980.

> J'ai été heureux de voir la fin du procès, et je me suis souvenu de tous ceux qui sont morts avant d'avoir obtenu justice parce que tout cela avait pris trop de temps. J'ai vu des représentants de la communauté internationale à la cour ce jour-là et je me suis demandé s'ils ne se sentaient pas hypocrites. Que faisaient-ils tous dans les années 1980 quand les victimes tchadiennes appelaient à l'aide ?[3]

Les CAE ont également été incapables de lancer une véritable investigation pour récupérer l'argent que Habré aurait volé au Tchad dans les années 1980 et au Trésor du pays la nuit où il a été renversé par Idriss Déby. Jusqu'à présent, on n'a recouvré que 900.000 dollars environ, soit une fraction de la somme promise aux victimes en guise de dédommagement. Les contraintes de financement et les lacunes du Statut ont laissé subsister des questions majeures concernant la responsabilité ultime de veiller que les victimes reçoivent l'indemnisation qui leur a été promise, et cela n'a pas été résolu de manière globale avec la dissolution de la Chambre d'appel. Le Fonds fiduciaire a été créé, mais n'a collecté que 5 millions de dollars. Dans le même temps, il ne semble pas y avoir d'impact perceptible sur le système judiciaire tchadien, bien que les quelques avocats tchadiens qui se sont présentés devant le barreau puissent à l'avenir mettre à profit leur expérience pratique du droit international. Quoique de nombreux observateurs estiment que l'affaire a suffisamment effrayé l'actuel président Idriss Déby pour qu'il promette au moins dans un premier temps de coopérer, aucune amélioration significative de la démocratie au Tchad n'a été enregistrée au cours des quelques années passées. Même si certaines figures majeures de la DDS sont maintenant derrière les barreaux au Tchad, il y a encore d'anciens agents en liberté dans le pays, et certains des anciens partisans sont toujours dans des postes à responsabilité. Ces points montrent que les CAE, comme tout autre processus de justice pénale internationale, se heurteront toujours à des blocages politiques dans leur travail.

En fin de compte, il se peut tout de même qu'une justice apparemment inachevée soit perçue comme meilleure que pas de justice du tout. Pour les victimes, la question de l'indemnisation impayée est une pilule amère à avaler, mais il reste un fort sentiment de satisfaction qu'au moins Habré soit derrière les barreaux et que leurs souffrances aient été largement reconnues.

Les CAE ont visé extrêmement haut et réussi à emprisonner le commandant en chef lui-même. Ce n'est pas une mince réussite. En ce qui concerne l'absence d'examen du rôle des États-Unis et de la France dans le soutien à Habré, certains observateurs estiment qu'il n'est pas inhabituel que les circonstances politiques et historiques entourant les violations de droits humains ne soient pas examinées. « La question de l'implication internationale se pose toujours », dit Emmanuelle Marchand, qui a aidé Alain Werner à préparer le procès et qui a travaillé sur de nombreuses affaires internationales. « Les gens ont posé des questions au CETC sur l'impact des bombardements américains au Cambodge. Mais la justice internationale est toujours limitée – peut-on s'attendre à ce que nous nous occupions de tout ? »[4] Il semble qu'il soit souvent peu pratique, pour des raisons de temps et d'argent, d'entrer dans le détail de chaque facette du système politique entourant les violations de droits humains, et il semble probable que les professionnels du droit choisiront les causes qu'ils croient être les plus à même de gagner. Il faudra toujours faire des choix quant au nombre de personnes à juger et à leur hiérarchie relative.

Le point de vue de l'UA

Les CAE étaient un procès ad hoc « hybride » ou internationalisé conçu à une période où la littérature académique pensait que l'époque des tribunaux hybrides était révolue et que la CPI serait une « prochaine étape » naturelle de la justice. C'était, de manière significative, la première fois que les tribunaux d'un pays africain étaient utilisés pour juger des crimes commis dans un autre pays africain en appliquant le principe de la compétence universelle. Ce modèle a donc offert une alternative au modèle de la supposée primauté de la CPI et a pu « donner un aperçu valable de ce à quoi ressemblerait une approche régionale de la justice internationalisée ».[5] En particulier pour les CAE, cela inclut la perspective bienvenue d'une absence d'Européens dans l'équipe de procureurs ou dans la magistrature, mais aussi de la présence d'avocats tchadiens pour défendre les victimes tchadiennes en terre sénégalaise. Cela semble conférer une légitimité à la cour parce que les accusations de justice internationale dictées par des salles d'audience éloignées en Europe ne tenaient plus la route, et les procédures engagées contre Habré par les CAE sont considérées comme « une expérience enrichissante » pour tous les concernés.[6] Le dossier a été constitué sur une base très spécifique, et les éléments internationaux ont contribué à renforcer les fondements du système judiciaire sénégalais, en augmentant sa légitimité, et ont également montré que l'UA est capable de faire face aux situations d'impunité. Bien des choses dépendront maintenant de ce que l'UA décide de faire de son expérience dans la création des CAE. En tant que seul organe panafricain disposant de l'expertise et du pouvoir législatif nécessaires à la mise en place de ce type de procès, il semble que la question de la volonté politique des dirigeants de l'UA soit essentielle pour faire progresser l'expérience du procès de Habré. Bien entendu l'UA ne pouvait rien faire, car le procès de Dakar ne devait être que des poursuites contre Hissein Habré. Cependant, le groupement régional semblait au départ fier de la Cour et désireux de montrer son rôle dans le développement de « solutions africaines aux problèmes africains ». Reed Brody a affirmé que le rôle d'individus tels que l'ancien conseiller juridique de l'UA, Ben Kioko, dans la mise en place des CAE lors des négociations avec le Sénégal en 2013, a été crucial. Lors du sommet de l'UA à Johannesburg en 2015, tenu alors que les CAE ouvraient leurs portes pour la première fois au Sénégal, le nouveau conseiller juridique de l'UA Vincent Nmehielle a déclaré que cette instance est un « exemple de l'UA gérant ses propres affaires judiciaires car elle est la mieux placée pour le faire, et les comprend mieux ».[7] Cependant, au fur et à mesure que les procédures des CAE avançaient, il a semblé, dans certains milieux, que la voix de l'UA devenait moins prégnante dans le débat. Certains se sont ouvertement demandé si le soutien de l'organe à l'institution s'était refroidi et s'il existait une position commune sur l'engagement à juger les futurs cas de violations de droits humains. Il n'y avait pas de représentant permanent basé à Dakar pour couvrir l'affaire,[8] et les commentaires de l'UA étaient souvent absents des bulletins d'information.

Mais quelques jours seulement après le verdict, une réunion a été organisée à Dakar qui a réuni plusieurs personnalités de la justice pénale internationale pour discuter du verdict, dont Vincent Nmehielle de l'UA et Baltasar Garzón, le juge espagnol à l'origine du mandat d'arrêt à compétence universelle lancé contre Augusto Pinochet. Lors de cette réunion, Nmehielle a déclaré que les CAE étaient « une victoire historique pour l'UA qui a toujours eu l'intention de juger les Africains ».[9] L'événement a été organisé par Africa Legal Aid, qui a également tenu une réunion à La Haye pour discuter de l'héritage du procès Habré, et un séminaire sur « La transmission du legs des chambres extraordinaires lors du procès de Hissein Habré » comme événement en marge du sommet de l'UA en juillet 2017, à Addis Abeba. Ce séminaire a attiré un grand nombre de participants, et le président tchadien de la Commission de l'UA ainsi que les ministres de la Justice du Sénégal et du Tchad y ont même pris la parole. Selon Evelyn Ankumah, directrice d'Africa Legal Aid, le plus grand succès du procès semble être symbolique, beaucoup de participants se félicitant de sa « légitimité » : « Même si certains chefs d'État africains ne se réjouissent pas à l'idée d'être un jour tenus de rendre des comptes s'ils devaient quitter le pouvoir après avoir commis des abus, personne ne pourrait accuser les CAE d'être impérialistes ».[10] Malgré ces chaleureuses déclarations de soutien, peu de propositions concrètes ont été avancées lors de l'événement sur la manière de pratiquement consolider les acquis du procès.

Il peut y avoir un certain nombre d'explications à cette ambivalence. Tout d'abord, il y avait des différends au plus haut niveau entre l'UA et la CPI sur la question de l'immunité du chef de l'État et l'absence de position commune entre les dirigeants africains sur cette question, comme sur bien d'autres en matière de justice. Même s'il semblait y avoir un large consensus lorsque Macky Sall a été élu sur le fait qu'il était temps de mettre fin à l'histoire de Habré, il a néanmoins semblé que la décision du dirigeant sénégalais ne faisait pas le bonheur de tous. Le jour du verdict, il y eut un sentiment de régression. Le ministre sénégalais de la Justice a déclaré que Habré pourrait bénéficier d'une « grâce », et des rumeurs se sont répandues selon lesquelles sa sentence pourrait être réduite ou qu'il pourrait bénéficier d'une retraite gracieuse dans un pays ami comme le Maroc pour finir sa peine en résidence surveillée. Comme le cas de Yahya Jammeh le démontre si clairement, il existe un danger véritable que les dictateurs tentent de s'accrocher au pouvoir si la menace de poursuites pèse sur eux après la perte des attributs de leur immunité présidentielle. Dans le même temps, l'influence du Tchad s'est accrue au sein de l'UA. Comme nous l'avons vu, il y a eu des spéculations sur la portée croissante des CAE qui créait de l'inconfort au Tchad. Avec l'élection d'Idriss Déby à la présidence de l'UA en 2016 et l'élection de son ancien ministre des Affaires étrangères Moussa Faki Mahamat à la présidence de la Commission de l'UA en 2017, la question des enquêtes sur les abus historiques commis par d'anciens dirigeants pourrait bien être abandonnée.

Ce qui peut être reproduit

Il est important de se demander quels aspects peuvent concrètement être repris et à quoi pourrait ressembler un futur procès. Une approche possible est de créer une équipe de juges africains « itinérants », expérimentés dans le jugement de crimes internationaux, s'appuyant sur un modèle de loi de base similaire à celui des CAE, qui pourrait être greffé aux lois locales pour créer des organismes ad hoc hybrides afin de faire face aux situations particulières. Cette liste de personnel expérimenté pourrait désormais inclure le Burkinabé Gustave Gberdao Kam et le Malien Wafi Ouagadeye, qui ont présidé les chambres de première instance et d'appel des CAE. Cette approche, bien sûr, nécessite une volonté politique de la part des pays concernés, mais apporterait une réponse rapide et mobile aux violations de droits humains , « des constructions et emprunts innovants », comme le décrit Phil Clark.[11]

En fait, nous assistons déjà à des tentatives similaires pour mettre en place des procès ad hoc africains, et la faisabilité de l'approche du modèle « itinérant » a récemment été considérablement renforcée par la nouvelle en février 2017 que le président de la RCA, Faustin Touadera, a nommé un juge congolais Toussaint Muntazini Mukimapa procureur spécial d'un nouveau tribunal pénal spécial instauré par le gouvernement transitoire de la RCA en 2015. Muntazini est finalement arrivé à Bangui en mai 2017. Le Tribunal spécial a le soutien de la mission de maintien de la paix des Nations unies en RCA et a été créé à la suite de milliers d'assassinats interethniques et religieux et de déplacements massifs qui ont suivi le renversement de François Bozizé par les forces de la rébellion Seleka en 2013.[12] Il est également habilité à enquêter sur toutes les violences et violations de droits humains perpétrées dans le pays depuis 2003. Il est important de noter que le Tribunal est envisagé comme une sorte de cour hybride, comprenant un mélange de personnels et de lois internationaux et nationaux, mais entièrement ancrés dans le système interne de la RCA. Dans ce cas, le statut des CAE pourrait peut-être être utile à ceux qui établissent le Tribunal, et tirer des enseignements de la valeur d'une expérience « panafricaine » et de ses liens avec le système national. Il est également significatif que le nouveau tribunal centrafricain opère en même temps que les enquêtes parallèles de la CPI en RCA, qui examinent le rôle de suspects au plus haut niveau, ce qui montre que certains États africains sont toujours disposés à voir la CPI collaborer avec leurs systèmes judiciaires nationaux ou mixtes. Néanmoins, la Cour sera confrontée à d'énormes défis, y compris l'accès aux témoins dans les zones où les conflits civils sont en cours et la clarification du chevauchement de compétence avec la CPI, et elle devra sans aucun doute être sélective quant aux affaires qu'elle poursuivra.[13] Dans le même temps, on peut se demander ce qui en fera un tribunal africain, car le financement par l'UA n'est pas encore clair.

Au Soudan du Sud également, un tribunal hybride ad hoc a été proposé comme élément clé d'un accord de paix visant à mettre fin au conflit civil dévastateur qui a éclaté en 2013 entre les partisans du président Salva Kiir et son ancien vice-président Riek Machar. En principe, ce tribunal (le tribunal hybride pour le Soudan du Sud, HCSS) devait avoir le pouvoir de juger les crimes de guerre, les crimes contre l'humanité et le génocide, et devait inclure des juges sud-soudanais travaillant avec leurs homologues africains. Cependant, dans ce cas, la volonté politique semble faire défaut et, surtout, les combats continuent. La mise en place du tribunal a été reportée à plusieurs reprises, en partie à cause de la résistance apparente de Kiir et de Machar, qui peut-être craignent tous deux d'être traînés devant le tribunal. Comme le Soudan du Sud n'est pas signataire du Statut de Rome, cela nous ramène à l'épineuse question des chefs d'État en exercice. Kiir a fait allusion à une préférence pour un « dialogue national », pour que le tribunal hybride soit basé dans un pays tiers et soit sur un pied d'égalité avec les procédures judiciaires nationales parallèles. Tous ces éléments donnent à penser que les autorités du Soudan du Sud pourraient tenter de faire dérailler le travail d'enquête et l'indépendance de la Cour.[14] Dans ce cas, l'expérience du procès Habré pourrait être d'une valeur inestimable et aider l'UA à rechercher d'éventuelles tierces parties indépendantes et à établir exactement dans quelle mesure « l'internationalisation » est politiquement acceptable (ou non).

Une autre possibilité serait de créer un organe hybride permanent basé dans un pays africain, qui contiendrait un mélange de personnels juridiques d'origine à la fois nationale et africaine, et une législation, un hybride « régionalisé » qui pourrait être aussi simple que deux juges non originaires du pays qui l'accueille. Compte tenu de son expérience dans la mise en place des CAE au sein de son système judiciaire, le Sénégal pourrait être l'hôte idéal d'une telle cour. Ce pays maintenant s'est doté d'une législation lui conférant certaines compétences pour juger les crimes internationaux, y compris la compétence universelle pour juger toute personne soupçonnée de crimes graves sur le territoire sénégalais. Il est aussi désormais possible pour toute personne résidant au Sénégal, mais n'ayant pas la nationalité sénégalaise, de porter plainte devant les tribunaux sénégalais pour des violations de droits humains commises ailleurs. Le procureur en chef des CAE, Mbacké Fall, pense certainement que c'est une bonne façon d'avancer, soutenant que le Sénégal peut maintenant instruire des affaires difficiles devant les tribunaux nationaux : « Nous pourrions engager des poursuites contre les personnes accusées de terrorisme international pour le compte d'autres pays si les victimes sont en mesure de répondre à nos exigences en matière de domiciliation ».[15]

On peut toutefois se demander si cette idée pourra prospérer telle quelle, car elle semble ressembler à la tentative actuelle de l'UA de mettre en place la nouvelle Cour africaine de justice et des droits de l'homme. Il s'agirait d'un tribunal permanent basé à Arusha, en Tanzanie, et créé par la fusion de la Cour africaine des droits l'homme et des peuples, créée en 1998, et de la Cour de justice de l'Union africaine, créée en 2003. Cette « cour africaine » a été considérée par certains comme la réponse de l'UA à la CPI. Le tribunal promet un certain nombre de perspectives intéressantes, dont celle de sa compétence en matière de poursuite contre les entreprises coupables de crimes commis en Afrique ainsi que de trafic d'êtres humains et de piraterie. Toutefois, il lui a été reproché d'accorder l'immunité aux chefs d'État et, jusqu'à présent, les progrès ont été plutôt lents. Dans la foulée de l'échec des poursuites engagées contre lui par la CPI, le président kenyan Uhuru Kenyatta a lancé, lors du sommet de l'UA en 2015, une tentative d'accélérer la création de la Cour, mais son initiative est restée lettre morte, puisque seulement onze États membres sur cinquante-quatre ont signé le « Protocole de Malabo » proposé.[16] Jusqu'à présent, seuls neuf pays ont adhéré à la nouvelle Cour de l'UA,[17] soit moins que les quinze ratifications requises. Même s'il n'y a pas encore de volonté politique claire pour faire avancer ce processus, l'UA a fait savoir qu'elle est plus encline à concentrer ses efforts sur le Protocole de Malabo, rendant difficile toute motivation de création d'un second hybride permanent.

Ce qui semble important à considérer, c'est le degré de volonté politique qui existe pour attaquer un problème particulier à un moment donné. Alors que les CAE ont démontré que l'UA était capable d'organiser un procès peu coûteux, rapide et efficace contre les violations les plus graves de droits humains sur le continent, d'autres organes hybrides ad hoc proposés pourraient ne jamais voir le jour. Comme nous l'avons vu, Habré était essentiellement une cible facile, et avec l'élection de Macky Sall en 2012, suffisamment de temps s'était écoulé pour rendre tout procès possible politiquement souhaitable. Les remparts de l'ancien président au Sénégal et au Tchad avaient disparu, le Tchad n'a pas contesté la compétence du tribunal, le Sénégal avait été contrarié par le jugement de la CIJ en 2012 et semblait vouloir rétablir sa réputation de leader en matière de justice et les victimes ont bénéficié de l'appui d'avocats internationaux bien financés et prêts à rechercher de nouvelles méthodes pour le procès de Habré. En d'autres termes, la création des CAE fait suite à une confluence unique et très difficilement reproductible d'événements, essentiellement une campagne acharnée de militants dans une impasse qui ne s'est terminée que par un changement sismique au sommet de la politique sénégalaise.

Néanmoins, certains aspects de l'affaire seront poursuivis, la victoire la plus symbolique des CAE étant peut-être la simple délivrance d'un verdict. Bien qu'il existe bien d'autres façons d'aborder les cas de violations graves de droits humains, les sections de la communauté judiciaire et de droits humains africaine qui croient en l'importance des poursuites doivent certainement se demander maintenant si cette approche peut constituer une alternative à la CPI « universelle ». Des discussions ont déjà eu lieu au Sénégal, au sommet de l'UA, à La Haye et en Gambie, comment s'appuyer sur de succès des CAE. L'idée de poursuivre Yahya Jammeh, qui semble se rapprocher du statut de paria de Habré, fait l'objet de travaux préliminaires ; cela pourrait théoriquement impliquer un tribunal hybride ad hoc en dehors du pays, et qui aurait pour principe la compétence universelle. Quelle que soit la forme que prendront ces processus, le succès des CAE en tant qu'hybride africain, ainsi que son point de vue historique politiquement moins controversé, semble devoir être pris en compte dans l'avenir.

Le dernier mot

Apparemment en bonne santé, Hissein Habré aura probablement beaucoup de temps pour méditer sur sa vie, ses choix et son destin. Alors qu'il regarde les murs de la maison d'arrêt du Cap Manuel à Dakar, qui sait s'il repense avec regret à sa décision de garder le silence pendant son procès ? Ce qui, au début, semblait être une autre embuscade flagrante, mais potentiellement efficace contre la justice, une tentative effrontée de discréditer les CAE en la qualifiant d'« impérialiste », les scénarios du premier jour ont disparu dans la mémoire, et tout ce qui reste est l'image de son silence de plomb et de son impuissance croissante devant la Cour. Je ne comprends toujours pas pourquoi il a choisi de garder le silence. J'ai tenté à plusieurs reprises de contacter Habré par l'intermédiaire du site web de ses partisans et de son avocat français François Serres, mais sans succès. Les meilleures informations que j'aie sur ses motivations à ne pas coopérer viennent de deux hommes qui l'ont traqué pendant des années.

Voici ce que Reed Brody dit à son propos :
Habré est un homme incroyablement têtu. Dans son propre cadre, il se sent doté de principes et je crois qu'il ne pensait tout simplement pas que son procès se déroulerait de façon équitable. Mais vous avez vu qu'au fur et à mesure que l'affaire avançait, et peut-être à mesure qu'il s'inquiétait de ce que les choses ne se passaient pas comme il l'entendait, il a commencé à coopérer par l'intermédiaire de sa famille qui s'exprimait hors cour. Mais il aurait été incroyablement difficile pour un homme qui a une telle estime de soi d'accepter qu'il eût tort.[18]

Le procureur en chef Mbacké Fall commente : « Il méprisait vraiment la cour. Il a remis en question notre légitimité. *C'est un homme du désert quoi ?*».[19] Peut-être mourra-t-il avec ses secrets encore intacts.

Le dernier mot de cette incroyable histoire revient à Jacqueline Moudeina. Par une journée de janvier exceptionnellement chaude et poussiéreuse à N'Djaména, j'avais hâte de lui reparler. J'appelais depuis des jours pour lui demander de m'accorder un entretien, mais elle m'a rétorqué à plusieurs reprises qu'elle était trop occupée et avait mal à la tête. Finalement, elle m'a donné un créneau, juste quelques heures avant mon vol. Épuisée, j'ai sauté dans une voiture et me suis dirigée vers sa maison alors que le soleil commençait à se coucher à travers la poussière saharienne. Elle vit derrière une énorme grille dans une rue non pavée. Son vigile m'a laissée entrer et m'a indiquée la porte d'entrée ouverte. J'ai appelé. Pas de réponse. Alors j'ai frappé timidement à la porte. « Oui », s'est fait entendre une voix épuisée. Je me suis glissée dans le sombre salon. Dans un coin de la pièce se trouvait un impressionnant sapin de Noël aux couleurs fluorescentes clignotantes au point de donner à la pièce un air d'une boîte de nuit. Des mini luminaires féeriques de plastique en forme de pères Noël souriants et joviaux traînaient sur une pile de cadeaux non ouverts, même si on était déjà la mi-janvier. Alors que mes yeux s'habituaient à l'obscurité, j'ai deviné Jacqueline assise sur son canapé, mangeant une assiette de boule et de sauce gombo, le grand délice du Tchad. Elle était enveloppée dans un chandail à motifs et semblait un peu fatiguée. Tandis que je m'asseyais nerveusement à côté d'elle, j'avais du mal à me remémorer une époque où j'avais rencontré une personne qui semblait peu disposée à discuter avec moi.

« Vous autres journalistes, ne cherchez que le bon sujet de reportage. Puis vous écrivez votre article, vous êtes payés et ensuite vous ne pensez plus jamais à nous », dit-elle d'un ton bourru.[20] Bien que j'aie eu l'impression d'avoir fait un assez grand effort en allant au Tchad à six mois de grossesse, surtout quand on sait qu'écrire un livre ne rapporte rien, il était difficile de discuter. Meurtrie, elle revenait tout juste de Dakar, où les dernières audiences d'appels venaient de s'achever. Elle avait été pourchassée pendant des jours par les médias du monde entier, et elle avait besoin de se défouler.

Je suis si fatiguée. Tout le monde ne voit que les moments dramatiques de Dakar, les occasionnelles bonnes nouvelles. Ils n'ont aucune idée que je me bats aux côtés de ces victimes depuis vingt-cinq ans. J'ai eu vingt-cinq ans de sacrifices personnels, de réunions familiales manquées, de repas manqués, de travail gratuit et je ne récupérerai jamais ce temps et cet argent. Tous les jours, lorsque je me rends au bureau, il y a encore de pauvres victimes qui se tiennent dehors et me demandent de les aider à présenter leurs demandes d'indemnisation. Je ne peux pas leur dire non après tout ce temps, mais j'ai l'impression que c'est sans fin. Je n'aurais jamais pensé que ça prendrait autant de temps. Quand est-ce que je récupère ma vie ?

Au bout d'un moment, elle s'est calmée et elle a accepté en riant que ce n'était pas une mince affaire que de faire un si long voyage au Tchad pendant sa grossesse. Nous avons commencé à parler des choses qu'elle aurait aimé changer à propos du procès. Elle était viscérale. Elle a reproché aux CAE de ne pas avoir été assez fortes pour relever le défi politique de s'interroger sur le soutien dont Habré a bénéficié pendant son mandat :

Habré était silencieux parce qu'il couvrait les États-Unis et la France. Nous aurions dû en savoir plus à ce sujet. Mais le serment de la DDS était comme un pacte entre eux tous, ils n'allaient jamais dire à personne ce qui s'était vraiment passé.

Elle était contrariée par le fait que la question de l'indemnisation semble oubliée, mais elle craignait néanmoins que le fait de se focaliser sur l'argent ne réduise l'impact de la victoire judiciaire : « Combien de victimes ont réellement réalisé qu'il s'agissait d'une immense lutte contre l'impunité ? C'était de cela qu'il s'agissait. Et c'est là le problème, c'est en fait un combat qui n'a pas de fin sur ce continent ».

Dans ces moments les plus sombres, les quinze longues années qui se sont écoulées entre la première inculpation au Sénégal et l'ouverture des CAE à Dakar, comment a-t-elle pu tenir ?

C'étaient les amitiés et le sentiment du travail en équipe sur quelque chose. Nous l'avons fait avec les victimes. C'est devenu un combat personnel, et je ne pouvais pas laisser tomber. Mais quand nous avons eu cette condamnation, j'ai su que tout en valait la peine. On a eu notre reconnaissance. C'était le jour le plus glorieux de ma vie.

Notes

1. Jacqueline Moudeina, entretien 2017.
2. Le sondage a été effectué par Augustin Zuzanne.
3. Gaëtan Mootoo, entretien Skype, mars 2017.
4. Emmanuelle Marchand, entretien Skype, mars 2017.
5. Williams 2013, p. 1139.
6. Ibid.
7. https://www.iol.co.za/news/africa/Habre-trial-to-show-off-africanjustice-1871192
8. Kim Thuy Seelinger, entretien Skype, avril 2017.
9. http://www.sen360.fr/actualite/la-justice-africaine-fete-la-victoire-501301.html
10. Evelyn Ankumah, entretien Skype, octobre 2017.
11. Phil Clark, entretien janvier 2017.
12. https://www.hrw.org/news/2017/02/21/step-toward-justice-central-africanrepublic
13. https://justiceinconflict.org/2017/06/07/the-road-ahead-building-momentum-for-justice-in-the-central-african-republic%e2%80%a8/
14. Kersten Labuda première partie.
15. Mbacke Fall, entretien Skype, mars 2017.
16. https://thehaguetrials.co.ke/nine-things-about-african-court-justice-andhuman-rights/ article
17. Matthew Mpoke Bigg, « Chad war crimes verdict a milestone on long road to African rights court », voir https://www.reuters.com/article/uk-africa-justice-idUKKCN0YP1NK
18. Reed Brody, entretien Skype, mars 2017.
19. Mbacke Fall, entretien Skype, mars 2017.
20. Jacqueline Moudeina, entretien janvier 2017.

BIBLIOGRAPHIE

Allen, T., 2006, *Trial Justice: The International Criminal Court and the Lord's Resistance Army*, London: Zed Books.
Amnesty International, 1996, 'Empty Promises', https://www.amnesty.org/en/documents/pol10/0002/1996/en/
Amnesty International Annual Report, 1996, *Chad*, https://www.amnesty.org/en/ documents/pol10/0001/1992/en/
Berkeley Law School AMICUS BRIEF, https://www.law.berkeley.edu/wp-content/uploads/2015/04/MICUS-CURIAE-BRIEF-OF-THE-HUMAN-RIGHTSCEN TER-AT-T HE-UN I VERSI T Y-OF-CALIFORNIA-BERKELEYSCHOOL-OF-LAW-AND-INTERNATIONAL-EXPERTS-ON-SEXUALVIOLENCE-UNDER-INTERNATIONAL-CRIMINAL-LAW-Eng.pdf
Bosco, D., 2014, *Rough Justice: The International Criminal Court in a World of Power Politics*, Oxford: OUP.
Bronner, M., 2014, 'Our Man in Africa', *Foreign Policy*, http://foreignpolicy.com/2014/01/24/our-man-in-africa/
Burr, J. M. & Collins, R.O., 2008, *Darfur the Long Road to Disaster*, Princeton, NJ: Markus Wiener Publishers.
Cole, R.J.V., 2013, 'Africa's Relationship with the International Criminal Court', *Melbourne Journal of International Law* (14): 2.
Commission of Inquiry, 1992, Report, Chad, https://www.usip.org/sites/default/files/file/resources/collections/commissions/Chad-Report.pdf
Crilly, R., 2010, *Saving Darfur, Everyone's Favourite War*, n.p.: Reportage Press.
Darcourt, P., 2001, *Le Tchad 15 ans après*, Paris: Grancher.
Emerson, S., 1988, *Secret Warriors: Inside the Covert Military Operations of the Reagan Era*, New York: Putnam.
Extraordinary African Chambers, 2016, Full Judgment, May, and all media releases/trial recordings, http://forumchambresafricaines.org/; http://www.chambresafricaines.org/pdf/Jugement_complet.pdf
Frame, I. (ed.), 2017, *Africa South of the Sahara* 46th ed., Abingdon: Routledge.
Holvoert, M. & de Hert, P., 2012, 'International Criminal Law as Global Law: An Assessment of the Hybrid Tribunals', *Tilburg Law Review* 17.
Human Rights Watch, 2013, Plaine des Mortes, https://www.hrw.org/sites/default/ files/reports/chad1013frwebcover_0.pdf

Human Rights Watch, 2016, *Enabling a Dictator, the United States and Chad's Hissene Habre 1982–1990*, https://www.hrw.org/report/2016/06/28/enablingdictator/united-states-and-chads-hissene-habre-1982-1990

Maliveras, K.D., 2014, 'Fighting Impunity Unsuccessfully in Africa: A Critique of the AU's Handling of the Hissène Habré Affair', *African Journal of International Comparative Law* 22 (3): 420–47.

Magnien, N., 2015, 'Report on DDS Trial', *Justice Tribune*, 25 March. Definition of Command Responsibility: Peace and Justice Initiative, http://www.peaceandjusticeinitiative.org/implementation-resources/commandresponsibility

McAuliffe, P., 2011, 'Hybrid Tribunals at Ten, How International Justice's Golden Child became an Orphan', *Journal of International Law and International Relations* 7: 1–65.

Nouwen, S.M.H.H., 2008, 'Hybrid Courts: The Hybrid Category of a New Type of International Crimes Court', *Utrecht Law Review* 2 (2): 190–214.

Schiff, B., 2008, *Building the International Criminal Court*, Cambridge: Cambridge University Press.

Silva, R., Klingner, J. & Weikart, S., 2010, 'State Coordinated Violence in Chad under Hissène Habré: A Report by Benetech's Human Rights Data Analysis Group to Human Rights Watch and the Chadian Association of Victims of Political Repression and Crimes', 3 February, http://www.hrdag.org/about/ chad.shtml

Stromseth, J.E., 2009, Justice on the Ground: Can International Criminal Courts Strengthen Domestic Rule of Law in Post-Conflict Societies?, http://scholarship. law.georgetown.edu/cgi/viewcontent.cgi?article=1593 &context=facpub

Whiting, A., 2009, 'In International Criminal Prosecutions, Justice Delayed Can Be Justice Delivered', *Harvard International Law Journal* 50 (2).

Williams, S., 2013, 'The Extraordinary African Chambers in the Senegalese Courts, An African Solution to an African Problem', *Journal of International Criminal Justice* 11.

Woodward, B., 2005, *Veil: The Secret Wars of the CIA, 1981–1987,* New York: Simon and Schuster.

ENTRETIENS

Abaifouta, Clément, Chadian Victims Association, entretien direct pendant le procès, 20 juillet 2015 ; entretien téléphonique 1er mars 2017.

Abakar, Mahamat Hassan, ancien président de la Commission Vérité de Tchad, entretien N'Djaména 17 janvier 2017.

Ankumah, Evelyn, directrice, Africa Legal Aid, Skype entretien 16 octobre 2017.

Bekele, Daniel, ancien membre du programme Human Rights Watch Africa, entretien 28 septembre 2017.

Brody, Reed, Human Rights Watch, entretien Skype 10 mars 2017; plusieurs entretiens face à face à Dakar.

Clark, Phil, chercheur, entretiens London 9 janvier 2017 et 13 avril 2017.

Diab Nader, Redress, entretien Skype, 27 mars 2017; entretien téléphonique, mars 2017.

Djinadoum, Blaise, journaliste tchadien, entretien Dakar 21 juillet 2015.

Dottridge, Mike, chercheur Amnesty International Central Africa 1980s/1990s, entretien face à face Londres 22 décembre 2016.

Fall, Mbacké, procureur général, EAC, entretien Skype, Dakar 24 mars 2017.

Guengueng, Souleymane, entretien au procès, 20 juillet 2015.

Guerling, Marguerite, ancienne chercheuse d'Amnesty International sur le Tchad dans les années 1980, entretien Skype, 5 janvier 2017.

Mahadji, Yonis, victim, entretien à N'Djaména 17 janvier 2017.

Marchand, Emmanuelle, assistante d'Alain Werner pour les parties civiles, entretien Skype, 15 mars 2017.

Mootoo, Gaëtan, ancien chercheur Amnesty International West Africa, entretien Skype, 8 mars 2017.

Moudeina, Jacqueline, avocate, entretien à N'Djaména 18 janvier 2017.

Nyarko, William, Africa Centre for International Law, entretien 25 septembre 2017.

Padaré, Jean-Bernard, ancien ministre de la Justice du Tchad, entretien à N'Djaména 17 janvier 2017.

Petit, Franck, EAC Outreach Consortium, entretien Skype 16 février 2017.

Seelinger, Kim Thuy, directrice du programme Sexual Violence à Berkeley Law School, plusieurs échanges et correspondances par Skype et e-mails pendant 2015-2016.

Le sondage des citoyens tchadiens via Augustin Zuzanne, N'Djaména, mars 2017.

Tine, Alioune, directeur; Amnesty International West Africa, entretien Skype, 8 mars 2017.

Thulliez, Henri, ancien observateur de Human Rights Watch, Skype entretien 5 janvier 2017.

Victimes tchadiennes des crimes de Hissein Habré, via Clément Abaifouta (vingt victimes), entretien 17 janvier 2017.

Werner, Alain, avocat pour les parties civiles, entretien Skype, 25 avril 2017.

REMERCIEMENTS

Ce livre est dédié à toutes les victimes tchadiennes de Hissein Habré et de la DDS pour leur lutte inlassable pour la justice. Chaleureux remerciements à Reed Brody, Henri Thulliez et Stephanie Hancock de Human Rights Watch pour leur soutien continu au projet et leur précieux bilan institutionnel de presque trente années de lutte pour la justice. Merci à Miss Wasabi films, créatrices de l'excellent film *Talking about Rose*, pour la généreuse bourse de voyage et d'écriture qui m'a permis de mener à bien ce projet. Merci également à Clément Abaifouta de m'avoir aidée à joindre les victimes tchadiennes à N'Djaména ; à Jean Noyoma Kovousouma pour son aide et ses démarches pendant ma dernière visite, et à Jacqueline Moudeina de toujours accepter de me voir malgré son manque de patience avec la presse. Merci à Mike Dottridge pour son enthousiasme et son souci du détail, qui a comblé les nombreuses lacunes sur les crimes commis par Habré dans les années 1980, et à Kim Thuy Seelinger pour m'avoir informée de l'importance fondamentale du travail des Chambres extraordinaires africaines sur la violence sexuelle comme crime de guerre. Merci à Lucy Lamble du *Guardian* d'avoir commandité autant de rapports sur ce sujet, et à Mark Kersten et Phil Clark d'avoir été d'excellents rapporteurs, et à Matt Brown pour son travail d'assistant de recherche. Encore une fois merci à Ken Barlow de Zed Books et à Stephanie Kitchen de l'International African Institute pour la confiance qu'ils m'ont accordée, et à Dave pour sa clairvoyance quand je ne pouvais entrevoir la forêt qui se cachait derrière les arbres.

La traduction de cet ouvrage a été réalisée avec le soutien financier de l'International African Institute et de donatrices individuelles. Merci à toutes les personnes qui ont contribué à faire de cette traduction une réalité : Kate Allan, Claire Allan, Alice Bengsten, Aurelia Bergs, Elizabeth Blunt, Reed Brody, Phillip Byrne, Maria

Castellina, Robbie Corey-Boulet, Lotje de Vries, Frederiek De Vlaming, Marielle Debos, Jane Dutton, Kate Engles, Emilie Filou, Lea Flynn, Elsa Gleeson, Stephanie Hancock, Clare Harris-Brown, Aimee Hartley, Andrew Holtham, Anna Jones, John Keane, Eunice Koh, Lucy Lamble, Jennie Maizels, Susannah May, Sarah McMullen, Laurène Mosley, Clar Ni Chonghaile, Ruth Salmon, Naomi Scherbel-Ball, Catherine Shield, Francesca Stidston, Kim Thuy Seelinger, Stephanie van den Berg, Martin Vogl, et JJ Wangui.